股权投资项目
后评价理论、实务与案例

刘安英 陈尚聪 魏法杰 杨林超 著

Theoretical, Practical, and Case Studies on Post-evaluation of Equity Investment Projects

INVESTMENT

知识产权出版社
全国百佳图书出版单位
—北京—

图书在版编目（CIP）数据

股权投资项目后评价理论、实务与案例 / 刘安英等著 . —北京：知识产权出版社，2024.9. — ISBN 978-7-5130-9477-1

Ⅰ . F830.91

中国国家版本馆 CIP 数据核字第 2024Y3503L 号

内容提要

本书共分为三个篇章：理论篇、实务篇和案例篇。理论篇系统地介绍了股权投资项目后评价的概念、特点、内容及评价指标体系的构建；实务篇基于理论篇的阐述，进一步梳理股权投资项目后评价的实操流程、技巧；案例篇精选了股权收购项目、股权转让项目、新设股权投资项目三类典型的股权投资后评价案例，并对案例进行深入剖析。

本书可供管理学领域研究者及相关工作人员阅读。读者可以直观地感受到股权投资项目后评价在实际操作中的应用，进一步提升分析和解决问题的能力。

责任编辑：高　源　　　　　　　　责任印制：孙婷婷

股权投资项目后评价理论、实务与案例
GUQUAN TOUZI XIANGMU HOUPINGJIA LILUN，SHIWU YU ANLI

刘安英　陈尚聪　魏法杰　杨林超　著

出版发行：知识产权出版社有限责任公司	网　　址：http://www.ipph.cn
电　　话：010-82004826	http://www.laichushu.com
社　　址：北京市海淀区气象路 50 号院	邮　　编：100081
责编电话：010-82000860 转 8701	责编邮箱：laichushu@cnipr.com
发行电话：010-82000860 转 8101	发行传真：010-82000893
印　　刷：北京中献拓方科技发展有限公司	经　　销：新华书店、各大网上书店及相关书店
开　　本：720mm×1000mm　1/16	印　　张：21.25
版　　次：2024 年 9 月第 1 版	印　　次：2024 年 9 月第 1 次印刷
字　　数：312 千字	定　　价：98.00 元

ISBN 978-7-5130-9477-1

出版权专有　侵权必究

如有印装质量问题，本社负责调换。

前　言

股权作为资源整合的关键工具，其重要性在我国经济快速发展的背景下越发凸显。如今，越来越多的企业开始认同以股权投资为代表的外延式发展模式。后评价作为项目全生命周期管理中的压轴环节，特别是对于股权投资项目，其作用尤为关键。它能够客观地评估投资目标的实现情况，通过深入总结经验与教训，为后续的股权投资活动提供宝贵的依据、路径和参考。同时，后评价还能全面识别风险，为投资风险管理提供有益的借鉴，并为资产监督管理工作提供有效的支持。

本书是《固定资产投资项目后评价理论、实务与案例》的姐妹篇，共分为三个篇章：理论篇、实务篇和案例篇。理论篇是全书的基础，系统地介绍了股权投资项目后评价的概念、特点、内容及评价指标体系的构建。通过这一篇章，读者可以深入理解股权投资项目后评价的理论框架，为后续的实践打下坚实的理论基础。

实务篇则基于理论篇的阐述，进一步梳理股权投资项目后评价的实操流程、技巧。结合丰富的实践经验，提炼出一系列实用的方法和工具，如清单样表、报告大纲、服务方案等，旨在帮助读者更好地掌握股权投资项目后评价的实际操作技能。

案例篇是本书的精华所在，精选了股权收购项目、股权转让项目、新设股权投资项目三类典型的股权投资后评价案例，并对案例进行深入剖析。读者可以直观地感受到股权投资项目后评价在实际操作中的应用，进一步提升分析和解决问题的能力。

在本书编撰的过程中，我们力求做到深入浅出、通俗易懂，使不同层次的读者都能够轻松上手。同时，我们也注重实用性和可操作性，力求为从事股权投资后评价工作的人员提供有益的参考和帮助。

我们衷心希望这本书能够成为股权投资项目后评价领域的一本经典之作，为广大读者提供有力的支持和指导。同时，我们也期待与更多的专业人士共同探讨、交流，共同推动股权投资项目后评价工作的不断发展。

目 录

第一篇 理论篇

第一章 股权投资项目后评价的概念与内涵 3

第一节 股权投资项目的概念和特点 3
第二节 股权投资项目后评价的概念和特点 7
第三节 股权投资项目后评价的原则和要求 9
第四节 股权投资项目后评价的理论基础 11
第五节 股权投资项目后评价的常用方法 17
第六节 与固定资产投资项目后评价的差异性分析 28

第二章 股权投资项目后评价的内容 35

第一节 股权投资项目实施过程评价 35
第二节 股权投资项目投资效果评价 51
第三节 股权投资项目影响评价 62
第四节 股权投资项目目标实现程度及可持续性评价 65
第五节 股权投资项目综合后评价 67

第三章 股权投资项目后评价指标体系的构建 69

第一节 股权投资项目后评价指标选取原则与构建要求 69
第二节 股权投资项目后评价指标体系构建过程 71
第三节 股权投资项目后评价指标体系的评分方法 80

第二篇　实务篇

第四章　股权投资项目后评价的组织及要点 … 91
- 第一节　股权投资项目后评价组织方式及流程 … 91
- 第二节　股权投资项目后评价组织要点 … 98

第五章　股权投资项目后评价报告内容框架 … 103
- 第一节　新设股权投资项目后评价报告内容框架 … 103
- 第二节　股权收购项目后评价报告内容框架 … 110
- 第三节　股权转让项目后评价报告内容框架 … 113

第六章　股权投资项目后评价实践惯例及工具 … 119
- 第一节　股权投资项目后评价收资清单参考 … 119
- 第二节　股权投资项目自评价报告大纲 … 125
- 第三节　股权投资项目后评价报告大纲 … 129
- 第四节　股权投资项目后评价咨询服务方案大纲 … 146
- 第五节　股权投资项目后评价调研工作用表 … 152

第七章　股权投资项目后评价成果反馈与应用 … 157
- 第一节　股权投资项目后评价成果的作用 … 157
- 第二节　股权投资项目后评价成果的局限性 … 160
- 第三节　股权投资项目后评价成果的反馈 … 162
- 第四节　股权投资项目后评价成果的应用 … 165

第三篇　案例篇

第八章　股权收购项目后评价案例 … 171
- 第一节　项目概况 … 171

第二节 股权收购实施过程评价 ·········· 177

第三节 项目效益效果评价 ·············· 188

第四节 项目影响评价 ·················· 202

第五节 项目目标实现程度评价 ·········· 206

第六节 项目可持续性评价 ·············· 210

第七节 结论和建议 ···················· 213

第八节 总结与思考 ···················· 220

第九章 股权转让项目后评价案例 ·········· 227

第一节 项目概况 ······················ 227

第二节 股权转让实施过程评价 ·········· 236

第三节 项目效益效果评价 ·············· 251

第四节 项目影响评价 ·················· 259

第五节 项目目标实现程度评价 ·········· 262

第六节 项目可持续性评价 ·············· 265

第七节 结论和建议 ···················· 270

第八节 总结与思考 ···················· 277

第十章 新设股权投资项目后评价案例 ······ 283

第一节 项目概况 ······················ 283

第二节 新设股权投资实施过程评价 ······ 288

第三节 项目效益效果评价 ·············· 294

第四节 项目影响评价 ·················· 303

第五节 项目目标实现程度评价 ·········· 304

第六节 项目可持续性评价 ·············· 305

第七节 结论和建议 ···················· 308

第八节 总结与思考 ···················· 327

后 记 ································ 331

第一篇

理论篇

第一章 股权投资项目后评价的概念与内涵

第一节 股权投资项目的概念和特点

一、股权的概念及本质

股权，就是股东享有的权利。股权有广义和狭义之分，通常理解的股权为狭义股权的概念，是股东基于出资而拥有的资格和身份，依据法律规定、公司章程、股东协议而享有的参与公司经营、治理及从公司经营中获得相关利益的综合性权利。

股权包括以下内容。

一是参与管理权。

参与管理权是股东的重要权利之一，它涉及股东对公司经营、管理的决策和监督。具体来说，参与管理权包括表决权、股东会召集权、查阅和知情权、提案权、质询权、撤销公司决议或宣告决议无效的诉讼权、代表诉讼权、对董事或高管的直接诉权、解散公司的诉权等。其中，表决权是最核心的内容，因为它是股东对公司决策进行表决的权利，是股东参与公司管理的最直接体现。

二是资产收益权。

资产收益权，作为股东基于股权而享有的重要财产权利，涵盖了多个方面的内容。其包括利润分配请求权、剩余财产分配请求权、新股优先认购权、异议股东退股请求权及股份转让权,这些权利无一不体现出股东在公司中的重要地位和价值。在这众多的权利中,利润分配请求权无疑是核心中的核心,它是股东进行投资的根本目的之一,直接体现了股东的价值。通过行使利润分配请求权,股东能够获取其投资的回报,这也是他们决定是否投资的重要考量因素。简言之,资产收益权是股东投资的源泉和动力,而利润分配请求权则是这一权利的核心,它为股东提供了获取投资回报的途径,并体现了他们的价值所在。

从股权的角度来看,其形式和内容虽然多样,但最终都可以归结为对人的权利和对财产的权利两个方面。股权对人的权利主要体现在股东根据自己的股权比例,对公司的董事会、监事会、法定代表人、财务负责人等相关人员进行选择和确定。这种权利使股东能够参与公司的高层管理和监督,确保公司的决策和管理符合股东的利益。股权对财产的权利则涵盖了更多的内容,除了前文提到的资产收益权外,股东还可以通过股权来控制和实现对资产、物权、债权的行使。这意味着股东可以根据自己的股权比例,享受公司的财产权益,同时也可以通过股权来保护自己的财产权益不受侵犯。

二、股权投资项目的概念

股权投资项目是指涉及股权收购、新设股权、股权转让等活动的项目。这些活动通常涉及对公司股权的买卖、持有或使用,以及通过这些行为实现一定的商业目标或获取经济利益。股权投资项目可以分为新设股权投资项目、股权收购项目、股权转让项目等。

新设股权投资项目是指集团公司、所属企业以货币资金或其他可以估价并依法转让的非货币财产出资、独资设立或者与其他法人、自然人共同出资设立公司的投资项目。

股权收购项目是指集团公司、所属企业以货币资金或其他可以估价并依法转让的非货币财产出资，收购目标公司股东的全部或部分股权的投资项目。其包括收购新的目标公司股权和增加已有控股或参股公司股权比例两种类型。

股权转让是指集团公司、所属企业根据公司股东会决议，将其持有的股份或股权转让给其他投资者或企业的行为，包括转让部分股权和全部股权两种类型。

三、股权投资项目的特点

由于股权投资相对于固定资产投资在投资目的、投资方式、投资流程、投资效益核算方法、风险防控等方面均有不同，故股权投资项目有许多区别于固定资产投资项目的特点。主要概括为以下五点。

（一）决策程序不同

股权投资项目的决策程序完全不同于固定资产投资项目。在股权投资项目的决策过程中，需要根据发展战略制定投资策略，并初步设计出拟收购或投资的目标企业轮廓，如所属行业、资产规模、生产能力、技术水平、市场占有率等，据此进行目标企业或项目的市场搜寻，捕捉投资对象，并对可供选择的目标企业或项目进行初步比较。同时，股权投资项目需要在决策过程中成立工作小组，对项目进行管理、技术、经济、法律等方面的尽职调查，形成股权投资可行性研究报告或投资方案，评审、决议或批复可行性研究报告或投资方案后，进行合同谈判及签约交割。而在固定资产投资项目的决策过程中，只需要根据企业的发展规划或计划，编制可行性研究报告，对报告进行评审，取得审批或核准。

（二）决策依据不同

股权投资项目的决策主要基于企业的发展战略、投资策略、发展规划，以及产品市场的动态变化，它更为重视股权投资的长远效益与协同效应。相对而言，固定资产投资项目的决策则更多地依赖于企业的发展计划及产品市场的占有率等因素。

（三）投资所指的层次不同

股权投资所针对的是企业层面，是指企业通过股权投资项目的实施来实现企业战略目标，即提升企业及其产品在市场中的核心竞争力，促进产业链形成产业化发展并取得协同效应，看重股权投资项目的潜在收益及项目对企业长期发展的影响，而不仅仅局限于短期收益。而固定资产投资所针对的是项目层面，即通过投资建设项目形成生产能力或增加能力，实现产能的提高，获得具体的实际收益。

（四）投资行为性质不同

股权投资行为的基本性质是一种交易行为，即通过现金、换股、股权加现金和杠杆收购等对价方式实现等价交易程序。它的表象多在虚拟经济范畴，其价值主要体现在投资回报率、企业战略目标的实现等方面。而固定资产投资行为的基本性质是一种生产建设行为，即项目法人通过项目建设程序实现。它的表象多在实物经济范畴，其价值主要体现在项目内部收益率、项目宏观目标的实现。

（五）实施过程不同

股权投资项目的实施过程是一个交易的过程。股权投资项目的全过程主要包括：股权投资项目目标的选择（根据发展战略制定投资策略，初步拟定目标企业轮廓，开展尽职调查），对拟投资的股权项目可行性研究报告或投资方案进行评审并形成批复或决议，进行风险评估和合同谈判，按照国家和相关规定进行签约和交割，对被投资企业进行接管与整合，整合是企业股权投资程序的最后环节。而固定资产投资项目的实施过程包括项目立项和可行性论证，可研批复或项目核准，项目的设计、建设实施、竣工验收及投入运行。

第二节　股权投资项目后评价的概念和特点

一、股权投资项目后评价的概念

股权投资项目后评价，是指新设股权、股权收购、股权转让完成并经营一段时间之后，对股权投资项目的目标选择、投资决策和执行过程、效果、公司治理和风险防控等进行全面回顾、系统分析，评价投资目标的实现程度和项目投资的成功度，总结经验和教训，提出对策建议，并通过信息反馈，指导股权投资主体的投资活动，达到提高股权投资效益、规避投资风险的目的。

二、股权投资项目后评价的特点

（一）全面性

股权投资项目后评价具有显著的全面性特征。它不仅仅局限于项目的某一阶段或某一方面，而是对整个项目的生命周期进行全方位、多角度的审视和分析。从项目的目标设定、投资决策、实施过程，到项目的执行效果、运营管理、风险控制等各个方面，后评价都会进行深入的剖析和评估。全面的评价有助于全面、准确地了解项目的整体情况，为投资决策提供全面而深入的依据。

（二）系统性

后评价工作遵循一定的逻辑框架和评价标准，形成了一套完整、连贯的评价体系。在评价过程中，后评价组织会运用系统思维，从项目的整体出发，对各个层面和角度进行综合分析，找出项目成功的经验或失败的原因，并提出改进措施。系统性的评价有助于揭示项目运营的内在规律和联系，为优化项目管理提供有力的支持。

(三）反馈性

股权投资项目后评价具有显著的反馈性特点。评价结果不仅仅是一份报告或一组数据，更是对投资决策者和执行者的重要反馈。通过后评价，可以及时发现项目执行过程中存在的问题和不足，为改进投资策略、优化管理流程提供有力的支持。反馈机制有助于实现评价工作与项目管理的有机结合，推动项目的持续改进和优化。

（四）客观性

客观性是股权投资项目后评价的核心原则之一。在评价过程中，后评价组织会遵循客观、公正、科学的原则，避免主观臆断和偏见。评价工作会充分收集和分析项目数据，运用科学的方法和技术手段进行定量和定性分析，确保评价结果的客观性和准确性。客观性的评价有助于保证评价结果的公正性和可信度，为投资决策提供有力的依据。

（五）前瞻性

股权投资项目后评价不仅关注项目的历史表现，还具备前瞻性的特点。后评价组织会通过对项目运营情况的分析和预测，为未来的投资决策提供有益的参考和借鉴。同时，后评价还可以帮助投资者识别潜在的风险和机遇，为未来的战略规划提供支持。前瞻性的评价有助于投资者把握市场变化和了解项目发展趋势，作出更加明智的投资决策。

（六）针对性

股权投资项目后评价通常会针对投资的特定问题和需求进行深入的研究和分析。通过对比实际结果与预期目标之间的差距，找出问题产生的根源，进而提出针对性的解决方案和建议。针对性的评价有助于解决运营中的具体问题，提高执行效率和成功率。同时，针对性的评价还能够为投资者提供具体的改进方向和措施，促进项目的持续优化和发展。

第三节　股权投资项目后评价的原则和要求

股权投资项目后评价工作，应注重分析、评价投资项目对促进社会和谐稳定，调整产业结构、行业布局，优化资源配置，增强股权投资主体的影响力、带动力等方面的作用，以提高股权投资主体在国内、国际市场上的核心竞争能力。

一、评价原则

股权投资项目后评价应当遵循以下原则，以确保评价工作的准确性、公正性和有效性。

（一）客观、公正的原则

股权投资项目后评价应能够真实反映项目的实际运行情况和效果，评价工作必须基于客观可靠的数据和信息，避免主观臆断和偏见，确保评价结论的公正性和对策、措施的可行性。只有客观公正地评价项目，才能为未来的投资决策提供真实可信的参考。

（二）科学规范的原则

股权投资项目后评价工作应当采用科学的评价方法和标准，确保评价过程的规范性和评价结果的科学性。通过深入分析投资项目实施现状，及时发现存在的问题和不足，提出有效的改进措施和建议。科学规范的评价有助于企业正确把握未来发展方向和趋势，提高投资决策的准确性和效率。

（三）以企业为主体的原则

企业作为投资主体和后评价工作的实施主体，应当在后评价工作中发挥主导作用。企业应当建立完善的后评价工作制度，明确评价的目标、方法和流程，确保评价工作的顺利进行。同时，企业还应当积极参与评价过程，提供必要的支持和配合，确保评价结果的准确性和可靠性。

（四）全面、真实的原则

股权投资项目后评价应当全面考虑项目的各个方面，包括项目投资过程、经营过程、经济效益、社会效益、环境效益等。同时，评价工作还应当关注项目的经营管理水平和投资效果的后劲和潜力，确保评价内容的全面、完整和真实。

二、评价要求

在股权投资项目后评价过程中，要求做到数据资料真实可靠，突出项目特点，项目资料依法保密，评价结果要及时反馈等。

（一）评价资料真实可靠

真实可靠的数据资料是股权投资项目后评价工作的基石。在项目评价过程中，所有涉及的内容及反映情况的数据都必须经过严格的核实和验证，以确保其真实性。任何夸大、缩小或歪曲事实的行为都将严重影响评价结果的准确性和可信度。因此，评价人员应秉持严谨的态度，对收集到的数据进行反复核实和比对，确保评价资料的真实性和完整性。

（二）突出项目特点

每个股权投资项目都有其特点和背景，因此在后评价过程中应突出这些特点。评价人员需要依据真实可靠的项目资料，采用科学的评价方法，按照规范程序，对项目的关键因素和环节进行深入分析。通过对比项目实际运行情况与预期目标之间的差距，评价人员可以总结出项目成功或失败的原因，以及可借鉴的经验和教训。这不仅有助于企业优化投资决策和项目管理，还能为其他类似项目提供有益的参考。

（三）项目资料依法保密

在股权投资项目后评价过程中，评价人员可能会接触到涉及项目方及其关联公司的商业秘密及其他有保密要求的文件资料。这些资料对于企业和相关方具有极高的价值，一旦泄露可能会给企业和相关方带来严重的损失。因此，承担项目后评价任务的咨询机构应严格遵守相关法律法规和保密协议，确保项目资料的安全性和保密性。同时，评价人员也应增强保密意识，不得将项目资料泄露给其他单位或个人，更不得用于其他用途。

（四）评价结果及时反馈

股权投资项目后评价的最终目标是将评价结果反馈给投资决策部门和相关利益方，为未来的投资决策和项目管理提供有益的参考和借鉴。因此，企业应建立畅通、快捷的信息流系统和反馈机制，确保评价结果能够及时、准确地传达给相关部门和人员。通过评价结果的反馈，企业可以了解项目运行中的优点和不足，发现潜在的风险和机遇，从而优化投资决策，改进项目管理，提高投资效益。同时，评价结果反馈也有助于增强企业的透明度和公信力，提升企业的社会形象和品牌价值。

第四节　股权投资项目后评价的理论基础

股权投资项目后评价的理论基础涉及项目评估理论、风险控制理论、协同效应理论和可持续发展理论等多个领域。

一、项目评估理论

项目评估理论是股权投资项目后评价的重要理论基础之一。该理论提供了对项目进行全面、系统、客观分析和评价的方法和工具，帮助投资者全面回顾项目的过程和结果，评估投资目标的实现程度。在股权投资项目后评价中，可以对项目的目标选择、投资决策、执行过程、实施效果、公司治理和风险防控等方面进行全面、系统的评估，为投资者提供科学的决策依据，提高股权投资效益，规避投资风险。

（一）目标选择

在股权投资项目中，目标的明确性和合理性对项目的成功至关重要。后评价阶段需对项目目标的制定、选择和执行情况进行全面回顾，评估其是否与企业的整体战略相契合，是否充分考虑了市场环境、技术趋势和竞争态势等因素。

（二）投资决策

项目评估理论关注投资决策的合理性。股权投资项目的投资决策涉及资金规模、投资比例、投资时机等多个方面。后评价阶段需对投资决策的过程和结果进行细致分析，评估其是否基于充分的市场调研和风险评估，是否考虑了项目的长期收益和潜在风险。

（三）执行过程

项目评估理论重视项目执行过程的评估。股权投资项目的执行涉及项目团队的组建、资金的筹措和使用、项目的实施和管理等多个环节。后评价阶段需对项目执行过程中的各项工作进行系统分析，评估其是否按照既定的计划和方案进行，是否存在执行偏差和问题，并提出相应的改进措施。

(四)实施效果

项目评估理论还要求对项目的实施效果进行评估。股权投资项目的效果主要体现在投资收益、市场占有率、技术创新、人才培养等多个方面。后评价阶段需对项目的效果进行全面评价,与预期目标进行对比,分析差异产生的原因,并总结成功的经验和失败的教训。

(五)公司治理和风险防控

项目评估理论还关注项目的公司治理和风险防控。在股权投资项目中,良好的公司治理结构和有效的风险防控机制对于项目的长期稳定运行至关重要。后评价阶段需对项目的公司治理结构和风险防控措施进行评估,分析其是否健全有效,是否能够保障投资者的权益和项目的稳定发展。

二、风险控制理论

风险控制理论强调在项目管理和投资决策过程中,应充分识别、评估和控制可能存在的风险,以保障投资项目的顺利实施和预期目标的实现。通过风险控制理论在股权投资后评价中的应用,可以全面回顾和分析项目在风险控制方面的得失,总结经验教训,提出针对性的改进建议。

(一)风险识别

股权投资后评价要求评估在实施股权投资前是否对项目进行了全面的风险识别。这包括识别项目在投资决策、执行和运营过程中可能面临的市场风险、技术风险、财务风险、运营风险等。

(二)风险评估

在股权投资项目中,需要对识别出的风险进行定量和定性的评估,分析风险对项目整体成功度的影响,以及风险之间的关联性和相互影响。

（三）风险应对

应关注股权投资项目风险应对策略的制定和实施。在股权投资项目中，应根据风险评估的结果，制定相应的风险应对策略，包括风险规避、风险转移、风险减轻和风险接受等。同时，需要评估已实施的风险控制措施的有效性，分析其在降低风险方面的实际效果。

（四）风险管理机制

后评价还应关注项目是否建立了完善的风险管理机制，包括风险预警系统、风险监控机制、应急预案等。同时，需评估公司治理结构在风险控制方面的有效性，如决策程序、内部控制制度、风险管理文化等是否健全，能否有效防范和控制风险。

三、协同效应理论

在股权投资过程中，协同效应理论强调不同资源和能力之间相互作用，能够产生比单独使用时更大的整体效益。在股权投资项目的后评价中，通过运用协同效应理论，可以全面评估项目的资源整合、管理协同和风险防控等方面的情况，判断项目是否实现了协同效应，并提出相应的改进和优化建议。

（一）资源整合

股权投资项目后评价需要全面考虑股权投资各方资源的整合和互动。在股权投资项目完成后，应对项目的各方参与者，包括投资方、被投资方及其他合作伙伴的资源进行深入分析。这些资源可能包括资金、技术、市场渠道、管理经验等。通过评估这些资源在项目中的整合程度和互动效果，可以判断项目是否实现了协同效应，即各方资源的结合是否带来了额外的效益和竞争优势。

（二）协同考量

协同效应理论在后评价中强调了对项目管理、企业文化和组织架构等软性因素的协同考量。这些软性因素在项目运营中往往起到至关重要的作用，能够影响资源的配置和使用效率。因此，在后评价中，需要对项目的组织结构、管理模式及企业文化等进行评估，分析它们是否有助于各方资源的协同和发挥，是否存在改进的空间。

（三）风险因素

协同效应理论还关注股权投资项目中可能出现的风险和问题对协同效应的影响。在股权投资过程中，可能会遇到市场风险、技术风险、管理风险等多种风险。这些风险如果处理不当，可能会破坏各方资源的协同关系，导致项目效益下降。因此，在后评价中，需要全面评估这些风险对协同效应的潜在影响，并提出相应的风险应对策略和措施。

（四）整体效益

协同效应理论在后评价中的应用还体现在对项目整体效益的评估上。通过协同效应理论的分析，可以判断股权投资项目是否实现了资源的优化配置和高效利用，是否产生了额外的效益和竞争优势。同时，还可以根据协同效应的实现程度来评价项目的成功度和投资效益，为未来的投资决策提供有益的参考。

四、可持续发展理论

在股权投资项目后评价中，可持续发展理论可以更加全面、深入地评估项目的长期效益、资源利用、环境保护和社会责任履行等方面的情况，指导评价工作从更宏观、更长远的角度审视项目的综合效益和潜在影响，推动股权投资向可持续和更加环保的方向发展。

（一）长期效益

可持续发展理论要求注重项目的长期效益。这意味着在评价过程中，不仅要关注项目短期内的经济效益，更要考虑项目对生态环境、社会责任和企业文化等方面的长期影响。通过评估项目是否符合可持续发展的要求，可以判断其是否具有持久的发展潜力和竞争力。

（二）资源利用和环境保护

可持续发展理论强调关注资源利用和环境保护。在评价过程中，需要分析项目在资源获取、使用和排放等方面的表现，评估其是否实现了资源的节约和高效利用，是否对生态环境造成了负面影响。同时，还要关注项目在环保技术创新和绿色生产方面的努力，以推动股权投资向更加环保和可持续的方向发展。

（三）企业社会责任

可持续发展理论还关注企业社会责任的履行，包括项目在解决就业、促进地区经济发展、保障员工权益，以及履行企业公民义务等方面的表现。通过评估项目在社会责任方面的履行情况，可以判断其是否对社会产生了积极影响，是否符合可持续发展的社会要求。

（四）综合评估

可持续发展理论提供了综合评估框架，在这个框架下，评价工作不再局限于单一的财务指标，而是将经济、社会和环境等多个方面的指标纳入考虑范围，形成一个全面、综合的评价体系。这有助于更准确地评估项目的成功度和投资效益，为未来的投资决策提供更为全面和科学的依据。

第五节　股权投资项目后评价的常用方法

股权投资项目后评价常用方法一般包括逻辑框架法、对比法、成功度评价法、调查法、合规性检查法、趋势分析法、经济效益分析法等。具体在实施股权投资项目后评价过程中，可以将一种或几种方法结合使用。

一、逻辑框架法

逻辑框架法（Logical Framework Approach，LFA），是由美国国际发展署于1970年提出的一种项目开发的工具，主要用于项目规划、实施、监督和评价。它可以对关键因素进行选择分析，并进行系统化的评价。逻辑框架法可用来总结一个项目的诸多因素（包括投入、产出、目的和宏观目标）之间的因果关系（如资源、活动产出），并评价其未来的发展方向（如目的、宏观目标）。

逻辑框架法的核心概念是事物的因果逻辑关系，即"如果"提供了某种条件，"那么"就会产生某种结果，这些条件包括事物内在的因素和事物所需要的外部因素。建立项目评价逻辑框架的目的是依据实际资料，确立目标层次间的逻辑关系，用以分析项目的效率、效果、影响和持续性。LFA的模式是一张 4×4 的矩阵，基本模式如表 1-1 所示。

表 1-1　逻辑框架的模式

层次描述	客观验证指标	验证方法	重要外部条件
目标/影响	目标指标	监测和监督手段及方法	实现目标的主要条件
目的/作用	目的指标	监测和监督手段及方法	实现目的的主要条件
产出/结果	产出物定量指标	监测和监督手段及方法	实现产出的主要条件
投入/措施	投入物定量指标	监测和监督手段及方法	落实投入的主要条件

LFA 把目标及因果关系划分为 4 个层次,即目标/影响、目的/作用、产出/结果、投入/措施。

一是目标/影响,即宏观计划、规划、政策和方针等,该目标可由几个方面的因素来实现。宏观目标一般超越了项目的范畴,它是指国家、地区、部门或投资组织的整体目标,以及项目对其可能产生的影响。这个层次目标的确定和指标的选择一般由国家或行业部门负责。

二是目的/作用,即项目直接的效果和作用。一般应考虑项目为受益目标群带来什么,主要是社会和经济方面的成果和作用。这个层次的目标由项目或独立的评价机构来确定,评价指标根据项目来确定。

三是产出/结果,即项目的建设内容或投入的产出物。一般要提供项目可计量的直接结果。

四是投入/措施,指项目的实施过程及内容,主要包括资源的投入量和时间等。

LFA 的四个层次自下而上形成了三级逻辑关系:第一级是如果保证一定的资源投入,并加以很好地管理,则预计有怎样的产出;第二级是项目的产出与社会或经济的直接变化之间的关系;第三级是项目的目的对整个地区甚至整个国家更高层次目标的贡献关联性。三级逻辑关系如图 1-1 所示。

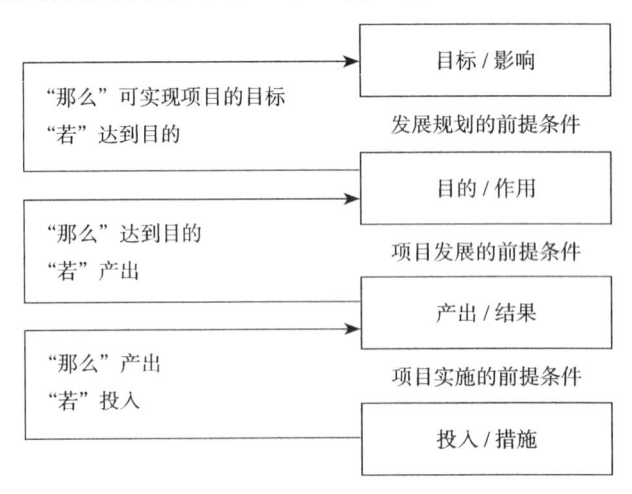

图 1-1 垂直逻辑中的因果关系

LFA 的垂直逻辑分清了评价项目的层次关系，而水平逻辑关系则由验证指标、验证方法和重要的假设条件构成，由此形成了 LFA 的 4×4 的逻辑框架。水平逻辑的三项内容如下。

客观验证指标：包括数量、质量、时间及人员。后评价时，每项指标应具有三个数据，即原来预测值、实际完成量、预测和实际间变化和差距值。

验证方法：包括主要资料来源和验证所采用的方法。

重要的假定条件：指可能对项目的进展或成果产生影响，而项目管理者又无法控制的外部条件，即风险。项目假定条件很多，一般应选定其中几个最主要的因素作为假定的前提条件。通常项目的原始背景和投入/产出层次的假定条件较少，而产出/目的层次的不确定因素往往会对目的/目标层次产生重要影响；由于宏观目标的成败取决于一个或多个项目的成败，因此最高层次的前提条件是十分重要的。

水平逻辑分析的目的是通过验证指标和验证方法来衡量一个项目的资源和成果，如表 1-2 所示。

在项目后评价中通常应用逻辑框架法确立项目目标层次间的逻辑关系，用以分析项目的效率、效果、影响和持续性。

表 1-2 LFA 水平逻辑分析

目标层次	验证指标	验证方法
目标/影响	影响的程度（预测、实现等）	信息来源：文件、官方统计、项目受益者； 采用方法：资料分析、调查研究
目的/作用	作用的大小	信息来源：受益者； 采用方法：调查研究
产出/结果	不同阶段项目定性和定量的产出	信息来源：项目记录、报告、受益者； 采用方法：资料分析、调查研究
投入/措施	资源的性质、数量；成本，时间，区位	信息来源：项目评估报告、计划、投资者协议文件； 采用方法：资料分析

项目的效率评价主要反映项目投入与产出的关系，即反映项目把投入转换为产出的程度，也反映项目管理的水平。

项目的效果评价主要反映项目的产出对项目目的和目标的贡献程度。

项目的影响分析主要反映项目目的与最终目标间的关系，评价项目对当地社区的影响和非项目因素对当地社区的影响。

项目可持续性分析主要通过项目产出、效果、影响的关联性，找出影响项目持续发展的主要因素，并针对内在因素和外部条件提出相应的措施和建议。

二、对比法

对比法是项目评价的方法论一般原则。对比法是将项目可研、评估预测结论和决策目标，以及工程设计确定的技术经济指标与项目的实际运行结果及在评价时所作的新的预测相比较，用以发现变化和分析原因。

项目评价采用对比法时，一是要注意数据的可比性，二是要更多地与其他项目进行对比，可以是同行业对比、同等规模对比、同地区对比等。

对比法包括前后对比、有无对比和横向对比。

（一）前后对比法

前后对比法是将项目投资前后的相关指标加以对比，用以测定项目的效益和影响。

具体来说，主要将项目前期可行性研究所预测的成果、规划目标、投入产出、效益和影响与投资后的实际情况加以比较，从中找出存在的差异及原因。这种比较是进行项目后评价的基础。

（二）有无对比法

有无对比法是指在项目周期内"有项目"（投资）相关指标的实际值与"无项目"（不投资）相关指标的预测值对比，用以度量投资项目真实的效益、作用及影响。

由于投资项目所在地可能发生的变化不一定仅仅是由项目本身造成的，也可能是由存在于投资项目之外的许多其他因素共同作用的结果，所以，这种方法的重点是必须分清投资项目本身的影响与投资项目以外因素的影响，以正确评估项目的增量效益和社会机会成本。

（三）横向对比法

横向对比是同一行业内类似投资项目相关指标的对比，用以评价企业的绩效和投资项目的竞争力。

此方法是指对同类的不同对象在统一标准下进行比较。通过差异和原因分析，可以反映投资收益与同类项目的差距。但在进行这一比较研究时应注意对不同研究对象比较的前提条件——它们必须是同类的或具有相同性质的，而且必须处于同一时间区间。

三、成功度评价法

成功度评价法，是指对比立项阶段所确定的目标和计划，项目实际实现的程度。项目成功度评价就是依靠评价专家或专家组的经验，综合各项指标的评价结果对项目的成功度作出定性的结论。

成功度评价的目的是为项目实施后给出准确直观的定性评价结果。对于不需要或很难得到准确评价数据的项目，可采用这一方法得到相对准确并且快捷的评价结果。项目成功度评价运用的核心方法就是评价者对于项目的主观判断，实施起来简单方便。成功度评价是以逻辑框架法的项目目标的实现程度和其他方法评价结论为基础，以项目的目标和效益为核心进行的系统评价。

成功度评价标准可以分为5个等级，分别为完全成功、基本成功、部分成功、不成功和完全失败。每个标准的判断规则都从目标和投入两方面进行，具体如下。

完全成功。项目的各项目标都已经全面实现甚至超额实现；相对投入而言，项目取得巨大的效益和影响。

基本成功。项目的大部分目标已经实现，相对投入而言，项目达到了预期效益和影响。

部分成功。项目实现了原定的部分目标；相对投入而言，项目只取得了一定的效益和影响。

不成功。项目实现的目标非常有限；相对投入而言，项目几乎没有产生什么正效益和影响。

完全失败。项目目标根本无法实现；相对投入而言，项目不得不终止。

项目成功度可通过项目成功度测定表来进行，见表1-3。评价人员首先根据具体项目的类型和特点，确定表中指标与项目相关的程度，把它们分为"重要""次重要""不重要"三类，在表中第二栏里（相关重要性）填注。对"不重要"的指标不用测定，只需测定重要和次重的项目内容，一般的项目实际需测定的指标在10项左右。

评定等级时，采用打分制。一般可用A、B、C、D、E表示。最后，对指标重要性和等级用加权平均的简单综合，就可以得到整个项目的评定等级，即项目成功度，也可用A、B、C、D、E简单表示。关于备注栏，是不同的主体根据自己的需求填写，没有固定的规则。

表1-3 项目成功度测定表

项目的评价指标	相关重要性	评定等级	备注
指标1			
指标2			
指标3			
⋮			
总评			

具体操作时，由项目评价组成员每人填好表之后，对各项指标的取舍和等

级进行内部讨论，或经必要的数据处理，形成评价组的成功度表，最终得到评价结论。

四、调查法

调查法，是指为了达到设想的目的，有计划、系统地收集有关研究对象某一方面情况的各种材料并进行综合分析与处理，得到某一结论的研究方法。调查法包括资料查阅法、问卷调查法、管理人员访谈法、专家研讨会法及现场调研法。

（一）资料查阅法

资料查阅法属于间接调查，主要是通过查阅有关的文献资料，获取有关的项目信息。后评价的信息调查一般都从查阅相关文献资料开始。一般情况下，资料查阅法总是和别的调查法结合起来使用，以求达到相互佐证的目的。

后评价采用资料查阅法时，主要收集与项目相关的各项文件资料，如项目建议书、项目可行性研究报告及评估报告、项目初步设计、施工图设计、环境影响评估报告、竣工验收报告、相关的批复文件、项目审计报告和财务报表等。

（二）问卷调查法

问卷调查法是将所需要了解的问题设计成书面问卷，并要求被调查者以书面形式进行答复，然后由调查者对答案进行统计、分析的信息收集方法。根据问题的提问方式不同，问卷调查分为封闭式问卷和开放式问卷两种。通常情况下采用封闭式问卷，即调查问卷设定了固定数目的答案选项，被调查者只需要选择最合适的一个或多个答案选项即可；开放式问卷则没有答案选项，会占用被调查者较多的时间，而且统计分析起来难度较大，一般不单独使用，而是作为封闭式问卷的补充。

问卷调查法的优点是覆盖面广、效率高、信息量大，可以获取针对性的信息，但由于获得信息事实少，看法多，故多数结果不能作为确定问题的直接依据。

（三）管理人员访谈法

管理人员访谈法是后评价工作中最常用的评价方法之一。访谈是评价人员就被评项目的管理现状和问题与受评价单位有关管理人员进行直接交谈的信息收集方法。在访谈中，评价人员以问为主，主要就有关问题进行质询与核实。通过对被访谈者回答的分析总结，可以快速了解受评项目状况。

为了保证良好的访谈效果，评价人员需要事先制订访谈计划，包括访谈目的、日期、开始和结束时间、地点、内容和联系方式等，并提前提交给被访谈者，以便其做好准备。

访谈方法的优点是能够快速了解存在问题的线索，信息量大，并且能直接获取相关疑问的解答。但是，由于不同的访谈者立场和位置不同，提供的情况和事实往往带有大量主观性的意见和看法，不能完全作为确定问题的依据，需要辩证分析和对待。

（四）专家研讨会法

由于后评价涉及多种类型的项目，每类项目又涉及实施全过程的评价、效益和效果评价、技术水平和管理水平评价、影响和持续性评价等多方面内容，需要收集的信息资料繁多，需要进行的分析和评价广泛，项目评价者一般只擅长某一方面，不可能全面兼顾，因此在实际收集资料和进行分析评价时，常常需要求助于各相关专业的专家。

专家研讨会法就是针对评价过程中发现的重大问题，邀请有关人员共同研讨，揭示问题，分析原因。专题访谈，要求事前准备好访谈提纲，明确主题，与会专家要准备好资料；会中要做好记录，充分反映与会者的意见、观点；会后要及时归纳、整理、总结，编写专题访谈报告，形成综合的评价结论意见。

召开专家研讨会，不仅能获得项目信息，有时还能直接获得解决因项目引发的某些问题的办法或措施。专家研讨会一般在后评价过程中，在现场调研阶段组织专家召开。

（五）现场调研法

现场调研法即调查者深入现场获取所需信息的方法，属于直接调查法。其最大优点是它的直观性和可靠性，缺点有两点：一是获得的信息都有一定的偶然性和表面性；二是受时空条件的限制，许多信息不能或不宜进行现场参观和考察。所以，在后评价调查中，现场调研法常和文献调查法、问卷调查法等结合使用。

现场调查时，要根据后评价要求与内容，有针对性地设计现场调查方案，开展现场调查，包括走访上级主管单位、查看实际环境、听项目单位介绍、与项目单位座谈、对受益居民进行入户访谈、查阅档案资料等。

五、合规性检查法

合规性是源自审计学的一个概念，它将有没有好的规范及是否很好地执行了既有规范作为考核的标准。

项目后评价中的合规性检查，是以客观事实为依据，以法律法规和其他要求为准则，对投资项目管理过程进行监测和检查，检查受评价单位对法律法规及其他要求的遵守情况，进而得出相应的检查结论和意见。

合规性检查的方式可以采用顺向追踪或逆向反查各相关要素的方法，如果投资资金金额和规模较大，可以抽取大额及重要项目进行检查。

六、趋势分析法

趋势分析法是通过对比财务报表中各类相关数字资料，将两期或多期连续的相同指标或比率进行定基对比和环比对比，得出它们的增减变动方向、数额和幅度，以揭示企业财务状况、经营情况或现金流量变化趋势的一种分析方法。

在项目后评价工作中，通常将不同时期财务报告中的相同指标或比率进行比较，直接观察其增减变动情况及变动幅度，考察其发展趋势，预测其发展前景，确定公司或者项目财务状况和经营成果的发展趋势对投资者是否有利，进而为投资方的决策提供依据。

七、经济效益分析法

经济效益是衡量一切经济活动的最终综合指标。按照分析对象的不同，可分为项目经济效益分析和企业经济效益分析两类。其中，项目经济效益多用于新设股权投资后，可单独运营并带来经济收益的项目后评价，企业经济效益分析多用于股权收购项目的后评价。

（一）项目经济效益分析

1. 产品成本分析

在后评价工作中，按财务制度的规定和既往的统计分析数据，测算项目产品的年生产成本（包括人工费、材料费、制造费等）和期间费用（包括管理费及相关财务费用），并提供计算生产成本的基础。

2. 产品单位售价与盈利预测

根据既往的经营数据和市场分析，预测本项目产品今后的单位销售价格，并预测该项目在剩余寿命期限内的生产和销售情况，包括销量预测、售价预测、收入预测、利润预测等，上述预测分析要求列表计算。

3. 经济效益分析

项目剩余寿命期限内实现的经济效益预测，包括累计销售收入、累计净利润、累计缴税总额等。其中，要选择对投资项目最终经济效果指标有重要影响的主要参数（如销售收入、经营成本、生产能力等）进行敏感性分析。

4. 项目投资评价

以评价日为基点，计算项目的净现值、内部收益率、投资回收期，并将计算结果与投资前的项目经济评价数据作对比，找出差异并分析原因。

（二）企业经济效益分析

分析企业的经济效益，一般从企业的盈利能力、流动性、偿债能力、增长性及运营效率等方面展开分析。

1. 盈利能力分析

企业盈利能力分析的目的在于观察企业一定时期的收益及获利能力，主要指标有总资产报酬率、所有者权益报酬率、销售利税率、净利润率等。

2. 流动性分析

流动性分析目的是评估企业能够随时偿付其到期债务和应付账款的能力，考察企业在面临各种偿债和支付需求时的资金储备和资金周转能力，以便及时采取必要的措施保障企业的偿债能力和经营稳定性。其主要指标有流动比率、速动比率、现金比率等。

3. 偿债能力分析

企业偿债能力分析的目的在于观察企业在一定时期内的偿债能力状况。一般来说，企业收益性好，安全性也高。但在个别情况下，收益性高，资金调度却不顺利。其主要指标有流动比率、速动比率、负债比率等。

4. 增长性分析

企业增长性分析的目的在于观察企业在一定时期内的经营能力和发展状况。一个企业即使收益性很高，如果成长性不好，也不能给予很高的评价。成长性分析就是从量和质的角度评价企业发展情况，即将来的发展趋势，这是投资方对股权类投资项目关注的重点。具体分析指标有销售收入增长率、税前利润增长率、固定资产增长率、人员增长率等。

5. 运营效率分析

企业的运营效率指标分析的目的在于查明企业在一定时期内的生产经营水平和管理效率，其主要指标有应收账款周转率、总资产周转率等。

第六节　与固定资产投资项目后评价的差异性分析

一、股权投资项目与固定资产投资项目的差异性分析

股权投资项目与固定资产投资项目相比，在决策依据、决策目的、投资性质、投资方式、实施流程、投资效果测算等方面均有不同，两者的特性对比情况见表1-4。

表1-4　股权投资项目与固定资产投资项目特性对比

类目	股权投资项目	固定资产投资项目
决策依据	公司战略层面决策程序	项目层面决策程序
决策目的	协同效应、战略目标	预期的项目投资收益
投资性质	虚拟经济	实物经济
投资方式	交易行为范畴	生产建设范畴
实施流程	交易的决策和组织实施过程	生产建设的决策与组织实施过程
投资效果测算	协同效应、增量效益、间接效益	直接效益、现金流测算

（一）决策依据不同

从决策依据来看，固定资产投资项目审批执行的是投资主体项目层面的决策程序；股权投资项目审批执行的是投资主体公司战略层面的决策程序，实质上属于组织层面决策的交易行为。

（二）决策目的不同

从决策目的来看，固定资产投资的目的是通过投资建设形成固定资产，实现预期的项目投资收益；股权投资的目的是通过控股或参股实现协同效应和战略目标。

（三）投资性质不同

从投资性质来看，固定资产投资通过生产建设行为来实现，大多表现为实物经济；股权投资是通过交易行为来实现，属于虚拟经济。

（四）投资方式不同

从投资方式来看，固定资产投资的投资方式是通过研究、设计确定符合决策目标的设计方案，再完成施工建设，实现所有功能后投入运营的项目建设行为，属于生产建设范畴；股权投资行为的投资方式是投资主体与目标企业的股权交易，属于交易行为范畴。

（五）实施流程不同

从实施流程来看，固定资产投资项目的实施过程包括项目的立项（审批、核准或备案）、实施准备（招标采购、合同签订、勘察、设计、开工准备等）、项目实施（施工建设、竣工验收等）、投入运行等环节；股权投资项目投资流程实质上是一个交易决策和组织实施的过程。

（六）效果测算方法不同

从投资效果测算方法来看，固定资产投资项目的投资效益核算主要采用现金流测算法，对于技术改造的固定资产投资项目则采用增量收益测算方法核算投资效益；股权投资项目注重项目的长远效益、协同效应、增量效益、间接效益。

二、股权投资项目后评价与固定资产投资项目后评价比较

股权投资项目后评价与固定资产投资项目后评价在评价目标、目的、评价对象、评价依据等方面存在较大差异，评价方式、评价内容框架基本类似，但评价重点有所差异。具体比较情况见表1-5。

表1-5 股权投资项目后评价与固定资产投资项目后评价比较情况

项目	股权投资项目后评价	固定资产投资项目后评价	比较
评价目标	减少投资盲目性，提高投资效益，为股东创造更大价值	改善投资管理水平和决策制度	不一致
评价目的	提高投资决策管理水平，为企业修正投资决策提供依据	提高投资效益、规范工程项目管理	不一致
评价对象	虚拟的交易行为	实物经济范畴的生产建设行为	不一致
评价内容	对项目的目的、投资管理过程、效益和影响进行分析	对项目前期决策、实施准备、实施过程、运营收益等情况的分析评价	内容框架基本一致，评价重点有所差异
评价方式	检查项目的预期目标是否达到，项目的主要效益指标是否实现，分析成败原因，总结经验和教训，提出对策建议	检查预期目标是否达到、主要的经济效益指标是否实现，进而分析偏离的原因，提出对策建议	基本一致
政策依据	《中央企业投资监督管理暂行办法》	《中央企业固定资产投资项目后评价工作指南》《中央政府投资项目后评价管理办法》《中央政府投资项目后评价报告编制大纲（试行）》	不一致

（一）评价目标不同

从评价目标来看，股权投资项目后评价主要关注的是项目目标与企业发展战略的关系及协同效应的评价。股权投资项目关注的是投资项目的潜在收益及对企业长期发展的影响，因此，其评价目标不仅在于评估项目的直接经济效益，更在于分析项目如何助力企业实现其整体战略目标，以及项目与企

业其他部分的协同效应。这种评价更强调项目对企业整体发展的贡献和长远影响。

固定资产投资项目后评价的目标则主要聚焦于改善投资管理水平和决策制度，以提高投资效益和规范工程项目管理。这类评价更侧重于项目的具体执行过程、成本控制、进度管理等方面，以确保项目能够按照预定的计划和预算进行，并最终实现预期的经济效益。

（二）评价目的不同

从评价目的来看，股权投资项目后评价旨在减少投资的盲目性，提高投资效益，为股东创造更大的价值。评价工作不仅是对项目成果的检验，更是对企业投资决策过程和效果的反思与改进，以便在未来的投资活动中更加精准地把握市场机遇，降低投资风险，实现更好的投资回报。

固定资产投资项目后评价的目的则更多地在于通过总结项目经验和教训，完善项目管理机制，提高项目管理水平。评价更多地关注于项目执行过程中的问题和不足，以便在未来的项目管理中加以改进，提高项目的成功率和投资效益。

（三）评价对象不同

从评价对象来看，股权投资项目后评价更侧重于虚拟交易行为及其对企业战略和协同效应的影响，这包括评价股权投资是否与企业的发展战略相契合、是否有助于实现企业的长远目标，以及是否带来了预期的协同效应和增长机会。同时，还要关注投资过程中决策的正确性、执行效率及风险防控措施的有效性。

固定资产投资项目后评价的对象则主要是实物资产和生产建设活动，涉及对固定资产投资项目的立项可行性分析、经济效益评估、社会效益评价及环境影响评价等方面。它关注的是固定资产投资项目是否按计划进行，是否达到了预定的生产能力、效率和质量标准，以及是否产生了积极的经济效益和社会效益。

（四）评价内容关注点有所差异

股权投资项目后评价在内容和重点上更为关注投资目标项目的选择、项目的合规性及协同效应等方面。在投资目标项目的选择上，股权投资项目后评价会深入考察项目的市场潜力、技术可行性、团队实力等因素，确保所选择的项目能够与企业整体战略相契合，为企业带来长期的价值增长。对于项目的合规性，股权投资项目后评价会严格审查项目是否符合法律法规的要求，以避免潜在的法律风险。协同效应评价是股权投资项目后评价的重要内容之一，它能够分析项目与企业现有业务、资源的整合情况，以及项目对企业整体竞争力的提升作用。

固定资产投资项目后评价在内容和重点上则更多地关注项目前期决策、实施准备、实施过程及运营收益等方面。它主要侧重于对项目投资的全过程进行回顾和总结，包括项目的决策依据、建设内容、实施过程、投资效益等方面。固定资产投资项目后评价的目的是通过总结经验教训，提高项目管理水平，为未来类似项目的投资决策提供参考。

（五）评价方式些微差异

股权投资项目后评价在评价方式上更加注重定性与定量方法的结合，并努力将定性评价转化为定量评价。由于股权投资项目后评价的内容涵盖了实施过程评价、投资效果评价、项目影响评价、项目可持续性评价等多个方面，这些评价内容中除了财务效益评价部分可以通过定量指标进行定量分析外，大部分评价指标都需要进行定性描述和定性评价。因此，股权投资项目后评价在方法上强调定性与定量的结合，通过运用适当的数学模型、统计分析工具等，将定性评价转化为定量评价，以更全面、准确地反映项目的综合效益和对企业发展战略的影响。

固定资产投资项目后评价的评价方式也采用定性与定量相结合的方法。它主要关注项目预期目标是否达到、主要经济效益指标是否实现，以及分析偏离原因并提出对策建议。固定资产投资项目后评价通常通过对项目投资决策、实施过程、运营效果等进行全面的回顾和分析，采用适当的定量指标和定性描述来评估项目的综合效益和存在的问题。通过定性与定量方法的结合，固定资产投资项目后评价能够更准确地揭示项目成功或失败的原因，为未来的投资决策提供有价值的参考。

（六）政策依据不同

从后评价政策依据来看，股权投资后评价和固定资产后评价的差异主要体现在政策的制定和发布机构、政策内容的详细程度和适用范围等方面。

从政策的制定和发布机构来看，固定资产投资项目后评价有较为系统和完善的政策体系。国务院国有资产监督管理委员会、国家发展改革委及各行业管理部门等都针对固定资产投资项目后评价工作出台了详细的管理规定和工作指南。这些政策文件不仅明确了后评价工作的基本原则、方法和程序，而且为后评价的实施提供了具体的指导和规范。股权投资项目后评价的相关政策相对较为薄弱，虽然《中央企业投资监督管理暂行办法》中提到了对已完成的投资项目进行后评价的要求，但并未针对股权投资项目提出专门的后评价管理要求。这意味着在股权投资项目的后评价工作中，缺乏直接针对性的政策指导和规范，可能需要参照其他类型的投资项目后评价规定。

从政策内容来看，固定资产投资项目后评价政策更加详细和具体。例如，《中央政府投资项目后评价管理办法》等文件对后评价工作的目标、范围、组织、实施、报告编制等方面都作出了明确规定；而股权投资项目后评价在政策内容方面则相对较为笼统，缺乏具体的操作细则和指引。

从政策的适用范围来看，固定资产投资项目后评价政策通常适用于各类中央企业和政府投资项目，具有较广的覆盖面；而股权投资项目后评价政策的适用范围则相对有限，主要侧重于中央企业的投资监督管理需求。

第二章 股权投资项目后评价的内容

第一节 股权投资项目实施过程评价

股权投资项目实施过程评价是在对评价时点之前的各个阶段回顾的基础上，确认整个项目投资过程是否按计划实施，分析项目实施全过程中发生的偏离和原因及它们对项目实施效果的影响，进而对项目实施全过程的管理水平和工作质量作出评价。

股权投资项目实施过程通常包括投资决策阶段、实施准备阶段、投资实施阶段、公司治理及经营阶段四个阶段。在进行后评价时，需要对这四个阶段分别进行回顾总结与评价。

一、股权投资项目投资决策阶段总结与评价

在股权投资项目的投资决策阶段，公司依据中长期业务发展规划，形成年度总体投资计划。股权投资主体将对列入公司年度股权投资建议计划的项目进行股权投资立项初步论证，选择合作方，内部成立联合工作组，开展合作意向的方案论证和商务谈判，形成股权投资项目立项报告，并根据相关规定提交主管部门和领导进行审批或备案。联合工作组将对已通过立项审查和备案的股权投资项目进行深入的可行性研究。对于股权收购项目和股权转让项目还将委托

专业机构进行财务审计、资产评估、法律尽职调查,以及安全环保评价等专项工作,并形成专业报告,确保决策的科学性和准确性。编制项目的可行性研究报告(投资申请报告)并根据审批权限,上报公司进行最终审批。

(一)股权投资项目投资决策阶段的回顾

1. 股权投资项目初步论证

在初步论证阶段,主要从企业发展规划及战略目标定位、实现发展规划及战略目标的各种可能途径、股权投资对实现企业发展规划及战略目标的意义、股权投资方向、市场格局与发展前景、投资必要性等方面进行深入探讨。

2. 股权投资合作方的选择

选择股权投资合作方是投资决策阶段的重要环节,需对股权投资合作方进行考察,在此基础上与合作方签署投资意向书、备忘录,进行股权股价及投资估算的初步论证,明确投资事项及需开展的前期工作。

(1)新设股权投资项目

对于新设股权投资项目,选择合作方时重点考察以下5个方面。

①资金实力:合作方是否具备足够的资金投入项目,以保证项目的顺利实施。

②经验与资源:合作方是否具备与项目相关的经验、技术和资源,这些都可以提高项目的成功率。

③信誉与历史表现:合作方的信誉记录和历史表现,如是否有不良记录等。

④团队能力:合作方的团队是否具备专业能力和经验,以及团队成员的背景和经验。

⑤业务匹配度:合作方与项目的业务匹配度,是否与公司的战略目标相一致。

（2）股权收购项目

对于股权收购项目，选择被收购方时重点考察以下8个方面。

①公司基本情况：了解目标公司的基本情况，包括但不限于公司的历史、业务范围、组织结构、股东结构等。

②财务状况：评估目标公司的财务状况，包括资产、负债、收入、利润等，以判断其经营效率和盈利能力。

③市场竞争力：分析目标公司在市场中的竞争力，包括产品或服务的市场需求、市场份额、竞争优势等。

④管理团队：考察目标公司管理团队的素质和能力，包括他们的经验、技能、专业知识和领导能力等。

⑤风险评估：评估收购目标可能带来的风险，包括财务风险、经营风险、合规风险等，并制定相应的风险控制措施。

⑥协同效应：评估收购目标是否能够与收购方产生协同效应，以提高整体效益。

⑦法律合规：审查目标公司的法律合规情况，包括公司是否遵守相关法律法规、是否存在法律纠纷或违规行为等。

⑧估值分析：对目标公司进行初步估值分析，以确定合理的收购价格和潜在的增值空间。

（3）股权转让项目

对于股权转让项目，确定被转让方资格条件时应重点考察以下6个方面。

①资金实力：评估股权接收方的资金状况，确保其具备足够的资金用于购买股权。

②业务匹配度：如不是全部转让，需考察股权接收方与转让方的业务匹配程度，以确定双方是否有共同的发展目标。

③经营能力：评估股权接收方的经营能力和管理水平，以确保其能够有效地运营和管理公司。

④信誉记录：调查股权接收方的信誉记录和历史表现，了解其诚信度和可靠性。

⑤风险控制：评估股权接收方对风险的控制能力，以确保股权转让后的风险得到有效控制。

⑥法律合规性：审查股权接收方是否符合法律法规的要求，确保转让过程合法合规。

3. 联合工作组的建立

联合工作组的建立是为了高效推进股权投资项目的实施、人员配备及职责分工和工作计划，是确保工作顺利进行的关键要素。

4. 合作意向方案及沟通

合作意向的方案论证与意向沟通是联合工作组的核心任务之一，旨在明确合作双方的权益和义务，为后续的正式合作奠定基础。

5. 股权投资项目立项报告的编制与审查

联合工作组组织编写股权投资项目立项报告是投资决策阶段的重要环节。股权投资项目立项报告的内容包括投资必要性、投资方案及公司治理、实施计划、财务分析、风险及对策、结论及建议等，报告完成后提交相关部门进行论证、审查。对于涉及包含工程建设的股权投资项目，还需同时进行工程建设可行性研究报告的论证与审查。

6. 尽职调查等专项工作的开展

在股权收购项目中，尽职调查是一项至关重要的环节，它要求对目标项目或公司进行详尽、深入的研究与分析。这一过程涵盖了财务审计、资产评估、法律尽职调查以及安全环保评价等多项专项工作。通过这些工作，可以全面评估项目的合规性，确保形成的专业报告具备科学性、公正性和客观性。这不仅有助于准确地把握目标项目或公司的真实情况，还能为投资决策提供数据支持和法律依据。

7.可行性研究报告的编制与评估

股权投资项目可行性研究报告应包含项目概述、市场环境分析、技术可行性评估、财务预测与投资回报分析、风险评估与应对策略、结论与建议等内容。报告的完整性、研究内容的深度和方案论证的合理性是这一阶段的关键点。可行性研究报告为决策者提供了关于项目实施的可能性和风险的全面信息。

8.股权投资审批

股权投资审批是决策审批阶段的最后一步。在这一步骤，需要根据公司流程要求提交董事会决议、相关会议纪要和审批文件等材料。

（二）评价要点

1.政策符合性评价

在政策符合性评价中，重点关注项目是否与国家的相关规划和产业政策相一致。此外，还要分析项目是否符合中央企业的布局和结构调整方向，以确保项目的实施与国家及行业的发展方向保持一致。

2.项目必要性评价

在项目必要性评价环节，主要评估项目的决策依据是否充分、合理。此外，还要考虑项目是否符合企业发展战略规划，是否有助于提升企业的核心竞争力，以及是否有利于企业的可持续发展，从而实现资产的保值增值。

3.程序合规性评价

程序合规性评价是评价股权投资项目投资决策阶段的重要环节。在这一环节，重点分析项目是否遵循了相关法律、法规和政策的规定，是否完成了项目立项的初步论证及开展了相关工作，以及是否完成了股权投资项目立项报告的编制与审查等相关工作程序；核查项目是否完成了所有必要的程序，如可行性研究、尽职调查、内部决策、审计和资产评估等，确保所有必要的文件和资料都已准备齐全。同时，评估这些程序的完整性、合规性及合法性。

4. 投资合理性评价

投资合理性评价是股权投资项目投资决策阶段的关键环节之一。在这一环节，重点分析项目的投资意向是否正确。当存在两个以上的目标企业作为比选方案时，可结合其他落选目标企业的情况，对最终投资意向的正确性进行评价；同时，评估投资方案的经济效益和可行性，以确保项目的投资能够为企业带来合理的回报和可持续发展。

5. 决策风险管理评价

决策风险评估主要针对是否深入分析了项目各相关因素，确保考虑全面，避免遗漏关键信息；评估决策时是否制定了有效的风险应对措施，以及这些措施的合理性和可行性；检查是否有健全的决策监督和反馈机制，以确保决策的有效执行和及时调整。

二、股权投资项目实施准备阶段总结与评价

在股权投资项目的实施准备阶段，联合工作组需研究谈判的策略，商定股权投资协议，为后续的股权投资实施做好前期准备。

（一）实施准备阶段的回顾

1. 进行谈判准备工作

在谈判准备阶段，需要开展全面而深入的调研工作。这包括对可能实施的合作方案、涉及的技术要点以及商务条款进行多方案的比选和详细分析，筛选出既符合双方利益、又具备可操作性和可持续性的合作方案。同时，为了确保谈判的顺利进行，还需要研究和确定阶段性的谈判策略，为后续的协商和合作打下坚实基础。

2. 达成合作意向并评估公司章程

通过有效的沟通和协商，与合作方达成共识，进而正式达成合作意向。同

时，对合作合同和公司章程中的约定事项进行仔细评估，确保其满足双方的实际需求和利益。这包括但不限于合同条款的合法性、公平性，以及章程规定与公司战略的一致性等方面。

（二）评价要点

1. 程序合规性评价

（1）方案比选与调研的合规性

在谈判准备阶段，对可能实施的合作方案、技术和商务条款进行多方案的比选和调研，这是确保合作决策科学、合理的基础。这一过程要求遵循市场规律，考虑技术可行性、经济效益等多方面因素，确保所选方案既符合双方利益，又符合法律法规的要求。

（2）谈判策略的研究与确定

研究和确定阶段性谈判策略是谈判准备的关键环节。策略的制定应基于双方实力和利益诉求，合法合规，避免使用不正当手段或违反公平竞争原则。同时，策略的调整应随着谈判进程的推进而灵活变化，确保谈判的顺利进行。

（3）作意向达成的合规性

协商并达成合作意向是谈判准备的重要成果。合作意向的达成应遵循双方自愿、平等、公平、诚实信用的原则，确保意向内容真实、合法、有效。此外，意向书的签订和履行也应符合相关法律法规的规定。

（4）合同与章程约定的评估

评估合作合同和公司章程的约定事项是否满足需求，是确保合作合法合规的重要步骤。评估过程应全面、细致，确保合同条款清晰明确、无歧义，符合法律法规的要求，同时满足双方的实际需求。

2. 准备效率评价

（1）方案比选与调研的效率

高效的方案比选与调研能够迅速筛选出最优合作方案，为谈判奠定坚实基础。在准备过程中,应充分利用现代信息技术手段,提高信息搜集和处理的效率,确保决策的科学性和时效性。

(2)谈判策略的制定与调整

谈判策略的制定和调整需要快速响应市场变化和对方诉求。因此,在准备阶段,应建立灵活高效的决策机制,确保策略的及时性和有效性。同时,团队成员之间应保持密切沟通,协同作战,提高整体工作效率。

(3)合作意向达成的速度

合作意向的达成速度直接影响后续合作进程的推进。在准备阶段,双方应充分沟通、坦诚交流,尽快消除分歧、达成共识。此外,还可以通过设置阶段性目标、制订详细计划等方式,加快意向达成的速度。

(4)合同与章程约定的完善

合同与章程约定的完善程度直接影响合作的稳定性和可持续性。在准备阶段,应充分考虑各种可能的风险和变数,制定完善的合同条款和章程规定。同时,还应建立有效的监督机制,确保约定的履行和执行。

三、股权投资项目投资实施阶段总结与评价

在股权投资项目的投资实施阶段,主要任务是确保股权投资主体能够顺利实施具体可行的投资方案,并在这一过程中实现多方的共赢。

(一)投资实施阶段的回顾

1. 新设股权投资项目

对于新设股权投资项目,有两个关键阶段:合资协议的签订和执行,办理工商手续。

(1)合资协议的签订和执行

合资方案的制定与评估。在这一阶段,需要与合作伙伴共同制定合资方

案，并进行详细的评估。评估应涵盖技术、市场、财务等多个方面，以确保合资方案具有可行性和盈利潜力。

价格谈判。合资双方需要就股权比例、投资金额和支付方式等进行深入的价格谈判。谈判的焦点是确定合资价格及其他附加条款，这是确保双方权益的重要环节。

融资安排。融资安排是合资协议中不可或缺的一部分，在这一阶段，需要与潜在的投资者或金融机构进行沟通，以确定资金来源和融资条件。

定价与融资是这一阶段的核心工作。各环节的紧密配合和有效沟通对于确保投资顺利实施至关重要。最终成果是双方共同签署《合资协议》。

（2）办理工商手续

支付义务履行。在这一阶段，合资方需要按照协议约定的支付方式和金额完成相应的支付义务。

工商部门手续。完成工商部门的注册、登记和其他相关手续，以确保合资公司在法律上合法成立。

对于有工程建设的项目，除上述内容外，还需对建设实施过程进行回顾、总结与评价，包括初步设计及评估，施工图设计，工程管理，招投标采购，施工准备，合同管理，四大控制（进度、资金、质量、安全），竣工验收等。

2.股权收购项目

股权收购项目涉及两个关键阶段：股权收购协议的签订和执行，办理资产交割和股权变更手续。

（1）股权收购协议的签订和执行

股权收购方案的制定与价值评估。在这一阶段，需要制定详细的股权收购方案并进行全面的价值评估。评估应包括目标公司的财务状况、资产质量、市场前景等多个方面，以确保收购具有合理性和盈利潜力。

收购价格谈判。收购方与目标公司股东需要进行深入的价格谈判，确定收购价格、收购比例和收购方式等关键条款。

融资安排。融资安排是股权收购中不可或缺的一部分,需要与金融机构或投资者进行沟通,以确定融资条件和资金来源。

审计与资产评估。进行全面的财务审计和资产评估,以确保目标公司的财务状况透明和准确。同时,需要准备相关的申报材料,如尽职调查报告等。

定价、融资和合同条款的确定是这一阶段的核心工作。各环节的紧密配合和有效沟通对于确保投资顺利实施至关重要。最终成果是双方签订《股权收购协议》。

(2)办理资产交割、股权变更手续

支付义务履行。按照协议约定的支付方式和金额完成相应的支付义务。

工商部门股权变更手续。前往工商部门办理股权变更手续,以确保收购完成后目标公司的股权结构得到合法变更。

对于涉及工程建设的项目,除上述内容外,还需对建设实施过程进行回顾、总结与评价,包括初步设计及评估、施工图设计、工程管理、招投标采购、施工准备、合同管理、四大控制(进度、资金、质量、安全)、竣工验收等。

3.股权转让项目

股权转让项目通常涉及两个关键阶段:股权转让协议的签订和执行,以及办理股权变更及相关工商手续。

(1)股权转让协议的签订和执行

转让方案的确定。双方协商并确定股权转让的具体方案,包括转让比例、转让价格、支付方式等核心条款。

资产评估。对目标公司开展资产评估,进而对股权价值进行评估。

价格谈判。双方就股权转让价格和其他相关条款进行深入谈判。

签署股权转让协议。在达成一致意见后,双方正式签署股权转让协议,明确双方的权利和义务。

（2）办理股权变更及相关工商手续

股权变更登记。向工商部门提交股权变更登记申请，并按照相关规定提交所需材料。

收取款项。根据股权转让协议，完成相应的股权转让款项收取。

其他相关手续。可能涉及的其他手续包括税务申报、股东变更通知等。

（二）评价要点

对于股权投资项目，协议的完整性、风险控制、实施方案和进度与计划的相符性是关键的评价要点。

1. 协议的完整性评价

（1）内容的完整性分析

评估投资协议是否全面覆盖了所有关键条款，包括但不限于投资额、股权比例、资金用途、收益分配、决策权、退出机制等。

（2）交易稳定性与权益保障

分析协议如何确保交易的稳定性，如明确的支付安排、股权变更条款等。同时，评估是否充分保障了各方的权益，如保护性条款、反稀释条款等。

2. 协议内容的风险评价

（1）条款严谨性

分析协议中的条款是否严谨、明确，避免产生歧义或模糊地带。

（2）公平性评估

判断协议是否相对公平地对待了各方利益，没有过于偏向某一方。

（3）风险控制措施

评估协议中是否有有效的控制风险和降低风险的措施，如优先权、追索权、违约金条款等。

3. 实施方案和进度与计划的相符性评价

（1）实施方案符合度

分析股权投资比例、出资方式、融资安排等是否与预期的实施方案相符。

（2）手续办理情况

评估实际完成的相关手续办理情况，如工商变更、融资协议签署等。

（3）进度与计划吻合度

比较实际实施进度与计划进度的吻合程度，判断是否存在偏差及分析原因。

四、股权投资项目公司治理及经营阶段总结与评价

在股权投资项目公司治理及经营阶段，投资方签约后，应办理相关的手续。股权投资主体在机构、人员、技术、业务等方面进行公司治理，并开展生产经营活动。股权投资后的公司治理及经营是企业股权投资程序的最后环节，也是决定投资是否成功的关键环节。

（一）公司治理及经营阶段的回顾

1. 公司治理

（1）新设股权投资项目

在新设股权投资项目中，公司治理是确保新设公司健康、稳定发展的关键要素。这一阶段的主要工作内容包括以下 12 个方面。

① 发展战略与规划：确定合资公司的发展战略和长期发展规划，明确发展目标和潜在项目。

② 目标市场变动：关注目标市场的变化，及时调整市场策略以适应市场需求。

③ 合资方贡献度：评估合资方对合资公司的实际贡献，确保各方资源的有效利用。

④法律法规与优惠政策：确保合资公司遵循相关法律法规，并充分利用可享有的优惠政策。

⑤法人治理结构和议事规则：建立完善的法人治理结构，明确议事规则，确保决策的合法性和透明度。

⑥公司章程与组织机构：制定公司章程，明确各方权益，设立合理的组织机构。

⑦管理规章制度：制定并执行管理规章制度，确保公司运营的规范性。

⑧自主知识产权：关注自主知识产权的使用和管理，保护公司的核心竞争力。

⑨会计政策与资金管理方案：制定合适的会计政策，建立资金管理方案，确保财务管理的规范性和有效性。

⑩关联交易合规性：确保关联交易的合规性，防止利益输送和权力寻租。

⑪执行权与监督权：确保公司执行权和监督权的有效性，防止内部人控制和权力滥用。

⑫风险管理及对策：建立健全风险管理机制，制定应对策略，确保公司稳定发展。

（2）股权收购项目

在股权收购项目中，公司治理的回顾与总结主要关注投资完成后对目标公司的整合工作。这一阶段的主要内容包括以下10个方面。

①整合方案实施：评估投资完成后实施的整合方案的效果，包括管理层交接、财务与人事过渡、生产经营正常运转等。

②合同履行情况：检查目标企业合同的履行情况，确保合同条款得到有效执行。

③遗留问题处理：处理遗留的重大法律纠纷，解决潜在的风险点。

④治理结构调整：调整投资方和目标企业的治理结构，优化决策机制。

⑤职工安置与企业文化整合：关注职工安置和企业文化整合工作，促进企业内部的和谐与稳定。

⑥法人治理及议事规则：审查法人治理结构和议事规则的执行情况，确保决策的合法性和透明度。

⑦组织机构与管理规章制度：评估组织机构的运行效果，审查管理规章制度的执行情况。

⑧自主知识产权与会计政策：关注自主知识产权的保护和使用情况，检查会计政策的合规性。

⑨资金管理方案与风险管理：评估资金管理方案的实施效果，检查风险管理机制的完备性。

⑩执行权与监督权的有效性：审查执行权和监督权的行使情况，确保权力的合理配置和有效监督。

（3）部分股权转让项目

对于部分股权转让项目，股权转让后的交接过程对公司治理有着重要的影响，这一阶段的主要内容包括以下11个方面。

①股东会决策：股权转让完成后，新股东的加入可能需要对公司战略、组织结构等重要事项进行决策。股东会应当按照公司章程和法律法规的规定，审议和决策相关事项。

②董事会调整：股权转让可能导致董事会成员的变动。董事会应当按照公司章程和法律法规的规定，履行其职责，确保公司治理的有效性。

③管理层稳定：股权转让后，应当确保公司管理层的稳定，避免因股权转让导致管理层动荡。

④财务交接：股权转让涉及财务的交接，包括资产、负债、权益等。应当确保财务交接的准确性和完整性，防止财务风险的发生。

⑤业务延续性：股权转让后，应当确保公司业务的延续性，避免因股权转让导致公司经营的中断。

⑥信息披露透明度：股权转让完成后，应当及时、准确地进行信息披露，确保所有股东获得平等的信息。

⑦合规审查：股权转让完成后，应当对公司的合规性进行审查，确保公司符合相关法律法规的要求。

⑧风险控制：股权转让可能导致公司面临新的风险，如财务风险、合规风险等。公司治理应当建立有效的风险控制机制，确保公司稳定发展。

⑨内部审计：股权转让完成后，应当进行内部审计，确保公司的财务和业务状况得到准确的反映。

⑩外部审计机构选择：为了确保财务报告的质量和准确性，应保持外部审计机构的独立性和专业性。

⑪企业文化整合：股权转让可能导致公司文化的变化。公司治理应当关注企业文化的整合，促进员工对新股东产生认同感和归属感。

2. 经营管理

在股权投资项目中，经营管理是确保项目成功和实现预期收益的关键环节，需回顾从项目投资完成到后评价时点为止正常运营管理期间的项目或企业的经营状况。其包括以下4个方面。

①经营和运作方式：评估项目或企业的日常经营和运作方式，包括管理策略、销售策略、供应链管理等。

②盈利模式：分析项目或企业的盈利模式，了解其主要收入来源和盈利点。

③生产经营指标完成情况：审查项目或企业各项生产经营指标的完成情况，如销售额、产量、成本控制等。

④分红情况：回顾项目或企业的分红记录和政策，了解其回馈股东的情况。

对于股权收购项目和部分股权转让项目，除上述内容外，还需要开展前后对比分析，包括以下4个方面。

①公司业绩对比：对股权投资实施前后的公司业绩进行对比分析，了解经营改善或变化的程度。

②利润水平分析：评估股权投资实施前后公司的利润水平，分析其盈利能力的变化。

③销售增长率分析：对比股权投资实施前后的销售增长率，了解销售业务的发展趋势。

④公司资产增长值分析：分析股权投资实施后公司资产的增长值，了解公司的资产扩张情况。

（二）评价要点

1. 公司治理评价

（1）实施方案合理性

评估股权投资项目实施方案的合理性，分析其是否充分考虑了公司的实际情况和未来发展需求。

（2）整合过程与计划

分析整合过程是否按原计划实施，识别是否存在偏差，并探究偏差产生的原因。

（3）治理效果评估

对公司治理结构改革后的效果进行评估，判断其是否达到预期目标。

（4）目标企业条件与资源分析

对于股权收购项目，重点分析目标企业的内外部条件和资源与投资决策时的一致性，以及不一致的原因及影响。

2. 生产经营评价

（1）生产经营情况

评估股权投资实施后公司的生产经营状况，包括生产规模、产品种类、销售渠道等。

（2）经营效果分析

分析股权投资对公司经营效果的影响，如盈利能力、市场份额等。

（3）经营模式评估

评估公司经营模式的合理性，判断其是否符合行业发展趋势和市场需求。

（4）分红合规性

审查公司分红的合规性，确保其符合相关法律法规和公司章程的规定。

3. 风险管理评价

（1）风险因素识别

评估项目投资过程中对潜在风险的识别情况，如政策风险、法律风险、市场风险等。

（2）风险管理对策

分析公司采取的风险管理、控制对策，判断其针对性和有效性。

（3）风险管理效果

评估风险管理对策的实施效果，判断其是否有效地控制和降低了风险。

（4）反收购风险评估

对于股权收购项目，特别关注反收购风险，分析公司应对策略的有效性。

第二节　股权投资项目投资效果评价

股权投资项目投资效果评价是在实施过程评价的基础上，对项目的投资效果作出全面的分析、评价。评价内容可分为绩效评价、技术评价、财务评价、协同效应评价。

一、绩效评价

绩效评价一般从投资适应性、合理性、择优性和风险管理四个维度进行评价。

（一）投资适应性评价

在进行投资适应性评价时，应综合考虑被评价项目在政策、行业（市场）等方面的适应性。具体来说，需要分析项目是否符合国家及地方政策导向，是否适应行业发展趋势和市场需求，能否有效应对市场变化。

（二）投资合理性评价

投资合理性评价主要关注投资方向、投资时机、投资规模及投资成本等方面。评价过程中，应确保投资方向与企业的战略规划和长远发展相契合，投资时机的选择能够最大化投资效益，投资规模与企业的经济实力和市场容量相匹配，投资成本控制在合理范围内，以实现投资效益最大化。

（三）投资择优性评价

投资择优性评价应从投资方选择目标企业和目标企业选择投资方两个视角进行：对于投资方而言，需要评估目标企业的市场前景、盈利能力、管理团队等因素，以确保选择的企业具有较高的投资价值和潜力；对于目标企业而言，则需评估投资方的资金实力、行业影响力、资源整合能力等方面，以选择能够为企业带来长期发展的合作伙伴。

（四）风险管理评价

风险管理评价是确保投资项目稳健运行的关键环节。评价过程中，应全面识别项目可能面临的风险，包括市场风险、技术风险、运营风险等。同时，对识别出的风险进行深入分析，评估其潜在影响，并制定有效的防范措施和应对策略。评价风险管理的完善性、准确性、合理性和可行性，可以确保投资项目能够在风险可控的前提下实现预期目标。

二、技术评价

新设股权投资项目和股权收购投资项目的技术评价是一个重要的环节，通常从先进性、适用性、经济性、安全性四个方面对项目采用的工艺技术与装备水平进行分析与评价。不同行业的项目在技术评价方面会有比较大的差异，股权转让项目可根据项目实际情况判断是否需要开展技术评价，需开展技术评价的项目可根据被评价项目的具体情况对技术评价要点进行优化和调整。

先进性：评估所采用的技术是否具有行业领先水平，是否能够提升企业的竞争力。

适用性：分析技术是否符合企业实际需求，并且能否在实际生产中得到有效应用。

经济性：评估技术的经济效益，包括投资回报率、成本效益比等指标。

安全性：对技术的安全性进行评估，确保技术的实施不会对人员、环境等造成不良影响。

同时，对于以技术引进为目的的股权投资项目，后评价时还需要重点关注以下方面。

技术对象种类及权属：了解引进技术的具体内容，包括专利、专有技术、商标的使用权或技术协助等，并确认其权属关系。

技术检索结果：对引进技术进行全面的技术检索，了解其在国内外的发展状况和应用情况。

引进技术消化吸收再创新和技术内化：评估企业对于引进技术的消化吸收能力，以及在原有技术基础上的再创新和技术内化程度。

三、财务评价

股权投资项目后评价的财务评价在后评价中占据着至关重要的地位。它不仅是对投资项目财务绩效的全面回顾和检验，更是投资决策优化、风险管理、项目改进，以及未来投资战略调整的重要依据。通过精确的财务效益测算，投资者能够深入了解投资项目的实际收益情况，及时发现潜在风险，为项目的持续优化和发展提供有力支撑。

（一）财务指标分析

财务指标分析是股权投资项目财务评价的重要组成部分，需要收集、整理和分析大量的财务数据，并通过比较、趋势分析和比率分析等方法，全面评估项目的财务状况和经营效率。

1. 财务指标分析步骤

（1）数据收集与整理

从项目的财务报表（如利润表、资产负债表、现金流量表）中收集关键财务数据，对于缺失或异常的数据，需要进行适当的估算或调整。

（2）比率分析

根据收集的数据，计算各种财务指标，提供关于项目流动性、杠杆水平和运营效率的有用信息。

（3）比较分析

将计算出的财务指标与行业标准、竞争对手进行比较，以评估项目在同行业中的相对地位。

（4）趋势分析

对连续几个期间的财务指标进行趋势分析，观察其变化趋势；预测项目的未来发展趋势，以及是否需要采取相应措施来应对潜在风险。

（5）综合分析

进行综合分析，全面了解项目的财务状况和经营效率，以及可能存在的风险和机会。报告中应包括数据、计算结果、比较分析和结论，以及针对潜在问题和机会的建议。

2. 具体财务指标

财务指标分析是评估新设股权投资项目财务状况和绩效的重要手段。以下是一些常用的具体指标，对具体项目进行分析时，可以根据需要进行调整。

（1）盈利能力指标

净利润率：净利润与总收入之比，反映项目每销售一定额度的产品或服务后能获得的净利润。

毛利率：毛利润与总收入之比，揭示项目在扣除直接成本后的盈利空间。

息税前利润：净利润加上利息和所得税之前的利润，用于评估项目运营活动的盈利能力。

投资回报率：净利润与投资额之比，衡量项目投资效益。

（2）流动性指标

流动比率：流动资产与流动负债之比，评估项目短期债务的偿还能力。

速动比率：速动资产（流动资产减去存货和预付款项）与流动负债之比，进一步评估项目的短期偿债能力。

现金比率：现金及现金等价物与流动负债之比，衡量项目现金储备对短期债务的覆盖能力。

（3）偿债能力指标

资产负债率：总负债与总资产之比，反映项目的财务杠杆程度和财务风险。

权益乘数：总资产与股东权益之比，表示股东权益相对于总资产的放大倍数。

负债权益比率：总负债与股东权益之比，衡量项目债务与股东权益的相对规模。

（4）运营效率指标

存货周转率：销售成本与平均存货之比，反映项目存货管理效率和资金周转速度。

应收账款周转率：销售收入与平均应收账款之比，衡量项目应收账款的回收速度和信用政策效果。

总资产周转率：销售收入与总资产之比，表示项目总资产的使用效率。

（5）增长性指标

收入增长率：本期收入与上期收入之差除以上期收入，评估项目收入的增长速度。

净利润增长率：本期净利润与上期净利润之差除以上期净利润，反映项目盈利能力的增长潜力。

资产增长率：本期总资产与上期总资产之差除以上期总资产，衡量项目资产规模的扩张速度。

3.财务指标分析关注要点

在进行股权投资项目的财务后评价时，财务指标分析需要注意数据准确性，对比计划和实际数据，分析指标变化趋势，考虑行业和市场变化，关注风险点，进行综合性分析，与前期评估对比及结合其他信息。

（1）明确后评价的目的和范围

财务后评价旨在评估项目运营后的财务状况和绩效，因此首先要明确后评价的目的和范围，确定需要分析的财务指标和分析的深度。

（2）收集完整和准确的数据

进行财务指标分析依赖于准确、完整的财务数据。要确保数据的来源可靠，并且涵盖了项目运营期间所有的关键财务指标。

（3）对比计划和实际数据

财务后评价的一个重要方面是将实际财务指标与项目计划或预期目标进行对比，这有助于识别项目运营中的偏差和问题。

（4）分析指标的变化趋势

不仅要关注单个指标的数值，还要关注指标的变化趋势。通过比较不同时间段的数据，可以了解项目财务状况的改善或恶化情况。

（5）考虑行业和市场变化

财务指标分析需要考虑行业和市场变化对项目财务状况的影响。分析指标时要结合行业趋势和市场动态进行评估。

（6）关注风险点

在财务指标分析中，要特别关注可能存在的风险点。例如，过高的债务水平、不稳定的现金流、利润波动较大等，都可能是潜在的风险因素。

（7）综合性分析

财务指标分析只是财务后评价的一部分，还需要结合其他信息，如市场环境、竞争态势、项目运营情况等，进行综合分析。

（二）投资收益实现效果评价

1. 投资收益分析的步骤

投资收益分析是股权投资实施效果评价的关键环节，其主要目的是评估项目的盈利能力和投资回报。

（1）预测未来现金流

基于项目投资及运营期实际运营情况，结合考虑项目的商业模式、市场预测、经营计划等因素，预测项目未来的现金流情况。这包括预期的营业收入、成本、税收等。现金流预测需要考虑项目在不同阶段的资金需求和收入来源，以及可能的市场变化和风险。

（2）确定折现率

折现率用于将未来现金流折算为现值，以反映资金的时间价值和风险。折现率的确定通常基于项目的风险水平、市场利率、投资者的机会成本和风险偏好等因素。对于风险较高的项目，通常会使用较高的折现率。

（3）计算净现值

净现值是将项目未来现金流按折现率折算到当前时点的总价值减去初始投

资成本后得到的金额。

如果净现值为正数,意味着项目的股权价值大于投资成本,通常认为项目具有投资价值;如果净现值为负数,则可能意味着项目的股权价值小于投资成本,需要进一步分析。

(4)计算内部收益率

内部收益率是使项目净现值等于零的折现率。它反映了项目投资的实际收益率。通过计算内部收益率,可以了解项目在不同折现率下的盈利能力和投资回报情况。

(5)敏感性分析

对关键参数的变动,如收入、经营成本等,观察内部收益率的变化情况。

(6)比较与评价

将后评价测算的项目财务收益指标与项目立项阶段设定的财务收益目标或行业标准进行比较,以评估项目的财务可行性。

2. 财务收益分析的关注要点

在进行股权投资项目的财务后评价时,财务收益分析需要注意计算方法和口径的明确性、考虑时间价值、综合评估收益质量、与立项目标和行业水平对比、考虑风险调整、分析收益增长潜力,以及结合其他财务指标进行分析。

(1)明确收益计算方法和口径

在进行财务收益分析之前,首先要明确收益的计算方法和口径,确保与项目前期评估、预算和计划保持一致,以便进行准确的比较和分析。通常,在新设股权投资和股权收购项目的财务收益后评价分析中,需要开展项目全生命周期的现金流量预测;在股权转让项目的财务收益后评价中,需要开展截至转让时点的现金流量的分析,以及假设不转让或推迟转让条件下的现金流量预测。

（2）考虑时间价值

财务收益分析时应考虑资金的时间价值，使用适当的折现率将未来收益折现到当前时间点，以反映投资的真实回报。

（3）综合评估收益质量

不仅要关注收益的绝对值，还要评估收益的质量和可持续性。例如，分析收益的稳定性、增长趋势、来源多样性等因素，以全面了解项目的收益状况。

（4）与立项目标和行业水平对比

将项目的财务收益与立项目标、行业平均水平进行对比，以评估项目财务收益目标的实现情况以及在市场竞争中的地位和表现。

（5）考虑风险调整

在进行财务收益分析时，应考虑风险因素对收益的影响。通过调整折现率或进行敏感性分析，评估不同风险水平下的收益情况，为投资者提供更为稳健的决策依据。

（6）分析收益增长的潜力

除了关注当前的收益水平，还要分析项目未来的收益增长潜力。通过评估市场趋势、竞争态势、技术创新等因素，预测项目未来的收益增长前景。

（7）结合其他财务指标分析

财务收益分析不是孤立的，需要与其他财务指标（如成本、利润、现金流等）综合分析。通过综合考虑多个财务指标之间的关系和影响，可以更全面地评估项目的财务状况和绩效。

四、协同效应评价

（一）协同效应及其类型

协同效应是指多个企业通过合作，共同实现各自目标并创造更大的价值。

根据协同效应的类型，可分为经营协同效应、管理协同效应、技术协同效应和财务协同效应。

1. 经营协同效应

经营协同效应主要指股权投资项目实施后因经营活动效率提高所产生的效益。其包括股权投资后产生的规模经济、优势互补、成本降低、市场份额扩大、更全面的服务等。

2. 管理协同效应

管理协同效应主要指股权投资项目实施后，因管理效率的提高而带来的收益。其包括引进先进的管理办法、培养人才、提高决策效率和资源分配效率等。

3. 技术协同效应

技术协同效应主要指股权投资项目实施后，因引进先进技术而带来的收益。其包括技术升级、产品创新、提高生产效率和降低生产成本等。

4. 财务协同效应

财务协同效应主要包括因资本扩充、筹资和偿债能力提高、财务费用和风险降低、资金流向更有效益的投资机会等带来的收益。此外，税收优惠和合理避税也是财务协同效应的重要组成部分。

（二）评价要点

对于股权投资项目的投资效果，重点应评价投资方补充和优化整合内外部资源的能力，以及获得协同效应、增强核心竞争力、提高行业地位和影响力等方面的内容。评价应以直接获得的资本经营效益、市场增加值和经济增加值为基础，并结合所带来的整体协同效应，综合评价股权投资项目的效益。

1. 新设股权投资项目

对于新设股权投资项目，协同效应应对比分析集团公司在项目前后的情况，有针对性地量化、重点分析。其包括以下内容。

资源利用与成本降低：新设股权投资项目是否通过充分利用公司的资源，实现了成本的降低。例如，共享生产线、采购网络和销售渠道等资源，减少了重复投资和浪费，从而降低了生产和运营成本。这种资源的高效利用对于提高项目的盈利能力和竞争力具有显著影响。

发挥竞争优势与市场占有率提高：项目是否发挥了集团公司的竞争优势，提高了市场占有率。通过股权投资，公司是否进入了新的市场领域或扩大了现有市场份额，增加了品牌曝光度和客户黏性；是否带来了营业收入的提高，增强了公司在行业中的地位和影响力。

税收效应与政策利用：新设股权投资项目是否充分利用了国家税收等政策，取得了税收效应；是否通过合理的税务筹划和优惠政策利用，降低项目的税务负担，提高了经济效益。这对于项目的长期发展和盈利能力具有积极影响。

2. 股权收购项目

与新设股权投资项目不同，股权收购项目更侧重于对目标公司的整合和优化，以及给集团公司带来的整体效益。以下是对股权收购项目协同效应重点分析的内容。

资源利用与成本降低：通过股权收购，公司可以进一步充分利用自身资源，提高资源利用效率，降低生产成本。这有助于提高目标公司的盈利能力，降低运营成本，从而提高整个公司的经济效益。

发挥竞争优势与市场占有率提高：股权收购项目有助于公司发挥自身竞争优势，提高市场占有率。通过整合目标公司的业务和市场资源，公司可以进一步扩大市场份额，提高品牌影响力，并增强与竞争对手的竞争优势。

税收效应与政策利用：股权收购项目可以利用国家税收等政策，降低税务负担，提高经济效益。通过合理的税务筹划和优惠政策利用，公司可以进一步降低税务成本，增加盈利空间。

其他协同效应：除了上述提到的协同效应外，股权收购项目还可能带来其他方面的效益。例如，通过整合资源和技术，可以提高研发能力、优化产品线、提高产品质量等。这些协同效应将有助于增强集团公司的核心竞争力，促进其长期发展。

3. 股权转让项目

对于股权转让项目，协同效应主要体现在以下4个方面。

资源整合与优化：股权转让可以促进资源整合，使原本分散的资源得到更有效的利用。在新的股权结构下，企业可能会更合理地配置资源，提高资源利用效率，进一步优化企业的运营和管理。

战略协同与互补：股权转让往往伴随着企业间战略协同和互补的考量。新的股权结构可能会带来新的战略合作伙伴，这些合作伙伴可能在市场、技术、管理等方面具有优势，通过股权合作，可以实现企业间的战略协同和互补，提升企业的整体竞争力。

财务协同：股权转让也可能带来财务协同效应。一方面，股权转让可以改善企业的财务状况，提高企业的偿债能力和融资能力；另一方面，股权转让也可能带来资金流的优化，使企业有更多的资金用于投资和发展。

品牌和市场协同：在股权转让过程中，如果转让方和受让方在品牌和市场方面具有互补性，则可能会产生品牌和市场的协同效应。通过股权转让，受让方可能会获得转让方的品牌和市场资源，从而扩大其市场份额，提升品牌影响力。

同时，股权转让的协同效应模式并不是固定的，其具体效果会受到多种因素的影响，如股权转让的具体情况、市场环境、企业内部管理和运营状况等。

第三节 股权投资项目影响评价

股权投资项目影响评价的重点是对股权投资所涉及的主要利益相关者及其受影响的方面、程度进行分析评价。影响可分为直接影响和间接影响。

一、直接影响

（一）对目标公司的影响

股权收购或股权转让往往意味着目标公司将面临债务结构重组、员工安置及收入水平调整等一系列变革。这些变革不仅触及公司的人力资源管理，更可能对市场资源的整合及品牌形象的塑造带来深远影响。在评估此类项目时，应着重考察其是否有效提升了目标公司的市场竞争力，稳固或提高了其在行业内的地位，项目的实施是否有助于目标公司强化品牌形象、扩大知名度，进而推动业务的拓展和新市场的开发。此外，项目是否优化了目标公司的资源配置、提高了运营效率以及是否符合其长远发展战略，也是评估项目对目标公司影响的关键要素。

（二）对投资方行业地位与经营管理的影响

投资方的行业地位、主导定价和供货能力，以及供应商和消费者对其的依赖程度，都可能因股权投资活动而发生变化。此外，投资方可能因垄断而面临市场进入壁垒。因此，需预测和评估项目对投资方带来的预期收益和回报，分析项目可能带来的风险，评估投资方对这些风险的应对能力；考察项目是否与投资方的整体战略相契合，能否实现战略协同效应，是否有助于提升投资方的品牌形象和声誉。

股权投资活动往往对投资方的行业地位、主导定价及供货能力产生影响，同时也会影响供应商和消费者对其的依赖程度。在某些情况下，投资方甚至可能因获得市场垄断地位而面临市场进入壁垒。在评价股权投资项目时，需要深入预测和评估项目对投资方带来的预期收益和回报，全面分析可能面临的风险。此外，还需考察项目是否与投资方的整体战略相契合，能否实现战略协同效应，进而提升投资方的品牌形象和市场地位。

二、间接影响

（一）对国民经济发展的影响

股权投资项目对国民经济、区域经济和社会发展具有显著影响。具体而言，项目可能推动产业结构调整，促进产品技术进步，进而提升整个行业的竞争力。同时，项目还可能对国有经济战略布局的调整产生积极影响，有助于优化资源配置，提升资产的运营效率。

（二）对国际关系与多边关系的影响

对于涉及境外的股权投资项目，还需要特别关注其对双边政治外交、经贸合作关系的影响。项目可能加深双方的经济联系，促进贸易往来，进而推动双边关系的深化。此外，项目还可能对项目所在国的经济发展、社会、环境、资源和资本市场产生重要影响，需要全面评估并妥善处理相关影响。

（三）对社会稳定与发展的影响

评估股权投资项目对社会稳定、就业、产业发展和经济增长等方面的影响。评估项目是否有助于缓解当地就业压力、提高就业率，同时是否推动相关产业的发展和升级，促进当地经济的增长。通过预测和评估这些影响，可以更好地了解项目的社会价值。

（四）对环境的影响

环保是推动可持续发展的关键要素之一。评估股权投资项目是否符合环保要求，是否有助于推动环境保护和可持续发展，是否在资源消耗和污染排放方面实现了高效利用和有效治理，从而实现对环境负面影响的最小化。

第四节　股权投资项目目标实现程度及可持续性评价

一、目标实现程度评价

对股权投资项目目标实现程度的评价是项目评估的关键环节，旨在全面衡量项目是否达到预期目标并产生预期效益。股权投资项目目标实现程度评价从两个核心角度出发：一是股权投资主体的战略目标，二是投资领域的发展目标。通过对比项目可行性研究报告中的预期目标与实际情况，结合股权投资主体的宏观层次目标，以及合作方和其他利益相关者的具体目标，评估投资决策的准确性及投资目标的实现程度。

股权投资主体的战略目标通常是长远和宏观的，可能涉及市场份额、品牌影响力、技术创新等关键领域。评价这些目标的实现程度，需要考察投资后，企业在这些领域是否取得了显著的进步。同时，投资领域的发展目标可能更加具体和短期。这些目标可能关注企业的财务状况、运营效率、客户关系等。评价这些目标时，需要具体分析企业的财务报表，了解其盈利能力、偿债能力、运营效率等关键指标。此外，也要关注客户满意度、员工满意度等非财务指标，以全面评估企业的整体表现。

对比项目可行性研究报告中的预期目标与实际情况，实际效果应至少达到预期的投资收益水平，并且不低于国内同行业类似企业在同期的平均水平。通过对比，可以发现项目在哪些方面达到了预期，哪些方面存在差距，明确项目是否按照预期路径发展。这种对比分析不仅有助于评估投资决策的准确性，还可以为未来的投资决策提供有价值的参考。

二、可持续性评价

根据项目现状，从企业内部和外部因素等方面，评价项目在可预测经营期间的持续发展能力。分析企业目前面临及将来可能面临的风险，并分析风险产生的原因和企业的对策。

（一）内部因素分析

关注企业财务效益、组织管理能力、激励机制、市场营销能力、产品竞争能力、技术水平、研发能力，以及融资能力等多个方面。项目的盈利能力及现金流稳定性是财务效益的关键指标；企业的组织管理能力体现在管理团队的经验与专业素养上；有效的激励机制能够激发员工的积极性与创造力；强大的市场营销和品牌推广能力有助于提升品牌影响力和市场份额；产品或服务的差异化竞争优势是赢得市场的关键；技术的先进性与研发创新能力决定了企业的核心竞争力；而足够的融资渠道和资金储备则为企业的持续发展提供有力保障。

（二）外部条件分析

在外部条件方面，关注国家政策法规、产业趋势、资源配置条件、市场竞争态势，以及环境保护要求等因素。项目必须符合国家及地方的政策和法规要求，才能确保合规经营；对产业趋势的准确把握有助于企业制定前瞻性的发展战略；资源的可持续供应是项目稳定运行的基础；面对激烈的市场竞争，企业需不断提升竞争力以应对挑战；同时，项目必须符合环境保护标准，以实现绿色可持续发展。

（三）可持续发展因素分析

通过项目可持续发展因素的分析和评价，找出关键的可持续发展因素，并就项目的可持续发展作出评价和结论。例如，如果技术是关键因素，那么需要加大研发投入，保持技术的领先地位；如果市场竞争是关键因素，那么可能需要调整市场营销策略或推出新的产品线。

第五节 股权投资项目综合后评价

股权投资项目综合后评价涵盖了项目成功度评价、评价结论、经验教训总结，以及对策建议等多个方面。

一、成功度评价

股权投资项目成功度评价需全面考量股权投资项目的宏观目标、投资实施过程、投资效果、项目影响以及项目持续发展能力。在综合考量以上因素的基础上，采用加权平均法或专家打分法等方法，对股权投资项目的成功度进行量化评分，最终得分将反映项目的综合表现。不同类型项目的成功度评价标准可能有所差异，因此在实际操作中应根据项目特点和实际情况灵活调整评价指标和方法。

二、后评价结论及经验总结

通过运用成功度评价法对股权投资项目进行总体成功度评价，并从项目投资过程的回顾与总结、投资效益效果的评价、影响评价、持续性评价等几个方面进行综合分析，给出相关结论和意见。同时，总结项目的成功经验及不足之处。

三、对策建议

股权投资后评价对策建议可以针对投资决策层、管理实施层和项目本身等方面，以提高投资效益和管理水平。

（一）对于投资决策层的建议

对于投资决策层，可从投资决策方法和程序方面提出改进建议。例如，加强市场调研和分析，充分了解行业趋势和竞争状况；完善投资决策流程，确保决策的科学性和准确性；加强风险评估和管理，制定有效的风险应对策略；提高投资决策者的专业素养和判断能力；等等。

（二）对于管理实施层的建议

对于管理实施层，可从投资建设和运营管理方面进行改进。例如，加强项目团队建设，提高项目执行效率和管理水平；优化资源配置，合理利用资金、人力和物力等资源；加强项目进度和质量管理，确保项目按时按质完成；加强沟通协调，及时解决项目实施过程中的问题和矛盾；等等。

（三）对于项目本身的建议

对于投资项目本身，也可以提出一些完善意见和建议。例如，优化项目设计方案，提高产品质量和服务水平；加强品牌建设和市场推广，提高项目的知名度和竞争力；加强技术创新和研发，保持项目的领先地位和竞争优势等。

需要注意的是，提出的建议应该具有较强的针对性和可操作性，能够对企业和管理部门制定规章和政策起到借鉴和指导作用。同时，还需要注意建议应基于实际经验和数据支持，进行客观分析和判断，避免出现主观臆断和片面之词；应注重长远发展和可持续性，不仅仅关注短期利益和眼前需求；应综合考虑各种因素和利益相关方的诉求，寻求平衡和共赢的解决方案；应积极寻求创新和突破，打破传统思维和模式，探索新的投资和管理模式。

第三章 股权投资项目后评价指标体系的构建

第一节 股权投资项目后评价指标选取原则与构建要求

一、股权投资项目后评价指标选取原则

股权投资项目的后评价指标体系，应力求能准确、全面地反映和度量投资项目的要求和目标。建立后评价指标体系的指导原则除了需要遵循一般经济理论、原则和目标，还应综合考虑下列原则。

①科学性原则。确定的指标体系要能客观、真实地反映股权投资项目完成质量情况的内涵和特征，所选取的指标要具有科学内涵和意义，包括信度和效度两个方面的要求。信度主要是指评价结果的可靠性或一致性，即同样一个项目由不同专家在不同场合、不同时间进行评价所得到的结果的一致性程度；效度指该评价指标体系对项目进行评价的准确性程度，也就是说指标含义须具有单一性特征，即评价指标的定义无兼并、交叉、重复。效度的作用比信度作用更为重要。

②客观性原则。客观性原则指项目评价的指标体系所涉及的事物属性应能全面、真实地反映事物的本质和评价的目标，不能凭主观设计。

③可行性原则。所选指标应概念明确、结构清晰、简单明了，指标所反映

的信息应能被非专业的管理人员和公众掌握和理解。评价指标的数据应便于采集和测定，方便统计和计算。资料收集应具有可行性和可操作性，并尽量节省成本，用最少的投入获得最大的信息量。

④整体性原则。应围绕评价目标建立股权投资项目评价指标体系，指标体系设置要系统而全面，能够从各个方面描述股权投资项目完成状况，并组成一个完整的体系，综合地反映股权投资项目的内涵、特征及评价水平。

⑤层次性原则。按等级性要求，分层次构建指标体系，有利于建立明确的评价框架，提高工作效率，降低系统的复杂程度。同时，通过分层分类的方法从各角度直观地判断股权投资项目完成状况，便于评价结果分析与总结。

⑥定性与定量相结合的原则。指标要尽可能地量化，对于一些在目前认识水平上难以量化且意义重大的指标，可以用定性指标来描述，结合国内外研究成果及专家评判的形式完成指标的研究，从而提高工作效率，提高可接受性和可操作性。

二、股权投资项目后评价指标功能要求

为了有效地衡量股权投资项目的投资效益和效果，后评价指标体系应满足下列功能。

①信息收集功能。指标体系正常运作的前提是不断收集大量有关评价对象各相关方面的信息，如项目是否符合国家及产业规划、项目的实施过程是否符合有关规定、投资实施后公司的生产经营情况、风险情况等，在此基础上进行比较分析，判断项目的实施情况及产生的效果。通过对信息的收集，使决策者和有关主管部门能及时、全面地了解项目的实际运作状况，动态调控项目的内容及未来发展方向。

②描述功能。指标体系应能够描述和反映规划的资源配置、成果产出、进展状况等基本情况，为决策者和有关主管部门提供一个直观、全面的项目概览。

③解释功能。指标体系不仅要提供数据，更应深入分析股权投资项目的发

展状态、变化程度及背后的原因，从而作出科学合理的解释。

④评价功能。指标体系根据一定的判别标准，综合判断项目的发展情况与预期的差距，从而从整体上对项目的实施影响作出客观的评价。

⑤预测功能。指标体系能够预测、规划未来的发展趋势，使其能在实际出现重大问题前尽早采取应对措施，以防止其实际发展与项目的发展要求之间渐行渐远。

第二节　股权投资项目后评价指标体系构建过程

股权投资项目后评价指标体系主要根据股权投资项目后评价内容构建。选取的指标应突出股权投资项目的实施过程评价、投资效益效果评价、影响和可持续性评价等方面，注重全面与重点相结合，共性指标和个性指标相结合，定性与定量相结合。

遵循指标选取原则，结合股权投资项目自身的特点，构建评价指标体系。指标体系分三层：目标层、指标层、要素层。

①目标层指标。

选择股权投资项目的实施过程评价、投资效果评价、项目影响评价和项目可持续性评价作为指标体系的目标层指标。

②指标层指标。

对于实施过程评价，选择投资决策阶段评价、实施准备阶段评价、投资实施阶段评价、公司治理及经营阶段评价作为指标层指标。这四个阶段的评价有助于全面了解股权投资项目的实施过程，发现问题并提出改进措施。

在投资效果评价方面，选择绩效评价、技术评价、财务评价和协同效应评价作为指标层指标。这些指标关注的是投资项目的效益和效果，可以帮助投资者了解项目的实际回报情况。

对于项目影响评价，选择直接影响评价和间接影响评价作为其指标层指标。直接影响评价关注项目对直接利益相关者的影响，间接影响评价则关注项目对更广泛的社会和经济环境的影响。

对于项目可持续性评价，选择内部因素可持续性评价和外部因素可持续性评价作为其指标层指标。这些指标有助于评估项目在未来能否持续发展，是否具有长期竞争力。

③要素层指标。

根据股权投资项目后评价的实施过程评价内容，选择政策符合性、项目必要性、程序合规性、投资合理性、决策风险管理作为指标体系中投资决策阶段评价的要素层指标；选择程序合规性、准备效率作为指标体系中实施准备阶段评价的要素层指标；选择股权投资协议的完整性、协议内容的风险、实施方案和进度与计划的相符性作为指标体系中项目投资实施阶段评价的主要评价要素层指标；选择公司治理、生产经营和风险管理作为公司治理及经营阶段评价的三个要素层指标。

根据股权投资项目投资效益效果评价内容，选择投资适应性、合理性、择优性和风险管理作为绩效评价的要素层指标；选择技术的先进性、适用性、经济性和安全性作为技术评价的要素层指标；选择财务指标分析和投资收益分析作为财务评价的要素层指标；选择经营协同效应、管理协同效应、技术协同效应及财务协同效应作为协同效应评价的要素层指标。

根据股权投资项目影响评价内容，选择对目标公司的影响、对投资方行业地位与经营管理的影响两个指标作为项目内部影响评价的要素层指标；选择对国民经济发展的影响、对国际关系与多边关系的影响、对社会稳定和发展的影响、对环境的影响四个指标作为项目外部影响评价的要素层指标。

根据股权投资项目可持续性评价内容，选择财务效益可持续性、组织管理能力可持续性、激励机制可持续性等指标作为内部因素的可持续性评价的要素层指标；选择政策法规可持续性、产业趋势可持续性等指标作为外部因素的可持续性评价的要素层指标。

具体指标体系见表3-1。

第三章 股权投资项目后评价指标体系的构建

表 3-1 股权投资项目后评价指标体系

一级目标层	二级指标层	三级要素层		资料来源	备注
1.实施过程评价	1.1 投资决策阶段评价	1.1.1 政策符合性	项目是否符合国家有关规划和产业政策；是否符合中央企业布局和结构调整方向。	前期文件	在后评价报告中，分别从五个方面对投资决策阶段的工作进行定性描述
		1.1.2 项目必要性	项目是否符合企业发展战略规划，立项依据是否充分、合理；是否有利于主业提高本企业核心竞争力；是否有利于本企业的可持续发展，实现国有资产保值增值。		
		1.1.3 程序合规性	项目是否依照相关法律、法规和政策规定，是否完成项目的初步论证并开展相关工作；是否完成股权投资项目立项报告的编制与审查等相关工作程序，如可行性研究、尽职调查、内部决策、审计和资产评估等，并确保所有必要的文件和资料都已准备齐全；程序是否完整、合规合法。		
		1.1.4 投资合理性	最终投资意向是否正确、合理；投资方案是否经济、可行。		
		1.1.5 决策风险管理	1) 影响因素分析是否深入分析项目各相关因素，确保考虑全面，避免遗漏关键信息。2) 风险应对策略评估决策时是否制定了有效的风险应对措施，以及这些措施的合理性和可行性。3) 是否有健全的决策监督和反馈机制，以确保决策的有效执行和及时调整。		

· 73 ·

续表

一级目标层	二级指标层	三级要素层	资料来源	备注
1. 实施过程评价	1.2 实施准备阶段评价	1.2.1 程序合规性：是否开展多方案比选；谈判策略的制定是否合法合规；意向书的签订是否符合相关法律法规的规定；合作合同和公司章程的约定事项是否满足需求。	前期文件	在后评价报告中，分别从两个方面对实施准备阶段的工作进行定性描述
		1.2.2 准备效率：方案比选与调研的时效性；是否建立灵活高效的决策机制，确保策略的及时性和有效性；合同与章程约定的达成速度；合同与章程约定的完善程度。		
	1.3 投资实施阶段评价	1.3.1 协议的完整性：1) 内容的完整性，评估投资协议是否全面覆盖了所有关键条款，包括但不限于投资额、股权比例、资金用途、收益分配、决策权、退出机制等。2) 交易稳定性与权益保障，协议能够确保交易的稳定性，如通过明确的支付安排，股权变更条款等；是否充分保障各方的权益，如优先权、反稀释条款等。	股权投资协议及实施过程文件	在后评价报告中，分别从三个方面对投资实施阶段工作进行定性描述
		1.3.2 协议内容的风险：1) 条款严谨性，协议中的条款是否严谨、明确，避免产生歧义或模糊地带。2) 公平性评估，协议是否相对公平地对待了各方利益，没有过于偏向某一方。3) 风险控制评估，协议中是否有有效的控制风险和降低风险的措施，如优先权、追索权、违约金条款等。		

· 74 ·

第三章 股权投资项目后评价指标体系的构建

续表

一级目标层	二级指标层	三级要素层	资料来源	备注
1.实施过程评价	1.3 投资实施阶段评价	1.3.3 实施方案和进度与计划的相符性 1）实施方案符合度 股权投资比例、出资方式、融资安排等是否与预期的实施方案相符。 2）手续办理情况 实际完成的相关手续办理情况，如工商变更、融资协议签署等。 3）进度与计划吻合度 实际实施进度与计划进度的吻合程度，判断是否存在偏差及分析原因。		
	1.4 公司治理及经营阶段评价	1.4.1 公司治理 1）实施方案合理性 评估股权投资项目实施方案的合理性，分析其是否充分考虑了公司的实际情况和未来发展需求。 2）整合过程与计划 整合过程是否按原计划实施，识别是否存在偏差，并探究偏差产生的原因。 3）治理效果评估 对公司治理结构改革后的效果进行评估，判断其是否达到预期目标。 4）目标企业条件与资源分析 对于股权收购项目，还需重点分析目标企业的内外部条件、资源与投资决策时的一致性，并分析不一致的原因及影响。	公司治理、经营过程文件	在后评价报告中，分别从三个方面对公司治理、经营管理、风险管理工作进行定性描述
		1.4.2 生产经营 1）生产经营情况 评估股权投资实施后公司的生产经营状况，包括生产规模、产品种类、销售渠道等。 2）经营效果评估 分析股权投资对公司经营效果的影响，如盈利能力、市场份额等。 3）经营模式评估 评估公司经营模式的合理性，判断其是否符合行业发展趋势和市场需求。 4）分红合规性审查 审查公司分红的合规性，确保其符合相关法律法规和公司章程的规定。		

续表

一级目标层	二级指标层	三级要素层		资料来源	备注
1.实施过程评价	1.4 公司治理及经营阶段评价	1.4.3 风险管理	1) 风险因素识别 评估项目投资过程中对潜在风险的识别情况，如政策风险、法律风险、市场风险等。 2) 风险管理对策 分析公司采取的风险管理、控制对策，判断其是否具有针对性和有效性。 3) 风险管理效果 评估风险管理对策的实施效果，判断其是否有效控制和降低了风险。 4) 反收购风险评估 对于股权收购项目，特别关注反收购风险评估，分析公司应对策略的有效性。		
2.投资效果评价	2.1 绩效评价	2.1.1 投资适应性	分析投资项目是否符合国家及地方政策导向，是否适应行业发展趋势和市场需求，以及能否有效应对市场变化。	政策、战略等文件	在后评价报告中，通过对四个方面定量定性描述进行项目绩效评价
		2.1.2 投资合理性	分析投资方向与企业的战略规划和长远发展视角是否相契合，投资时机的选择能否使投资效益最大化，投资规模与企业的经济实力、市场容量是否相匹配，投资成本控制是否在合理范围内。		
		2.1.3 投资择优性	对于投资方向而言，评估目标企业的市场前景、盈利能力、管理团队等因素，以确保选择的企业具有较高的投资价值和潜力；对于投资方而言，评估其资金实力、行业影响力、资源整合能力等方面，以选择能够为企业带来长期发展的合作伙伴。		
		2.1.4 风险管理	全面识别投资可能面临的风险，包括市场风险、运营风险、技术风险等，评估其潜在影响，并制定有效的防范措施和应对策略。		
	2.2 技术评价	2.2.1 技术先进性	从设计规范、工程标准、工艺路线、装备水平、工程质量等方面分析股权投资项目所采用的技术可以达到的技术水平，包括国际水平、国内一般水平。	技术方案相关文件	在后评价报告中，通过对五个方面定性描述进行项目技术评价
		2.2.2 技术适用性	从技术难度、当地技术水平及配套条件、人员素质和技术掌握程度分析，技术和装备的配套情况。		
		2.2.3 技术经济性	根据行业的主要技术指标，如单位能力投资、单位运营成本、能耗及其他主要消耗指标、环境和社会代价等，说明股权投资项目技术经济指标在国内同行业所处的地位，以及企业所在地的技术水平。		

第三章　股权投资项目后评价指标体系的构建

续表

一级目标层	二级指标层	三级要素层		资料来源	备注
	2.2 技术评价	2.2.4 技术安全性	通过股权投资项目实施运营数据，分析所采用技术的可靠性，主要技术风险，安全运营水平等。		
		2.2.5 其他	对于以技术引进为目的的股权投资项目，还需要关注技术对象种类及权属，技术检索结果，引进消化吸收再创新和技术内化。		
	2.3 财务评价	2.3.1 财务指标分析	通过相关财务指标计算，进行项目的盈利能力分析，资产质量状况分析，债务风险状况分析和经营增长状况分析等。	财务报表	在后评价报告中，财务评价为定量评价内容
		2.3.2 投资收益分析	通过计算净现值，内部收益率，敏感性分析评估项目的盈利能力和投资回报。		
2. 投资效果评价	2.4 协同效应评价	2.4.1 生产经营协同效应评价	项目实施后因经营活动效率提高所产生的效益。包括股权投资产生的规模经济，优势互补，成本降低，市场份额扩大，更全面的服务等。	总结报告	在后评价报告中，通过对四个方面的定性描述进行项目的协同效应评价
		2.4.2 管理协同效应评价	项目实施后因管理效率的提高而带来的收益，包括引进先进管理办法和培养人才等。		
		2.4.3 技术协同效应评价	项目实施后，因引进先进技术而带来的收益等。		
		2.4.4 财务协同效应评价	主要包括资本扩充，筹资和偿债能力提高，财务费用和风险降低，资金流向更有效益的投资机会，如税收优惠，合理避税等。		

· 77 ·

续表

一级目标层	二级指标层	三级要素层		资料来源	备注
3. 项目的影响评价	3.1 直接影响评价	3.1.1 对目标公司的影响	分析是否有效提升了目标公司的市场竞争力，稳固或提高了其在行业内的地位，是否有助于目标公司强化品牌形象，扩大知名度，进而推动业务的拓展和新市场的开发，是否优化了目标公司的资源配置，提高了运营效率，以及是否符合其长远发展战略。	总结报告	在后评价报告中，通过对两个方面的定性分析进行项目直接影响评价
		3.1.2 对投资方地位与经营管理的影响	预测和评估项目对投资方带来的预期收益和回报，分析投资方可能带来的风险，评估投资方应对这些风险的应对能力。考察项目是否与投资方的整体战略相契合，能否实现战略协同效应，是否有助于提升投资方的品牌形象和声誉。		
	3.2 间接影响评价	3.2.1 对国民经济发展的影响	是否推动产业结构调整，促进产品技术进步，进而提升整个行业的竞争力，是否对国有经济战略布局的调整产生积极影响，有助于优化资源配置，提升资产的运营效率。		在后评价报告中，通过对四个方面的定性分析进行项目间接影响评价
		3.2.2 对国际关系与多边关系的影响	对双边政治外交、经贸合作关系，以及对项目所在国经济发展、社会、环境、资源和资本市场的影响。	总结报告	
		3.2.3 对社会稳定与发展的影响	是否有助于缓解当地就业压力，提高就业率，同时推动相关产业的发展和升级，促进当地经济的增长。		
		3.2.4 对环境的影响	是否符合环保要求，是否有助于推动环境保护和可持续发展，是否在资源消耗和污染排放方面实现高效利用和有效治理，对环境的负面影响最小化。		

续表

一级目标层	二级指标层	三级要素层		资料来源	备注
4. 项目可持续性评价	4.1 内部因素可持续性评价	4.1.1 财务效益	项目的盈利能力如何，是否有稳定的现金流。	总结报告	后评价报告中通过八个方面的定性描述进行对内部因素的可持续性评价
		4.1.2 组织管理能力	企业的管理团队是否具备足够的经验和能力。		
		4.1.3 激励机制	公司是否有有效的激励机制，如员工持股计划或奖金制度等。		
		4.1.4 市场营销能力	企业是否具备强大的市场营销和品牌推广能力。		
		4.1.5 产品竞争能力	产品或服务是否具有差异化竞争优势。		
		4.1.6 技术水平	技术的先进性如何？是否存在技术瓶颈。		
		4.1.7 研发能力	企业是否有持续的研发创新能力。		
		4.1.8 融资能力	企业是否有足够的融资渠道和资金储备。		
	4.2 外部因素可持续性评价	4.2.1 政策法规	项目是否符合国家及地方的政策和法规要求。	政策文件	后评价报告中通过五个方面的定性描述进行对外部因素的可持续性评价
		4.2.2 产业趋势	所在产业的未来发展趋势如何，是否符合未来的发展方向。		
		4.2.3 资源配置条件	项目所需的资源是否可持续供应，是否存在资源瓶颈。		
		4.2.4 市场竞争态势	市场竞争状况如何，企业是否有足够的竞争力。		
		4.2.5 环境保护要求	项目是否满足环境保护的标准和要求，是否存在环境风险。		

第三节　股权投资项目后评价指标体系的评分方法

在后评价指标体系建立之后，需要依据合理的量化方法进行量化，最终得出被评价项目的评价结论。在后评价指标体系量化上，需要完成评价指标权重量化、评价指标打分赋值和得出最终评价结果三个步骤。

一、后评价指标权重确定方法

（一）指标权重确定方法概述

指标的权重在评价过程中起非常重要的作用，如何准确地确定指标的权重是评价的重要问题。目前，权重的确定方法可分为主观赋权法和客观赋权法两类，主观赋权法是由决策分析者依据对各指标的主观重视程度而赋权的一类方法，主要有专家调查法、相邻比较法（环比评分法）、两两赋值法、二项系数法、最小二乘法、层次分析法等；客观赋权法一般根据所选择指标的实际信息形成决策矩阵，在此矩阵基础上通过客观运算形成权重，常用的如熵值法、主成分分析法、模糊赋权法、人工神经网络方法、秩和比法等。在实际的后评价实践中，主观赋权法较常用的有德尔菲法和层次分析法，客观赋权法较常用的有熵值法。

1. 德尔菲法

德尔菲法是最常用的方法，它是依据若干专家的知识、经验、智慧、信息和价值观，对已经拟定出的评价指标进行分析、判断、权衡并赋予相应权值的一种调查方法。一般需要经过多轮匿名调查，在专家意见比较一致的基础上，由组织者对专家意见进行数据处理，检验专家意见的集中程度、离散程度和协调程度，达到要求后，得到各评价指标的初始权重向量，在对初始权重向量作归一化处理后，获得各评价指标的权重向量。

2. 层次分析法

层次分析法是由美国数学家萨蒂教授20世纪70年代提出的模拟人的分析、判断和决策过程的一种理论方法。层次分析法将决策者的思维过程和主观判断系统化、数量化和模型化，简化了对问题的系统分析与计算。其基本思路是根据问题的性质和要求达到的目标，将研究对象和问题分解为不同的组成因素，按照各个因素之间的相互影响及隶属关系自上而下、由高到低排列成若干层次机构，在每一层次按照某一特定准则，根据客观情况对该层次各因素进行分析比较，然后对每一层要素的相对重要性进行定量表示，通过计算判断矩阵的特征向量确定该层次各项因素的权重值，从而得到最低层次指标对于总体目标的重要性排序，最后通过排序结果对问题进行分析和决策。

层次分析法确定权重的主要步骤有以下4步。

①建立层次结构模型。

在深入分析实际问题的基础上，将有关的各个因素按照不同的属性自上而下地分解成若干个层次。同一层的诸因素从属于上一层的因素或对上层因素有影响，同时又支配下一层的因素或受到下层因素的作用。最上层为目标层，通常只有一个因素，最下层通常为方案或对象层，中间可以有一个或几个层次，通常为准则或指标层。当准则过多时（如多于9个）应进一步分解出子准则层。

②构造成对比较矩阵。

从层次结构模型的第二层开始，对于从属于（或影响及）上层每个因素的同一层诸因素，用1~9比较尺度构造成对比较矩阵，直到最下层。

③计算权向量并作一致性检验。

对于每一个成对比较阵计算其最大特征值及对应特征向量，并利用一致性指标和一致性比率作一致性检验。若检验通过，特征向量（归一化后）即为权向量，否则需重新构造成对比较阵。

④计算组合权向量并作组合一致性检验。

计算方案层对顶（目标）层的组合权向量，并逐步进行组合一致性检验。

若检验通过,则按照组合权向量表示的结果进行决策,否则需重新构造那些一致性比率 CR 较大的成对比较阵。

3. 熵值法

德尔菲法和层次分析法属于主观赋权法,在进行赋权过程中,由于评价个体的偏好及经验的限制,存在人为判断的主观性及以人的主观判断作为赋权基础的合理性问题。采用客观赋权法则可以有效避免上述问题,使赋权的原始信息直接来源于客观环境。熵值法是常用的客观赋权法之一。

熵值法是根据各个指标数据传输给评价者信息含量的大小来确定指标权重的一种方法。通过计算各个指标的熵值,熵值越大代表指标包含的信息越多,从而得到的权重越高。

(二)指标权重确定方法选取

考虑到股权投资项目后评价的指标数量巨大,如果采用客观赋权的方法一方面不容易确定评价模型,另一方面计算量较大,不利于评价项目的按时完成。因此,在实际评价中,主要由专家根据经验给出权重,并应用主观赋权方法对所给权重进行集结。具体方法如下。

由专家根据经验对每个评价指标的相对重要性进行权数赋值。专家根据每个评价指标对上层指标的重要程度,在 0~1 间取权数。1 为非常重要,[0.7,1)为重要,[0.5,0.7)为次重要,[0.3~0.5)为一般重要,0.3 以下为不重要。

设评价指标目标层、指标层及要素层分别有 m、n、h 个指标,w_i 表示评价专家对目标层第 i 个评价指标相对重要性赋值,w_{ij} 表示第 i 个目标层指标下的第 j 个指标层指标的重要程度,w_{ijk} 表示第 i 个目标层下的第 j 个指标层下的第 k 个要素层指标的重要程度。则目标层指标权重 w_i、指标层指标权重 w_{ij} 及要素层指标权重 w_{ijk} 分别为

$$w_i = \sum_{i=1}^{m} w_i / m \tag{3-1}$$

$$w_{ij} = w_i \sum_{j=1}^{n} w_{ij} / n \quad (3-2)$$

$$w_{ijk} = w_{ij} \sum_{k=1}^{h} w_{ijk} / h \quad (3-3)$$

二、评价指标打分赋值

（一）指标分值的构成

指标分值由指标和要素两个层次构成，每个指标由若干要素构成。评分体系中各指标主要取后评价指标体系中二级元素层指标。根据共性指标与个性指标相结合的原则，每个要素可以根据股权投资项目业务特点设置，不同项目类型对应指标中的要素构成可略有差异。

（二）指标权重的设定

指标和要素评分根据其重要性设有不同的权重系数，所有同一层级的指标权重系数之和等于1，每个指标中所有要素权重系数之和等于1。根据实际经验及专家的意见设定指标及要素权重。

不同类型股权投资项目实施过程评价、投资效果评价、影响评价及可持续性评价四个方面的权重应保持基本一致。

（三）要素评分标准

要素评分标准根据国家、行业和集团公司相关标准规范，结合项目可行性研究报告、项目决算审计、综合统计等确定。

（四）要素评分方法

股权投资项目后评价要素评分方法采用定量计算与定性描述相结合的方

法。其中，定量计算通过要素公式计算值与要素评分标准对比得出要素分值；定性描述法是当要素得分无法通过公式计算得出时，通过评价结论与要素评分标准对比确定要素分值。要素评分采用10分制，分值精确到小数点后一位。

对于要素层定性评价指标可依据评价指标体系中的评价标准由相关专家进行评审打分，s_{ijk}为第i个目标层下的第j个指标层下的第k个要素层指标得分，具体评审打分标准见表3-2。

表3-2 评价指标评审标准

分档标准	评审标准
第一档[9分，10分]	完全符合评价标准要求，完成情况甚至超出预期。
第二档[8分，9分)	符合评价标准要求，且产生的正向影响较大。
第三档[6分，8分)	基本符合评价标准，但部分标准实现程度一般。
第四档[3分，6分)	不完全符合评审标准。
第五档[0分，3分)	标准实现程度较差。

三、计算最终评价结果

评分按照评价指标体系构成，自下而上，逐级进行。一般按要素评分、指标评分和综合评分三个步骤进行。要素评分是按照规定评分标准给出分值，指标评分是要素分值加权和的计算分值，综合评分是指标分值加权和的计算分值。

根据每个要素层评价指标的权重和评审打分加权平均计算得出被评价项目的最终评价结果。

项目最终得分S为

$$S = \sum_{i=1}^{m}\sum_{j=1}^{n}\sum_{k=1}^{h} w_{ijk} s_{ijk} \qquad (3-4)$$

根据最终评价结果，被评价项目的成功度评价等级可以定义为完全成功[9分，10分]、成功[8分，9分)、基本成功[6分，8分)、部分成功[3分，6分)和不成功[0分，3分)五个级别。

四、算例

为了进一步增强股权投资项目后评价指标体系的实践指导性,选取某国有企业收购某水电站为算例,全面演示该后评价项目后评价指标体系的构建及量化过程。根据后评价机构组织的相关调研、访谈和座谈等调查活动,专家对各指标重要度的评价 w_i、w_{ij}、w_{ijk} 及对要素层指标的评审打分 s_{ijk} 见表3-3。

表3-3 某股权收购项目后评价打分表

一级目标层	重要程度 w_i	二级指标层	重要程度 w_{ij}	三级要素层	重要程度 w_{ijk}	要素层打分 s_{ijk}	要素层指标权重 W_{ijk}
1. 项目实施过程后评价	0.8	1.1 投资决策阶段评价	0.9	1.1.1 政策符合性	1	9	0.033 253 279
				1.1.2 项目必要性	0.9	8	0.029 927 951
				1.1.3 程序合规性	0.9	9	0.029 927 951
				1.1.4 投资合理性	0.8	8	0.026 602 623
				1.1.5 决策风险管理	0.8	7	0.026 602 623
		1.2 实施准备阶段评价	0.7	1.2.1 程序合规性	0.9	9	0.023 277 295
				1.2.2 准备效率	0.8	7	0.020 690 929
		1.3 投资实施阶段评价	0.8	1.3.1 协议的完整性	0.8	9	0.023 646 776
				1.3.2 协议内容的风险	0.8	8	0.023 646 776
				1.3.3 实施方案和进度与计划的相符性	0.7	6	0.020 690 929
		1.4 项目公司治理及经营阶段后评价	0.9	1.4.1 公司治理	0.9	8	0.029 927 951
				1.4.2 生产经营	0.9	8	0.029 927 951
				1.4.3 风险管理	0.8	7	0.026 602 623
2. 项目投资效果评价	1	2.1 绩效评价	0.8	2.1.1 投资适应性	0.8	9	0.029 558 470
				2.1.2 投资合理性	0.8	9	0.029 558 470
				2.1.3 投资择优性	0.8	8	0.029 558 470
				2.1.4 风险管理	0.7	8	0.025 863 662
		2.2 技术评价	0.7	2.2.1 技术先进性	0.5	8	0.016 164 788
				2.2.2 技术适用性	0.5	8	0.016 164 788

续表

一级目标层	重要程度 w_i	二级指标层	重要程度 w_{ij}	三级要素层	重要程度 w_{ijk}	要素层打分 s_{ijk}	要素层指标权重 W_{ijk}
2. 项目投资效果评价	1	2.2 技术评价	0.7	2.2.3 技术经济性	0.5	8	0.016 164 788
				2.2.4 技术安全性	0.8	8	0.025 863 662
				2.2.5 其他	0.5	8	0.016 164 788
		2.3 财务评价	0.8	2.3.1 财务指标分析	0.9	9	0.033 253 279
				2.3.2 投资收益分析	0.9	9	0.033 253 279
		2.4 协同效应评价	0.8	2.4.1 经营协同效应评价	0.8	8	0.029 558 470
				2.4.2 管理协同效应评价	0.8	8	0.029 558 470
				2.4.3 技术协同效应评价	0.5	8	0.018 474 044
				2.4.4 财务协同效应评价	0.9	9	0.033 253 279
3. 项目影响评价	0.7	3.1 直接影响	0.8	3.1.1 对目标公司的影响	0.7	9	0.018 104 563
				3.1.2 对投资方行业地位与经营管理的影响	0.8	8	0.020 690 929
		3.2 间接影响	0.6	3.2.1 对国民经济发展的影响	0.4	8	0.007 759 098
				3.2.2 对国际关系与多边关系的影响	0	—	0
				3.2.3 社会稳定与发展影响	0.5	8	0.009 698 873
				3.2.4 对环境影响	0.4	8	0.007 759 098
4. 项目可持续性评价	0.7	4.1 内部因素的可持续性评价	0.8	4.1.1 财务效益	0.9	9	0.023 277 295
				4.1.2 组织管理能力	0.8	8	0.020 690 929
				4.1.3 激励机制	0.7	8	0.018 104 563
				4.1.4 市场营销能力	0.6	8	0.015 518 197
				4.1.5 产品竞争能力	0.8	8	0.020 690 929

续表

一级目标层	重要程度 w_i	二级指标层	重要程度 w_{ij}	三级要素层	重要程度 w_{ijk}	要素层打分 s_{ijk}	要素层指标权重 W_{ijk}
4. 项目可持续性评价	0.7	4.1 内部因素的可持续性评价	0.8	4.1.6 技术水平	0.5	7	0.012 931 831
				4.1.7 研发能力	0.5	7	0.012 931 831
				4.1.8 融资能力	0.8	8	0.020 690 929
		4.2 外部因素的可持续性评价	0.6	4.2.1 国家政策法规	0.6	8	0.011 638 648
				4.2.2 产业趋势	0.8	8	0.015 518 197
				4.2.3 资源配置条件	0.8	8	0.015 518 197
				4.2.4 市场竞争态势	0.6	7	0.011 638 648
				4.2.5 环境保护要求	0.5	7	0.009 698 873

通过式 3-1、式 3-2 和式 3-3，可计算出要素层指标权重 W_{ijk}，见表格最右列。通过式 3-4，可计算出该项目后评价综合评分为 8.15 分，根据成功度评价等级判定该股权收购项目是成功的。

第二篇

实务篇

第四章　股权投资项目后评价的组织及要点

第一节　股权投资项目后评价组织方式及流程

一、组织方式

后评价组织方式包括两种：自行组织方式和委托组织方式。实践中委托组织实施后评价的情形较多。

（一）自行组织方式

自行组织方式即委托单位建立后评价工作组或专班的方式。通常，工作组或专班由后评价归口管理部门的专业人员或从相关单位抽调借用专业人员构成，根据后评价需要也可以聘请外部专家为后评价工作提供技术支持。该种方式的优点是成本较低，由于省去了遴选第三方咨询机构的时间，工作周期可大幅压缩；但由于专业人员投入有限且后评价主体身份敏感，会较大程度影响后评价报告的专业性和可信度。

（二）委托组织方式

委托组织方式即委托单位将项目后评价工作整体外包给第三方咨询机构

并根据委托协议约定向第三方咨询机构支付相应咨询费用的组织方式。该种方式的优点是能够充分利用社会优质专业咨询机构，工作组织专业、报告质量较高，有利于体现后评价工作的独立、客观、公正和可信；但一般成本较高，周期偏长。

二、流程事项

委托组织与自行组织在流程事项方面的区别在于，委托组织中的第三方咨询机构的业务流程由委托单位自行组织。因此，本书关于股权投资项目后评价的流程事项按委托组织方式进行阐释，分别从委托方、被评价单位（也可称"项目单位"）和第三方咨询机构三个不同参与角色进行介绍和说明。

（一）委托方

委托方在股权投资项目后评价中扮演着关键的角色。作为项目的投资者或决策者，他们通常是后评价工作的发起者和主导者。委托方需要明确评价目标和要求，开展审核自我总结评价报告（以下简称"自评价报告"）、制定后评价年度计划、收集项目资料、遴选第三方咨询机构/实施后评价组织、启动后评价工作、评审及验收后评价工作、反馈与应用等主要工作内容。其中，后评价工作如果采用自行组织方式开展的，还需要组建后评价工作组或专班负责组织实施和报告编制等工作，其后评价业务组织流程和实施内容可参考第三方机构。

1. 明确评价目标和要求

作为股权投资项目的投资者或决策者，委托方需要清晰定义后评价的目标、范围和要求。这有助于确保后评价工作能够准确反映项目的实际效果和效益，为未来的投资决策提供依据。

2. 审核自评价报告

股权投资完成后两年内，要求项目单位及时报送自评价报告。在收到项目单位报送的自评报告后，委托单位应及时审核，对于报告内容不完整或深度达不到相应要求的，要求项目单位限期补充完善。

3. 制订后评价年度计划

委托单位应根据后评价管理办法关于后评价项目的筛选原则及要求制订后评价年度计划，并根据内部管理规定落实后评价经费预算；将项目后评价工作的评价范围、目的、任务和具体要求，通知项目单位并要求项目单位做好准备、积极配合，提供相关的文件和数据资料。

在确定后评价项目时，委托单位可以根据自评报告反映的项目情况并结合未来公司的发展规划和投资方向进行筛选，建议后评价范围兼顾投资效益效果好、投资效益效果差及未来重点投资的领域。

4. 第三方咨询机构遴选

后评价咨询服务属于智力型服务，委托单位应根据所选用的采购模式结合服务类采购的特点和风险防控点制定合理、可行的采购策略。对于采取短期/当次采购模式的采购宜采取通过公开招标、邀请招标、竞争性磋商等采购方式综合选定；对于采取长期/年度采购模式的采购宜采取框架入围的采购方式确定咨询服务机构。后评价咨询机构遴选不宜将价格作为竞争主导因素，应综合考虑项目团队实力、专业经验、服务方案等因素，采取综合评价方法确定咨询服务机构。在后评价咨询机构确定后，即可签订委托合同或协议书，约定评价对象、评价目的、评价范围、评价方法、质量标准、资料来源、评价时间、评价费用等。在后评价机构的工作过程中，投资决策部门要指导和监督后评价合同的执行。

5. 后评价工作启动

为了提高后评价工作组织效率和效果，委托单位一般会在后评价工作组或专班成立（自行组织方式）、后评价咨询机构委托合同签订（委托组织方式）、项目资料整理基本到位后以口头宣告、发布后评价工作启动的通知或组织后评价启动会等形式，宣布后评价工作正式启动。

（1）口头宣告启动

委托单位采用口头宣告的形式告知项目单位、第三方后评价咨询机构、后评价工作组或专班正式启动后评价工作，并建立有效的项目沟通交流机制。

（2）发布启动通知

委托单位采用发布后评价工作启动通知的形式告知项目单位、第三方后评价咨询机构、后评价工作组或专班正式启动后评价工作，一般会将主要联系人员及联系方式同时公布。

（3）召开启动会

委托单位采用召集项目单位、第三方后评价咨询机构、后评价工作组或专班以及必要的相关参建单位，以统筹部署后评价工作为会议主题的形式启动后评价工作。采用启动会形式时，后评价工作一般将启动会和现场调研工作一并开展。启动会一般由委托单位主持，通常分为三个阶段。第一阶段由主管机构先行介绍后评价工作的目的、目标、组织实施过程和后评价工作的总体要求；第二阶段由后评价咨询机构或后评价工作组／专班介绍后评价实施方案和现场调研计划；第三阶段由项目单位详细介绍项目建设和运营情况，一般包括项目建设背景、项目建设过程、项目运营现状、项目存在的问题与不足、项目的亮点与经验、相关意见建议等。

6. 后评价工作评审及验收

在后评价报告编制完成并经过委托单位初审通过后，委托单位应组织后评价工作验收工作。可以由委托单位内部人员组成验收小组，必要时可邀请外部专家参与，对后评价报告进行验收，并出具验收意见。后评价报告根据意见完成修订，完善后向委托单位报送并归档。

7. 反馈与应用

委托单位应及时公布后评价结果，对问题严重的项目，提出责任追究建议。为了能够更为全面、客观地发现问题并形成有效的反馈机制，不断提升投资决策水平和效益，委托单位可以对同类的后评价项目开展对比分析研究，总结共性问题，深入分析原因，提出系统性的管理提升和整改措施建议，并下发相关单位或机构，认真分析原因，落实整改措施，同时将整改落实情况及时反馈主管机构。应充分发挥项目后评价跟踪问效和对决策信息反馈的作用，将后评价成果作为规划制定、项目审批、资金安排、项目管理、检查监督和体制机制创新等重要参考依据；应定期以适当方式汇编项目后评价成果，积极推广通过后评价总结出来的成功经验和做法；应及时将后评价成果提供给有关单位。

（二）被评价单位

被评价单位（也可称"项目单位"）是股权投资项目的具体实施方，他们在后评价中承担着提供项目信息和配合评价工作的责任。项目单位在股权投资项目完成后需要及时开展自评价报告编制及报送，在项目列入后评价工作计划后需按要求向主管机构报送项目资料，在开展现场调研时要积极给予支持和配合，在后评价报告编制完成后要及时反馈意见。以下是被评价单位在股权投资项目后评价中的主要职责。

1. 自评价报告编制及报送

被评价单位需要按照后评价的要求，完成自评价报告。自评价报告应包括项目的实施情况、效果分析、经验教训等内容，为后评价团队提供必要的参考。

2. 后评价项目资料提供

作为股权投资项目的实施方，被评价单位拥有项目的一手资料和详细数据。他们需要向后评价团队提供完整的项目资料和数据，包括投资决策及实施过程文件，目标公司制度文件、财务报表、运营数据、市场情况及未来发展战略规划等，确保评价团队能够全面、准确地了解项目的实际情况。

3. 现场调研支持配合

被评价单位不仅需要提供资料和数据，还需要积极配合后评价工作的开展，包括接受评价团队的现场调研、专项访谈、问题回复和提供必要的信息等，以确保评价工作的顺利进行。被评价单位应积极配合后评价工作组或专班、第三方咨询机构组织开展的现场调研工作；在调研时间、组织协调、会务安排、访谈调查等方面给予支持；根据确定的现场调研计划安排相关人员对接，根据调查的方式和内容安排合适的人员接受访谈或提供相关资料。

4. 报告意见反馈

在主管机构向被评价单位征询后评价报告意见时，被评价单位应认真研究后评价报告内容，及时提出相关意见反馈。

5. 落实问题整改

后评价完成后，被评价单位需要对后评价提出的相关意见和反馈的问题进行深入研究，对问题及时进行整改，总结经验教训。这样一方面能够改善项目运营效果，提升项目运营效益；另一方面有助于提高项目的管理水平和效益，为未来的投资决策和项目管理提供借鉴。

（三）第三方咨询机构

第三方咨询机构在股权投资项目后评价中扮演着关键的角色，发挥着专业、客观的作用，通过其专业的评价和建议，为委托方和被评价单位提供有价值的参考意见，促进项目的可持续发展和投资效益的提高。在股权投资项目后评价的组织中，委托方、被评价单位和第三方评价机构需要密切协作，共同完成评价工作。

第三方咨询机构在接受委托单位的后评价工作委托后，应编制工作方案、成立项目组、收集和研究项目资料、组织现场调研，按时完成后评价报告编制，根据相关反馈意见进行报告修改，并按要求参与后评价工作评审及验收。

1. 编制工作方案

第三方咨询机构应在签订委托协议后及时编制后评价工作方案，包括重点难点分析、制订实施方案（含收资清单）、制订工作计划、成立项目管理机构等。

2. 收集和研究项目资料

根据收资清单开展项目资料收集工作，与被评价单位充分沟通交流，确保项目资料完整、全面。对项目资料开展系统的分析和研究，梳理需要调查访谈的问题清单，为现场调研工作高效、有计划地组织实施奠定基础。

3. 组织现场调研

第三方咨询机构应与委托单位、被评价单位共同商定现场调研计划，包括调研时间、日程安排、参会人员等相关事宜。在现场调研确定后，第三方咨询机构依据计划组织实施现场调研工作。

4. 后评价报告编制

第三方咨询机构应根据收集到的项目资料、现场调研记录和相关专家意见，按照委托协议约定的时限要求完成后评价报告编制；应根据被评价项目的行业特性和后评价目标构建科学合理的评价指标体系，并根据被评价项目的实际情况作出客观评价，及时完成报告编制工作。

5. 报告修改

第三方咨询机构应与委托单位、项目单位就后评价报告进行充分的沟通交流，依据委托单位和项目单位提出的修改、完善意见并基于被评价项目实际，对报告进行修改及完善。

6. 报告验收

在完成后评价报告修改后，第三方咨询机构应根据委托单位的验收要求进行后评价验收工作。

第二节 股权投资项目后评价组织要点

后评价工作以获取的项目资料为基础进行梳理、分析和评价，项目资料是后评价工作的第一手资料和信息；项目实施过程中存在的经验教训、相关问题以及被评级单位的相关意见或诉求需要通过现场调研深入了解，现场调研的质量和效果对后评价报告的质量具有重要的影响；后评价报告是后评价工作的主要成果，也是对项目的全面评价定论和后续管理提升和问题整改的纲领性文件，后评价报告的质量高低是后评价工作好坏和价值的关键评价要素。因此，后评价工作在组织方面就需要严格把控项目资料收集、现场调研组织和报告编制质量。

一、资料收集

被评价项目资料在后评价工作中占据着举足轻重的地位，是评价工作得以顺利开展的重要依据。因此，资料收集工作无疑是后评价工作的基础与核心。

（一）资料收集清单的梳理与制定

为确保资料收集的全面性、准确性和高效性，项目单位需依据详尽的清单提供资料。资料收集清单的制定应紧密结合后评价的工作目标和报告编制要求，既要突出关键要点，又要确保内容全面覆盖；避免盲目追求数量而忽视质量，导致项目单位在资料梳理过程中面临不必要的困难，同时也影响后评价工作的效率和质量。通过精心梳理和制定清单，可以确保资料收集的针对性与有效性，为后续的评价工作奠定坚实的基础。

（二）资料的分类、整理与编目

在资料收集完成后，对其进行系统的分类、细致的整理与规范的编目显得尤为重要。这有助于更好地理解和分析项目情况，为后续的评估工作提供有力支持。根据项目特点和后评价目标及要求，可以将资料划分为不同的类别，如项目背景资料、项目实施资料、项目效益资料等。同时，还需对资料的真实性与准确性进行严格核实与筛选，确保评价工作的严谨性与可信度。

二、现场调研

现场调研是股权投资项目后评价工作的重要环节，它有助于全面了解项目投资情况、发现问题并总结经验。通过现场调研，后评价工作人员能够直观地了解项目的投资实现、经营管理状态及投资收益，为后续的评价工作提供有力支持。因此，必须高度重视现场调研工作，确保调研的深入、全面和有效。

（一）调研小组的组建与准备

为确保现场调研的顺利进行，需要组建一支专业、经验丰富的调研小组。调研小组应具备深厚的行业背景知识和丰富的实践经验，能够熟练运用各种调研方法和技术手段。同时，还需精心设计调研形式，选择合适的调研方法，并制定周密的调研计划，以确保调研工作的针对性和实效性。

（二）现场调研的关键点

在现场调研过程中，需要把控几个关键点。首先，要明确调研的目的和重点，确保调研工作紧扣后评价工作目标。其次，要深入现场进行实地观察和调查，收集一手数据和资料，以便更准确地了解项目实际情况。同时，还要关注细节和异常情况，以便及时发现并解决问题。最后，要做好记录和整理工作，为后续的评价工作提供更加准确、详细的基础和依据。

（三）调研方法的选择与运用

调研人员应根据所评项目的属性、评价工作所要达到的目的，选用一种或多种调研方法。例如，可以通过问卷调查、访谈、观察等多种方式收集信息；同时，还可以利用现代技术手段辅助调研工作。在调研过程中，调研人员应始终保持客观、公正的态度，确保调研结果的准确性和可靠性。

三、报告编制

报告编制不仅代表后评价工作的最终成果，更是满足委托单位核心需求的关键所在。在当前股权投资项目后评价领域尚缺乏统一的报告编制大纲或编制指南的背景下，报告编制工作显得至关重要。因此，需要在后评价工作启动时，基于明确的评价目标及要求，结合被评价项目的类型及特点，提前规划并制定报告大纲，以确保报告内容的全面性和针对性。

（一）报告大纲的规划与设计

为确保报告编制工作的有序进行，需要制定科学、合理的报告大纲。大纲的设计应紧密结合后评价工作的实际需求，明确各章节的主题和内容，确保报告结构清晰、逻辑严密。同时，还应注重报告内容的深度和广度，既要全面回顾项目过程，又要深入剖析评价意见，总结经验教训，提出有针对性的对策和建议。

（二）过程回顾的详细阐述

在报告编制过程中，过程回顾是不可或缺的一部分。需要以被评价项目的实际情况为依据，对项目过程进行详细的阐述和分析，包括项目的背景、目标、实施过程、完成情况等各个方面。

（三）评价意见的客观性与专业性

评价意见是报告中的核心部分，它直接体现了后评价工作的成果和价值。因此，在编制报告时，应确保评价意见的客观性、专业性和公正性。评价意见应基于充分的数据和事实依据,进行深入的分析和论证,避免主观臆断和片面之词。同时,还应注重评价意见的专业性和权威性,确保评价结果的准确性和可信度。

(四)经验教训的总结与分析

经验教训的总结是后评价工作的重要任务之一。在报告编制中,需要全面梳理项目过程中的经验和教训,深入分析其产生的原因和影响。对于成功的经验,应加以提炼和推广;对于失败的教训,应深入剖析原因,提出改进措施,以防止类似问题再次发生。

(五)对策建议的提出与实施

对策建议是报告的重要组成部分,旨在为项目的优化改进和未来发展提供指导。在编制报告时,应以后评价目标为导向,基于项目实际情况和长远发展需求,提出既有深度又有远见的对策建议。对策建议应具有针对性和可操作性,能够切实解决实际问题,推动项目持续改进和发展。

(六)同类型项目深度总结与启示

为了充分发挥后评价工作的价值,应鼓励对同类型的后评价项目进行深度总结。通过对比分析不同项目的经验教训和对策建议,提炼出一些共性的启示和规律,为后续的投资决策和建设管理提供参考和借鉴。这不仅有助于提高投资决策的准确性和有效性,还能推动管理水平不断提升。

第五章 股权投资项目后评价报告内容框架

第一节 新设股权投资项目后评价报告内容框架

新设股权投资项目与股权收购项目的区别在于投资方在成立目标公司前达成合作投资意向，目标公司为合作投资方基于共同的投资目标共同投资成立，目标公司多为新成立企业。当合作投资方基于投资某固定资产投资项目而成立项目公司时，后评价工作及报告编制可依据固定资产投资项目后评价要求组织开展。本章参考《中央企业固定资产投资项目后评价工作指南》，基于之前完成的后评价工作成果，总结新设股权投资项目后评价报告内容框架和评价要点。

一、报告内容框架

后评价报告一般包括后评价工作概述、报告摘要和报告正文三大部分，其中报告正文设置8个章节，包括项目情况概述、项目实施过程回顾与评价、项目效益效果评价、项目影响评价、项目目标实现程度评价、项目可持续性评价、结论和经验教训、对策建议（图5-1）。

```
后评价报告体例结构
├─ 项目情况梳理 ──→ 项目情况概述
├─ 主要评价内容 ──→ 过程回顾与评价
│                   效益效果评价
│                   影响评价
│                   目标实现程度评价
│                   可持续性评价
├─ 结论和经验教训 ──→ 结论和经验教训
└─ 对策建议 ──────→ 对策建议
```

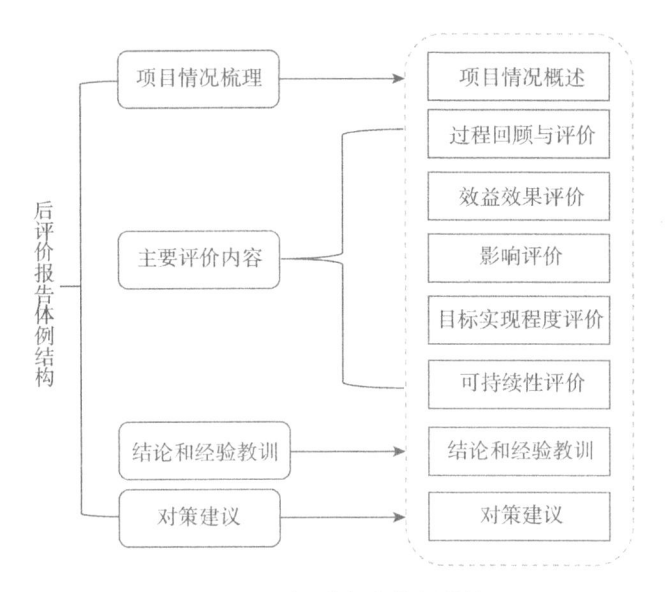

图 5-1　后评价报告体例结构

项目情况概述重点介绍项目背景、投资意向达成情况、决策过程概况、新设目标公司情况及经营效果等。

项目实施过程回顾与评价通常分为投资决策、实施准备、投资实施、公司治理及经营四个阶段。投资决策阶段一般自投资机会识别开始至投资获得批复时止；实施准备阶段一般自投资获得批复开始至达成合作意向时止；投资实施阶段一般自合资协议签订开始至工商手续办理完成时止；公司治理及经营阶段一般自目标公司取得营业执照至后评价工作启动时止。如果项目组织实施过程较短，工作环节和内容比较简单，也可以将实施准备、投资实施阶段合并。

项目效益效果评价通常包括绩效评价、技术评价、财务评价和协同效应评价四个方面。其中，绩效评价可以从投资的适应性、合理性、择优性、风险管理四个维度进行分析评价；技术评价可以从投资决策行业适应性、技术适应性、可行性及价值度、目标公司的优势等维度进行分析评价；财务评价可以从投资收益实现效果、目标公司财务指标效果、目标公司治理效果等维度进行分析评价；协同效应评价可以从战略、技术、市场、资源等维度的协同效应效果进行分析评价。

项目影响评价分为直接影响和间接影响评价。直接影响评价从对目标公司的影响和对投资方的影响两个维度展开分析评价，间接影响评价从社会稳定、技术进步、行业引领和经济税收等维度进行分析评价。

项目目标实现程度评价可以从战略目标和投资目标两个维度进行分析评价。如果项目投资决策文件中设置了其他目标，应随之增加评价维度。

项目可持续性评价应从内部因素和外部因素两个方面进行分析，找出支持和影响项目可持续性的因素，从整体上权衡各方面因素并对项目可持续性给出总体评价意见。

项目结论先总体概括项目的过程评价、效益效果评价、影响评价，然后指出该项目投资目标实现程度和可持续性评价结论，最后给出成功度评价结论。

项目结论和经验教训可以从投资方和目标公司两个方面进行梳理总结。对于投资目标实现效果好的要注重管理方法、模式、理念、手段、措施等方面的梳理总结，形成经验；对于投资目标未实现或实现效果不理想的，需要找出原因，总结经验教训。

对策建议的提出需要结合项目实施过程情况，按照"项目事实—经验/教训—提出建议"的三阶段模式，提出有针对性、实用性的建议和措施。需从投资方和目标公司两个维度分别提出对策建议。一方面，要基于被评价项目存在的问题、不足或教训提出相关对策建议；另一方面，基于行业发展要求和市场发展趋势，对投资方如何处置目标企业股权和目标企业应做的适应性改进提出相关对策建议。如果项目具有显著典型性和代表性，可充分总结已完成的同类项目后评价的相关意见，在政策改进、行业改革等方面向相关主管部门提出建议。

二、评价要点

（一）过程回顾与评价

1. 投资决策阶段

在对新设股权投资项目投资决策阶段进行过程回顾时，应重点关注投资合作方的合作意愿合理性、稳定性和可持续性，基于投资合作方的发展战略、相关优势、资源基础等全面分析评价投资合作的必要性和可行性；并从投资决策合理性、流程完善性、程序合规性和风险可控性等维度对投资决策阶段进行分析评价。投资决策合理性评价应重点分析评价投资时机、投资方向、投资规模、资金渠道、融资模式等；流程完善性应依据相关政策要求评价投资决策流程是否严格履行，是否完善；程序合规性评价项目是否依照相关法律、法规和政策的规定，完成可行性研究、履行企业内部决策，上报国家有关部门核准审批或备案等相关程序。投资风险可控性评价侧重分析决策时对于项目各影响因素的分析是否透彻、全面；是否慎重进行多方案对比；可能出现的风险是否有应对措施；决策机构或部门是否对决策过程和决策执行情况进行监督等。

2. 实施准备阶段

对新设股权投资项目实施准备阶段进行回顾时，应重点关注方案比选与调研的合规性和效率，合作意向的达成情况，融资安排，公司章程的完善程度和合规性等。应确保所选择的方案符合法律法规和行业标准，且项目能够迅速且顺利地推进。考察各方是否已就合作的关键条款和条件达成共识，并确认这些共识是否已转化为具有法律效力的文件或协议。在融资安排方面，评估资金的来源、成本、结构和使用计划。检查公司章程是否涵盖了公司运营所需的所有关键要素，并确保其符合相关法律法规和监管要求。

3. 投资实施阶段

在对新设股权投资项目实施阶段进行回顾时，应重点关注投资时机把控及时性、组织实施合规性，应从推进效率，投资时机把控、风险防控等方面评价，在正面评价的同时指出存在的问题或瑕疵，对于控股的投资方还需要评价对目标公司管理的完善性、科学性。对项目实施的回顾应包括投资合作协议签订、注册资金实缴到位、营业执照核发、目标公司经营管控方案等。

4.公司治理及经营阶段

对新设股权投资项目目标公司经营阶段的回顾，一般包括制度建设、管理机制、人员概况、公司治理结构、科技创新、业务情况、财务效益情况、未来发展战略规划等方面。在评价方面对目标公司评价可以从发展定位、治理结构、体制机制、运行管理、业务运转、经营效益等方面开展分析评价；对股权投资方的评价可以从参与管理效果、对目标公司经营监管、业务支持与协同等方面开展分析评价。

（二）效益效果评价

效益效果评价通常包括绩效评价、技术评价、财务评价和协同效应评价等。

1.绩效评价

绩效评价一般从投资适应性、合理性、择优性和风险管理四个维度进行分析评价。适应性评价可以基于被评价项目实际情况，从政策、行业（市场）、投资时机等方面的适应性进行分析评价；合理性评价可以基于被评价项目实际情况，从投资方向、投资时机、投资规模、投资成本等方面的合理性进行分析评价；择优性评价可以基于投资方选择目标企业和目标企业选择投资方两个视角分析评价；风险管理评价可以从风险识别、风险分析、风险评估、风险防范与应对等方面，评价被评价项目风险管理的完善性、准确性、合理性、可行性。

2.技术评价

技术评价需要根据新设股权投资项目的行业特性，分析评价投资决策的行业适应性、技术适应性、决策可行性及价值度，以及目标公司的优势。投资决策行业适应性可以基于投资方的发展战略方向，以目标企业能够为投资方战略实现所提供的支持、助力或资源协同等为分析视角进行全面、客观的评价。投资决策技术适应性评价应着重分析投资决策对于投资方的发展战略，尤其是业务战略在技术支持、市场助力等方面的作用与影响，进而评价投资决策的技术与市场适应性；基于市场环境分析，找出竞争的核心要点，分析被评价项目是否适应市场和技术发展要求。投资决策可行性及价值度分析可以从投资方与目标企业的战略目标契合度、双方资源协同条件、双方战略发展的互适性，以及市场环境要求和行业发展趋势等方面分析被评价项目投资决策可行性及价值度。目标公司的优势分析可以从资源基础、技术实力、行业影响力、市场地位、客户满意度等方面进行评价。

3. 财务评价

财务评价通常包括投资收益实现效果评价、目标公司财务指标分析评价等方面。投资收益实现效果评价包括投资评价和财务收益评价。投资评价主要是分析评价该项目的投资落实情况，投资是否依据投资协议落实到位，投资议案中的风险管控措施是否贯彻落实等；财务收益评价内容一般包括总结被评价项目截至后评价时点投资规模及股比或投资变化情况等，明确财务收益分析评价的投资规模边界；基于投资决策确定的财务收益指标，分析测算后评价口径的财务收益指标，并进行对比分析。目标公司财务指标分析评价是基于目标公司的财务收益基础数据，测算资产负债率、速动比率、利息备付率、净资产收益率、总资产报酬率、总资产周转率、应收账款周转率、资产现金回收率、资本保值增值率、营业增长率等财务指标，并与行业水平的标准值作对比分析，进而分析评价目标公司的偿债能力、盈利能力、营运能力和发展能力。

4. 协同效应评价

协同效应评价是指投资方投资后的总体效应大于合资前独资经营的效应之和的部分。协同效应评价着重分析新设股权投资项目是否有助于投资方的核心业务发展，是否为投资方带来经济效益，通常从经营、管理、技术、财务等方面分析评价。对于新设股权投资项目，协同效应应对比分析投资方在被评价项目前后的财务情况，有针对性地进行重点分析，包括充分利用已有的资源，达到降低成本的效应；发挥竞争优势，提高市场占有率，提高营业收入的效应；利用国家税收等政策，取得的税收效应等。

（三）影响评价

新设股权投资项目后评价的影响评价重点是对股权投资所涉及的主要利益相关者及其受影响的方面和程度进行分析评价，需要综合考虑各方面因素，进行全面、客观、准确的分析和评估。同时，还需要根据具体项目的特点和实际情况，有针对性地制定评价方案和指标体系，确保评价结果能够真实反映项目的实际情况。通常将项目影响分为直接影响和间接影响。直接影响一般包括对目标公司的影响和对投资方的影响，主要是基于该项目对目标公司和投资方的经营发展影响，从竞争优势营造、企业形象提升、业务开发和延伸拓展、资源整合能力和效果、发展战略支持和助力等方面进行分析和评价；间接影响主要是被评价项目对社会的贡献和影响，以及对环境可能产生的影响，如社会稳定、新增就业、产业导入、经济发展、税收贡献、环保推动等。

（四）目标实现程度评价

目标实现程度评价需要以投资决策设定的投资目标为基准，根据被评价项目取得的投资效果与投资目标作对比，分析被评价项目的目标实现程度。目标通常包括战略目标和投资目标两个层面，投资目标需依据被评价项目的投资决策支撑性文件具体确定，一般包括生产目标、收益目标、影响目标等。目标实现程度通常包括完全实现、实现、基本实现、部分实现、未实现五个等级。

（五）可持续性评价

根据国家、地方的政策导向，以及目标公司在所属地区的同类业态所处的地位、比重和竞争力等情况，结合目标公司内外部因素，分析项目的优劣势，评价被评价项目的可持续发展能力。

内部因素通常包括目标公司的财务状况、组织管理能力、激励机制、市场营销能力、产品竞争能力、技术水平、研发能力、融资能力等；外部因素包括政策环境、产业趋势、资源配置、市场竞争、环境保护等。

第二节　股权收购项目后评价报告内容框架

一、股权收购与新设股权投资项目的差异

股权收购项目与新设股权投资项目是两种不同的投资方式，其区别主要体现在以下5个方面。

①投资形式。股权收购是投资人通过购买目标企业的股权或认购目标企业的增资，从而成为目标企业的股东、参与或控制目标企业的投资方式。而新设股权则是投资人与合作方共同出资设立一家新的公司，以新公司的形式开展业务。

②法律风险。新设股权投资项目的优势在于能规避和隔离合作方原有公司在日常经营及业务开展过程中已有的和潜在的法律风险，使新公司持续经营发展的法律风险较低。而股权收购可能会面临目标企业原有的法律风险和经营风险。

③市场影响。新设股权投资项目通常不会直接导致市场竞争者的减少，也一般不受反垄断法规的直接限制，无须履行经营者集中等反垄断的合规申报程序。而股权收购可能会对市场格局产生影响，触发反垄断审查或其他相关法规的审查。

④操作流程。股权收购涉及对目标企业的尽职调查、股权交易合同的签署、支付股权转让价款、股权变更登记等流程。新设股权投资项目则涉及确定合作方、签署合作协议、设立新公司、注入资金等流程。

⑤投资回报。股权收购可以立即获得目标企业的股权和相应的资产，可在短期内获得回报。而新设股权投资项目则需要等待新公司的成长和发展，投资回报期较长。

二、报告内容框架

股权收购项目后评价报告的体例结构与新设股权投资项目基本一致，但

不同章节的部分内容及分析评价的侧重点会略有不同，本书将差异点归纳总结如下。

由于股权收购项目不新设目标公司，项目情况概述中应将新设股权投资项目的"目标公司新设"替换为"股权收购过程概述"，其他内容与新设股权基本一致，但编制的角度、立场不同；股权收购项目的决策和组织实施主体均为股权收购方，不存在股权投资合作方，涉及的相关利益群体多为股权收购方和股权转让方及相关利益者。因此，无论项目背景、投资意向达成情况，均应聚焦股权收购方的发展背景和战略意愿，以及股权转让方与相关利益者的目的和初衷。

股权收购项目实施过程的阶段划分与新设股权基本相同，但过程回顾与评价内容框架最大的不同在于投资决策阶段回顾需要详细梳理、总结尽职调查、资产评估、财务审计等投资决策专项支持工作。对于股权收购方收购后控股目标公司的项目，在运营阶段还需介绍股权收购方对目标公司的整合方案并进行全面、客观评价。

项目效益效果评价、影响评价、目标实现程度评价、可持续性评价、经验教训、成功度评价和对策建议等内容框架与新设股权投资项目相同，但评价角度、立场和要点存在差异，具体在评价要点中详细介绍。

三、评价要点

股权收购项目后评价的主要评价内容与新设股权具有较大程度的一致性，但部分评价角度、立场和要点略有不同，本书将评价要点的差异归纳总结如下。

（一）过程回顾与评价

1. 投资决策阶段

国有企业或政府机构、事业单位在开展股权收购前，应全面开展尽职调查、资产评估、财务审计等投资决策专项支持工作，因此，后评价需全面梳理总结上述投资决策专项支持工作，并分析其科学性、客观性、公正性和合理性。

2. 实施准备阶段

股权收购项目后评价将谈判准备工作列入实施准备阶段，报告内容包括股权收购方案的制定、收购价格谈判准备、融资安排等。工作重点主要是收购价格、收购比例、收购方式及其他附加条款的详细分析。后评价需要分析程序的合规性和执行效率。

3. 投资实施阶段

股权收购项目与新设股权投资项目的不同之处在于其存在股权收购协议的签订和执行，以及履行收购方与股权转让方的资产交割和股权变更手续。报告应全面梳理、总结股权收购方案的制订、收购价格谈判过程、融资安排，以及资产交割情况和股权变更手续（包括资产交割方式、阶段、时点和股权变更引起的公司章程、营业执照等变更情况），并重点分析协议内容的完整性及存在的风险，分析股权投资比例、出资方式、融资安排等是否符合预期的实施方案，是否完成相关手续的办理，实际实施进度与计划是否吻合。

4. 公司治理及经营阶段

对于目标公司经营情况的回顾与总结，股权收购项目与新设股权投资项目基本一致；不同的是对于股权收购方收购目标公司股份大于51%、处于控股地位的项目，收购方还需要提前制定目标公司的接管和整合方案；后评价时应全面梳理、总结股权收购方制订的接管和整合方案，接管工作推进情况和管理整合完成情况等，并客观评价接管工作的严谨性和接管效果，以及整合方案的完整性、全面性、合理性、可行性和可控性。

（二）效益效果评价

效益效果评价中的绩效评价、技术评价和财务评价，股权收购项目与新设股权投资项目基本一致。股权收购项目与新设股权投资项目的分析评价要点差异在于评价的定位、角度和立场。股权收购项目更多地从收购方的公司发展战略出发，目标定位于通过收购能够壮大自身经济实力、扩大市场份额、拓展业务范围、降低经营成本、实现规模经济等方面。而新设股权投资成立的目标公司往往致力于投资合作方期待发展的新领域，往往具有较强的开拓性战略预期，或者寄希望于目标公司能够有效汇聚投资合作方的资源，完善各方共同的业务生态，实现利益共赢。

在协同效应评价方面，股权收购项目协同效应评价应重点关注降低成本的效应；发挥竞争优势，提高市场占有率，确保产品价格合理、提高销售收入的效应；布局合理、有效的业务辐射或降耗效应；利用国家税收等政策取得的税收效应等。

（三）影响评价

股权收购项目与新设股权投资项目在影响评价方面的差异主要在于股权收购项目对目标公司原相关利益者产生的直接影响，包括所引起的债务结构重组，员工重新安置、收入水平变化，人力资源、市场资源、品牌资源的保护等。

第三节　股权转让项目后评价报告内容框架

股权转让，是公司股东依法将自己的股东权益有偿转让给他人，使他人取得股权的民事法律行为。股权转让与股权收购是反向投资行为，股权转让是股东将自持权益转让给第三方，股权收购是受让方获取转让方的股东权益的投资行为。可见，股权转让与股权收购必然会同时发生，只不过投资主体的角色不同。股权转让是投资主体回收原始投资目标公司的投资收益，股权收购是投资主体通过让渡投资资金取得目标公司的股东权益。基于股权转让项目与股权收购项目的差异，本节梳理、总结股权转让项目在报告内容框架及评价要点方面的不同之处。

一、报告内容框架

股权转让项目与新设股权和股权收购项目都遵循同一后评价理论和逻辑体系，后评价报告的体例结构基本一致，但不同章节的部分内容及分析评价的侧重点略有不同。

股权转让项目与新设股权投资项目相比不存在新设目标公司事宜，因此，股权转让项目情况概述部分应将新设股权投资项目的"目标公司新设"替换为"股权转让过程概述"，内容通常包括项目背景、相关方概况、股权转让实施过程概述，如果后评价具有获取目标公司转让后经营信息数据条件的，可以增加目标企业转让后经营情况。

从项目实施过程的阶段划分看，由于股权转让项目在股权转让完成后，转让方与目标公司不存在利益关系，因此，股权转让项目后评价的过程回顾与评价通常不包括公司治理及经营阶段，而是包括投资决策、实施准备和投资实施三个阶段。在投资决策阶段，一方面，转让方需要对自身持有的股权价值进行资产评估、对目标公司开展审计和尽职调查等，为支持股权转让方履行内部投资决策程序提供支持和支撑；另一方面，转让方还需要依据公司章程针对股权转让事宜履行目标公司的内部决策事项。在实施准备阶段，转让方需要提前寻找股权受让意愿方，并基于股东权益估值和投资决策审批精神与股权受让方关于股权价格、交易方式、资产交割事项等进行谈判；通常在产权交易意向达成一致后履行交易前，股权转让方和股权受让方签订合作意向书。股权转让方是国有企业或政府机构、事业单位的，应依法进场交易。在实施准备阶段，股权转让方需要向具有合法权限的产权交易所递交产权交易申请。采取进场交易的，项目实施阶段一般包括挂牌公告、交易结果确认、签订产权交易合同和获取产权交易凭证等内容。

项目效益效果评价、影响评价、目标实现程度评价、可持续性评价、经验教训、成功度评价和对策建议等内容框架与新设股权投资项目、股权收购项目基本相同，但评价角度、立场和要点存在差异。

二、评价要点

与新设股权投资项目、股权收购项目相比，虽然股权转让项目的后评价报告内容框架基本一致，但各个章节的具体内容、评价角度、评价立场和要点等都存在明显差异。

（一）过程回顾与评价

1. 投资决策阶段

在合规性方面，对国有产权进行转让，需严格依据《中华人民共和国公司法》《企业国有资产监督管理暂行条例》和《企业国有产权转让管理暂行办法》等法律法规要求的程序和流程执行，确保国有资产的安全和保值。因此，国有产权转让项目的投资决策程序需严格履行《中华人民共和国公司法》、转让方公司章程及相关规定。

在合理性方面，应在对目标公司全面尽职调查、自身股东权益价值合理评估和公司未来战略发展要求等方面综合考虑的基础上，全面分析股权转让对转让方的影响，合理作出股权转让决策。

在合适性方面，股权转让的时机非常关键，尤其对于股权转让方的投资收益影响较大，在目标公司经营态势向好的环境下能够取得较好的股权转让溢出效应，反之，则有可能导致股权价值不及预期，甚至低于初始投资。因此，股权转让项目需对股权转让时机的合适性进行全面深入分析，作出客观、公正的评价。

2. 实施准备阶段

由于股权转让时机对股权转让价格具有较大影响，因此，项目准备工作推进的效率高低也成为项目是否能够如期完成的关键要素。在股权转让项目准备阶段，通常需要提前与具有股权受让意愿方开展谈判，在交易意愿达成一致时签订合作意向书，进而确保股权转让工作能够顺利完成。对于进场交易产权的项目，股权转让方应依规进场发布转让信息，履行交易程序。因此，股权转让项目准备阶段的评价应重点关注准备工作的合法性、合规性，程序完善性，风险可控性和组织计划性等。

3. 投资实施阶段

国有股权转让实施阶段主要包括进场交易、合同签订和产权交割三项工作，流程如图 5-2 所示。

```
产权转让方
    ↓
委托经纪会员  提出转让申请
    ↓
转让申请受理
    ↓
发布转让信息          意向受让方
    ↓                    ↓
登记受让意向 ← 委托经纪会员  提出受让申请
    ↓
意向受让方资格审核
    ↓
协议转让 ┐
竞价转让 ├→ 组织交易活动
其他方式 ┘
    ↓
签订《产权交易合同》
    ↓
结算交易资金
    ↓
审核出具交易凭证
    ↓
办理变更登记手续
    ↓
领取交易价款
```

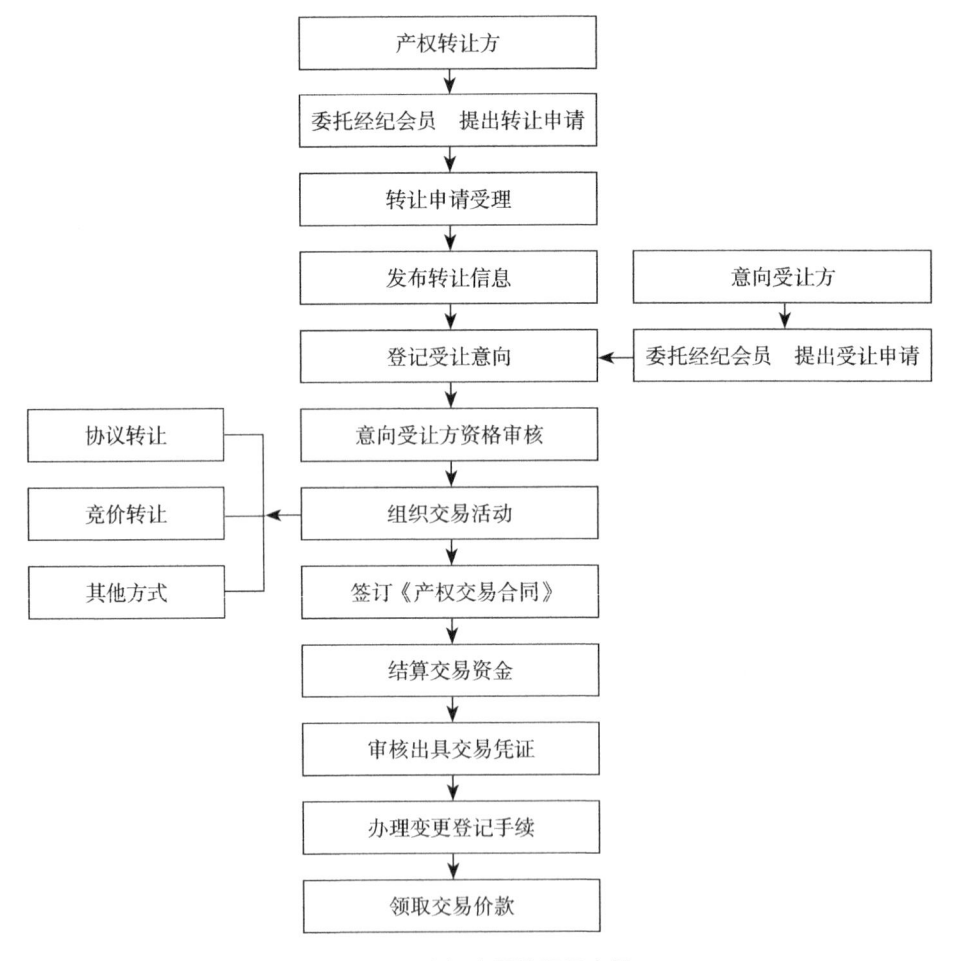

图 5-2　产权交易流程示意图

进场交易主要包括产权转让方提出转让申请、转让申请受理、发布转让信息、登记受让信息、意向受让方资格审查、组织交易活动等。合同签订是指签订《产权交易合同》。产权交割包括结算交易资金、审核出具交易凭证、办理变更登记手续、领取交易价款等。评价时应重点关注交易合规性、组织规范性、合同完善性、风险可控性等方面。

（二）效益效果评价

由于股权转让项目对于股权转让而言，后续不再与目标公司产生权益关系，其最为直接的产出就是回收原始投资，因此，与新设股权和股权收购项目在效益效果评价方面具有明显的差异，不需要开展绩效评价、技术评价和实施效果评价。股权转让项目效益效果评价应侧重投资收益测算分析、战略效益分析，以及协同效应分析。投资收益测算应以原始投资设定的收益目标为基准，同口径测算股权转让产生的投资收益指标，并作对比分析和客观评价；如果股权转让方案为多方案，应测算不同方案的投资收益，并作对比分析，论证最终决策方案的合理性和可行性，并客观评价。战略效益应基于被评价项目的政策导向、行业发展态势、转让方发展战略规划等因素分析被评价项目给转让方带来的战略影响。协同效应评价应从股权转让方、目标公司和股权受让方等不同角度分析股权转让项目给各方带来的影响和效应。

（三）影响评价

股权转让项目，尤其是超过 51% 的股权转让项目对于目标公司产生的直接影响较大，包括员工稳定性、业务发展、可持续经营等方面。评价时应重点从股权转让方、目标公司、股权受让方三个维度分析项目对各方产生的直接影响。此外，对于股权转让对社会经济会产生较大影响的项目，还需要分析对社会经济的影响，包括就业机会、产业孵化、经济发展、税收贡献、环保推动等。

(四)目标实现程度评价

与新设股权和股权收购项目相比,股权转让项目的目标实现程度评价不能单独聚焦某一方,而应该从股权转让方、目标公司和股权受让方三个维度分析各方目标的实现程度。

(五)可持续性评价

虽然站在股权转让方角度,股权转让项目完成后,目标公司与转让方再无股东权益关系,目标公司是否可持续对转让方已不产生任何影响,但从社会和市场视角看,后评价还是需要分析股权转让给目标企业和受让方的可持续发展带来的影响,全面衡量、评价本次股权转让取得的社会效益和成功的实现程度。因此,对于股权转让项目在条件允许时,还是有必要从外部因素和内部因素两个维度对目标公司和股权受让方的可持续发展进行全面、客观的分析和评价。

第六章 股权投资项目后评价实践惯例及工具

为了能够为后评价实务提供最为直接的辅助和支持,本章基于实践经验梳理、总结出供从业人员组织开展后评价工作和报告编制时可参考及借鉴的收资清单、报告大纲和相关工作用表。

第一节 股权投资项目后评价收资清单参考

一、新设股权投资项目

后评价收资清单通常基于后评价报告编制的要求,以被评价项目的不同阶段和资料的不同类型为划分维度,分别列出需要的项目资料(表6-1)。在开展后评价收资工作时应注意以下事项。

由于不同投资方的投资管理制度不同,在投资决策程序和要求方面会有一定差异。因此,前期决策阶段收资清单中的资料名称仅为实践惯用称谓,不代表每个被评价项目都能够全部提供。例如,有的投资方将项目建议书与可行性研究报告合并为一个立项文件。因此,在开展项目资料收集时,后评价机构应与投资方充分沟通,只要能够支持后评价机构对被评价项目前期决策阶段情况全面掌握即可。

在投资准备阶段,投资方会与各合作方就新设目标公司事项,即股比、责权利、公司治理结构等进行谈判。不同的投资方做法也不尽相同，收资清单中所列的资料名称并不代表每个被评价项目都应全部具备，应根据投资方的投资管理制度要求作出收资要求。

在收资完成后，应将收集到的资料与收资清单对照分析，未收集到的资料应记录原因或说明。对于收资清单中被评价单位无法以资料文件形式提供的，后评价机构可以作为现场调研的问题在调研时了解和掌握。

表 6-1　新设股权投资项目收资清单

序号	阶段/类型	资料名称	相关说明
1	前期决策阶段	项目建议书/投资议案请示	
2		项目建议书/投资议案的批复	
3		相关谈判会议纪要/研究报告	
4		专家论证报告/纪要	
5		股权投资可行性研究报告	
6		可研报告评审意见	
7		可研报告批复文件	
8	实施准备阶段	与合资方的相关谈判文件或会议纪要	
9		合资备忘录或意向书	
10	项目实施阶段	合资协议	
11		资金到位情况	
12		目标公司营业执照及章程	
13		实施阶段达成的相关协议、意见或其他形式文件	
14	目标公司运营阶段	目标公司的制度汇编	
15		目标公司的公司治理结构	
16		目标公司的组织机构及人员情况（性别、年龄、职称、岗位、职务等）	
17		收购完成后企业人员情况统计表（性别、年龄、职称、职务等）	
18		目标公司成立之日至后评价时点各年生产经营情况统计表（经营业务类型、业务规模、营业收入、经营成本、利润等）	
19		目标公司成立之日至后评价时点各年财务审计报告	

续表

序号	阶段/类型	资料名称	相关说明
20	目标公司运营阶段	目标公司成立之日至后评价时点各年公司发展计划文件（或五年发展战略规划文件）	
21		目标公司成立之日至后评价时点各年股东会、董事会和监事会议案	
22		目标公司成立之日至后评价时点各年工作总结及工作计划	
23		目标公司成立之日至后评价时点各年公司对外签订合同（包括项目承接和对外分包等）汇总表（合同主要内容、金额等）	
24		目标公司取得的专利、软著等知识产权和获奖情况	
25		公司对外宣传报道	
26		目标公司与投资方在市场、技术、产品等方面取得协同效果和效益的相关资料	
27		目标公司经审计、督查、稽查、巡视等工作发现的相关问题、整改方案和整改效果等	
28		其他目标公司认为有必要提供的相关资料	
29	综合资料	项目所在地区市场情况、本项目市场供应能力情况	
30		项目所在地与本项目相关的专项发展规划（5年或10年）	
31		本项目对项目所在地的影响，包括对当地经济的贡献，对地方税收、就业、民生等方面	
32		投资方本项目投资时点的发展战略规划文件	
33		投资方认为有必要提供的其他相关资料	

二、股权收购项目

与新设股权投资项目相比，股权收购项目收资清单在投资决策阶段、实施准备阶段、投资实施阶段和公司治理及经营阶段都具有明显差异，具体见表6-2。

在投资决策阶段，与新设股权投资项目相比，国有企业股权收购项目依法应当开展尽职调查、财务审计和资产评估等专项工作，依据专项工作相关成果文件编制投资立项报告并履行投资方内部决策审批程序。

表 6-2 股权收购项目收资清单

序号	阶段/类型	资料名称	相关说明
1	前期决策阶段	法律尽职调查报告	
2		财务尽职调查报告	
3		技术尽职调查报告	
4		目标企业的财务审计报告	
5		目标企业的资产评估报告	
6		对目标企业收购的法律意见书	
7		项目建议书/股权收购请示	
8		项目建议书/股权收购请示的批复	
9		相关谈判会议纪要/研究报告	
10		专家论证报告/纪要	
11		股权投资可行性研究报告	
12		可研报告评审意见	
13		可研报告批复文件	
14	实施准备阶段	与目标企业的相关谈判文件或会议纪要	
15		与目标企业签订的框架协议书/备忘录	
16	项目实施阶段	对目标企业收购过程文件（包括但不限于竞拍计划、公告、竞拍文件、竞拍确认书）	
17		成交确认书	
18		交易合同	
19		资产交割文件	
20		产权过户文件	
21		收购后更新营业执照	
22	收购完成后公司整合阶段（收购方控股时）	对目标企业的整合方案	
23		对目标企业整合情况报告	
24		收购完成后企业治理结构	
25		收购完成后企业人员情况统计表（性别、年龄、职称、职务等）	
26		遗留问题及整改方案	
27	公司整合后生产运行阶段	收购完成后公司的制度汇编	
28		收购完成后开展的新建或技改项目资料（含技术协议、性能验收报告等）	

续表

序号	阶段/类型	资料名称	相关说明
29		收购前3年至后评价时点各年生产经营情况统计表（经营业务类型、业务规模、营业收入、经营成本、利润等）	
30		公司未来三年经营预测（业务类型、营业收入、经营成本、利润等）	
31		公司当前主推项目汇总表（项目名称、项目内容、客户名称、预计招标时间、项目金额等）	
32		收购前3年及收购后各年生产经营技术指标（根据行业惯例提供）	
33		收购完成后至后评价时点各年财务审计报告	
34		收购完成后至后评价时点各年公司发展计划文件（或五年发展战略规划文件）	
35	公司整合后生产运行阶段	收购完成后至后评价时点各年股东会、董事会和监事会议案	
36		收购完成后至后评价时点各年工作总结及工作计划	
37		收购完成后设备运行记录、检修报告（记录）、性能试验报告等（如果有）	
38		收购完成后至后评价时点目标公司经营月报或生产经营情况汇报材料等	
39		收购完成后至后评价时点各年公司对外签订合同汇总表（合同主要内容、金额等，附上对应电子合同文件）	
40		后续技术改造或新增投资计划	
41		公司对外宣传报道	
42		收购后公司组织架构图及人员数量，汇总人员信息表（包含性别、年龄、入职时间、工作岗位，外加离职人员信息）	
43		专利、获奖情况	
44		项目所在地区市场情况、本项目市场供应能力情况	
45		项目所在地目标企业所属行业专项发展规划（5年或10年）	
46	综合资料	本项目对项目所在地的影响，包括对当地经济的贡献，对地方税收、就业、民生等方面	
47		收购方在被评价项目投资时点的发展战略规划	
48		收购后至后评价时点各年度审计、督查、稽查、巡视等报告、发现的相关问题、整改方案和整改效果等	
49		其他收购方/目标企业认为有必要提供的相关资料	

在实施准备阶段,与新设股权投资项目相比,股权收购方与目标企业就股权价格、资产交割、相关责权利、风险防控等事项进行谈判,形成谈判文件或会议纪要,并在交易意向基本达成时提前签订框架协议或备忘录。当然,不同的投资方做法也不尽相同,在开展收资工作时需与投资方充分沟通。

在投资实施阶段,与新设股权投资项目相比,股权收购项目需要依法开展股权交易并签订交易合同,在完成资产交割后办理产权过户,目标公司更新营业执照。至于股权交易方式的选择还需要根据产权转让方的股权性质依法确定,对于收购国有股权的项目需要依法进场交易,因此,后评价开展收资时需全面了解被评价项目情况,据实调整收资清单。

在公司治理及经营阶段,与新设股权投资项目相比,对于收购股权超过目标公司51%的股权收购项目,可以进一步细分为整合前和整合后两个阶段。实践中,有的投资方对于目标公司的整合未提前开展整合方案编制,也未在整合后编制整合情况报告,后评价机构可以在调研时通过座谈或访谈的方式进行了解。

三、股权转让项目

与新设股权和股权收购项目相比,股权转让项目最大的区别在于让渡了目标公司的股权权益,后续目标公司经营与股权转让方不再存在直接利益关系。因此,对于后评价工作而言,目标公司的经营情况不需要做过于深入的调查了解,只要满足效益效果评价、影响评价、可持续性评价的要求即可。本部分梳理了股权转让项目后评价收资清单(表6-3),清单中资料类别和名称在新设股权投资项目和股权收购项目章节已有介绍,此处不作重复赘述。

表6-3 股权转让项目收资清单

序号	阶段/类型	资料名称	相关说明
1	前期决策阶段	尽职调查报告	
2		目标企业的财务审计报告	

续表

序号	阶段/类型	资料名称	相关说明
3	前期决策阶段	目标企业的资产评估报告	
4		相关谈判会议纪要/研究报告	
5		专家论证报告/纪要	
6		股权转让可行性研究报告	
7		可研报告评审意见	
8		可研报告批复文件	
9	实施准备阶段	与股权收购意愿方的相关谈判文件或会议纪要	
10		与股权收购意愿方签订的合作意向书/备忘录	
11	项目实施阶段	产权进场交易过程文件（包括但不限于挂牌公告、交易结果通知书等）	
12		交易合同	
13		资产交割文件	
14		产权过户文件	
15	目标公司运营情况	转让完成后至后评价时点各年财务审计报告	
16		转让前3年及至后评价时点各年生产经营情况统计表（经营业务类型、业务规模、营业收入、经营成本、利润等）	
17		公司未来三年经营预测（业务类型、营业收入、经营成本、利润等）	

第二节　股权投资项目自评价报告大纲

实践中，只有极少的单位在股权投资项目完成后及时完成项目自评价工作，主要原因是缺乏股权投资项目自评价报告的相关指导性或纲领性文件，投资方自行编制自评价报告难度较大。为了能够有效协助投资方在股权投资项目完成后及时编制自评价报告，本节结合实践经验梳理总结出自评价报告的推荐大纲，供读者参考。由于股权投资项目类型较多，项目特性存在差异，读者在使用大纲时还需根据被评价项目实际情况灵活调整。

一、项目基本情况

项目基本情况应涵盖项目的立项背景与必要性、投资合作方的情况、市场环境的概览以及目标公司经营现状的简要介绍。

（一）项目立项必要性与可行性

编制说明：以公司发展战略为导向，结合行业发展环境，深入分析项目立项的必要性和可行性。重点考虑政策、市场、行业等多维度因素，明确项目动机与目的，阐述合作方遴选的过程及结果。

（二）投资合作方情况

编制说明：介绍与投资合作方的合作背景及合作意向达成情况，详细阐述合作方的业务范畴、技术实力、市场资源及其优势与不足。

（三）市场环境概况

编制说明：描述投资时点的市场环境概况，包括市场需求规模、主要竞争者、市场竞争态势等方面。

（四）目标公司经营情况

编制说明：描述目标公司的运营状况、业务发展、财务状况，以及潜在风险等。

二、项目实施情况

关于投资实施过程的阶段划分原则见第五章，在编制自评价报告时可根据被评价项目过程复杂程度做灵活调整。例如，项目谈判准备和协议签订过程紧凑，环节简单，就可以将实施准备阶段和项目实施阶段合并为一个阶段。

（一）投资决策阶段回顾与评价

编制说明：全面梳理项目投资机会识别、可行性研究、决策论证与审批等关键环节，评价投资时机的恰当性、把控的及时性，以及投资决策的合规性、合理性与可行性。

（二）实施准备阶段回顾与评价

编制说明：梳理投资谈判过程，达成一致意向的事项及合作意向书的签订情况。从组织效率、风险防控等方面对实施准备阶段进行评价。

（三）投资实施阶段回顾与评价

编制说明：概述投资协议的签订、目标公司新设（适用于新设股权投资项目）及投资资金到位等情况。对投资实施过程的合规性、有效性进行评价。

（四）公司治理及经营阶段回顾与评价

编制说明：分析目标公司的治理结构、股权结构、组织架构、人员配置、业务运营、科技创新及经济效益等方面。评价股权投资方在参与公司治理、经营监管及业务协同方面的表现。

三、经营与财务情况分析

经营与财务情况包括目标公司的经营管理状况、业务拓展成果、市场占有率、技术创新实力以及财务数据的详细分析。

（一）经营情况剖析

编制说明：分析目标公司的经营管理、人员配置、业务拓展、市场占有率及技术创新等方面。评估公司的经营策略及实施效果。

（二）财务绩效分析

编制说明：分析目标公司近年的营业收入、营业成本、利润等财务数据，进行财务收益测算。与投资目标进行对比分析，评价投资目标的实现情况。

四、主要经验教训

应从投资管理过程、被评价项目实现的投资效益效果和产生的相关影响三方面进行总结，分析被评价项目的主要经验和教训。

（一）主要经验

编制说明：总结投资过程中成功的管理方法、模式、理念及措施，形成可复制的经验。针对新设股权投资项目和股权收购项目，从投资方和目标企业两个维度进行梳理、总结，提炼有价值的经验。

（二）主要教训（问题与不足）

编制说明：针对投资目标未实现或实现效果不理想的情况，深入分析问题形成原因、不足或教训。针对新设股权投资项目和股权收购项目，从投资方和目标企业两个维度进行反思，为未来项目运作提供警示与借鉴。

五、相关建议

基于投资项目的投资管理、效益效果及经验教训，提出针对未来类似项目的建议。例如，可在优化投资策略、提升管理水平、加强风险防控等方面提出具体措施。

第三节　股权投资项目后评价报告大纲

目前，股权投资项目后评价的执行主要是参照固定资产投资项目后评价管理办法，行业主管部门尚未发布后评价报告大纲或编制指南，这导致实践中股权投资项目后评价报告结构和内容五花八门，质量参差不齐，一定程度上影响了股权投资项目后评价工作的推动和发展。本节针对股权投资项目自身特点，参考固定资产投资项目后评价的相关要求，基于后评价的目标，整理出股权投资项目后评价大纲及编制要点，以期为股权投资项目后评价的具体实施提供参考和借鉴。

股权投资项目后评价报告包括项目情况概述、项目实施过程回顾与评价、项目效益效果评价、项目影响评价、项目目标实现程度评价、项目可持续性评价、后评价结论和主要经验教训、对策建议，共计八个章节。不同类型的股权投资项目在章节内容上略有差异，评价要点、视角及立场需根据项目类型、特点具体把握。

一、新设股权投资项目

（一）项目情况概述

1. 项目背景概述

编制说明：应全面梳理被评价项目所处的宏观环境，包括政策导向、市场环境变迁及行业发展动态。阐述投资方开展战略合作的背景、推动力量及外部支撑条件。

2. 投资意向达成情况

编制说明：介绍各投资方投资意向的达成过程，涵盖投资合作的起源、动机、投资目的与愿景。

3. 项目的前期决策过程概况

编制说明：概述被评价项目的前期决策流程，重点分析投资目标的设定、决策必要性的论证，以及风险应对策略的制定。

4. 目标公司新设及经营效果

编制说明：介绍目标公司的设立背景、运营规模、业务开展情况，以及财务收益等经营成果。

（二）项目实施过程回顾与评价

1. 投资决策阶段回顾与评价

编制说明：投资决策阶段回顾应全面介绍被评价项目投资机会识别、可行性研究、投资决策论证与审批、投资请示及批复等情况；从投资时机恰当性和把控及时性，投资决策合规性、合理性、可行性、风险可控性，以及管理效率等方面作出客观、公正的评价。

2. 实施准备阶段回顾与评价

编制说明：实施准备阶段回顾应介绍各投资方关于合作事宜的谈判准备情况，达成一致的相关事项，签订合作意向书；从组织效率、风险防控、计划落实等方面作出相关评价。

3. 投资实施阶段回顾与评价

编制说明：投资实施阶段回顾应概述各投资方合资协议签订、目标公司新设、投资资金到位等情况；从组织实施合规性、推进效率和风险防控等方面作出相关评价。

4. 公司治理及经营阶段回顾与评价

编制说明：公司治理及经营阶段回顾应从目标公司制度建设、治理结构及股权结构变化、组织机构、人员情况、业务经营、科技创新、经营效益、未来发展战略等方面全面描述。对目标公司从发展定位、治理结构、体制机制、运行管理、业务运转、经营效益等方面开展分析评价；对股权投资方可以从参与管理效果，对目标公司经营监管、业务支持与协同等方面开展分析评价。

（三）项目效益效果评价

1. 绩效评价

（1）适应性评价

编制说明：根据被评价项目的具体情况，可以从政策、行业、市场等方面分析评价项目投资的适应性。

（2）合理性评价

编制说明：根据被评价项目的具体情况，可以从投资方向、投资规模、合作方选择等方面分析评价项目投资的合理性。

（3）择优性评价

编制说明：可以基于投资方选择合作方和投资方选择新设目标公司两个视角，分析、评价对合作方和目标公司的择优性；从战略互适、资源协同、优势互补、产业链整合、生态圈培育等方面全面分析。

（4）风险管理评价

编制说明：全面分析投资风险是否准确、分析是否到位、评估是否合理、防范及应对方案是否可行；对投资方的风险管理机制是否系统、完善和落实效果等方面作出客观、公正的评价。

2. 技术评价

（1）投资决策行业适应性分析

编制说明：着重分析投资决策的行业适应性，建议从投资方的发展战略方向入手，分析新设目标公司能够为投资方战略实现提供哪些支持、助力或从资源协同角度分析评价。

（2）投资决策技术适应性分析

编制说明：着重分析投资决策对于投资方的发展战略，尤其是业务战略在技术支持、市场助力等方面的作用与影响，进而评价投资决策的技术与市场适应性。可以基于市场环境分析，找出竞争的核心要点，分析被评价项目是否适应市场和技术发展要求。

（3）投资决策可行性及价值度分析

编制说明：从投资方与新设目标公司的战略目标契合度、双方资源协同条件、双方战略发展的互适性，以及市场环境要求和行业发展趋势方面分析被评价项目投资决策可行性及价值度。

（4）目标公司的优势分析

编制说明：可以从目标公司的资源基础、技术实力、行业影响力、市场地位、客户满意度等方面，分析、评价目标公司的优势。

3.财务评价

（1）投资收益实现效果

1）投资评价

编制说明：梳理总结该项目的投资落实情况，分析、评价投资是否依据投资协议落实到位，投资议案中的风险管控措施是否贯彻落实等。

2）财务收益评价

①投资情况分析。

编制说明：梳理、总结被评价项目截至后评价时点投资规模及股比或投资变化情况，明确财务收益分析评价的投资规模边界。

②收益预测分析。

编制说明：根据调研，分析、预测目标公司自后评价时点起未来三年的营业收入、利润等财务收益指标，作为财务收益的预测基础和假设。

③财务收益指标测算。

编制说明：基于投资决策确定的财务收益指标，分析测算后评价口径的财务收益指标，并作对比分析。

（2）目标公司财务指标分析

编制说明：基于目标公司的财务收益基础数据，测算资产负债率、速动比率、利息备付率、净资产收益率、总资产报酬率、总资产周转率、应收账款周转率、资产现金回收率、资本保值增值率、营业增长率等财务指标，并与行业水平的标准值作对比分析，进而分析、评价目标公司的偿债能力、盈利能力、营运能力和发展能力。

（3）公司治理情况评价

编制说明：基于目标公司的治理结构，评价目标公司是否符合现代企业管理制度，是否实现了所有权与经营权分离，是否形成了权力机构、决策机构、监督机构和经营管理机构之间权责明确、运作规范、相互协调、相互制衡的运行机制，是否实行了市场化经营机制，是否与市场环境和要求相适应。

4. 协同效应评价

编制说明：着重分析新设股权投资项目是否有助于投资方核心业务的发展，是否为投资方带来经济效益。通常从战略、技术、市场、资源等方面分析、评价项目取得的协同效应。

（四）项目影响评价

1. 直接影响

（1）对目标公司产生的影响

编制说明：可以从竞争优势营造、企业形象提升、业务开发和延伸拓展、资源整合能力和效果、发展战略支持和助力等方面进行分析和评价。

（2）对投资方产生的影响

编制说明：分析评价维度与对目标公司产生的影响的维度相同。

2. 间接影响

编制说明：重点分析被评价项目对社会的贡献和影响，以及对环境可能产生的影响，如社会稳定、新增就业、产业导入、经济发展、税收贡献、环保推动等。

（五）项目目标实现程度评价

1. 战略目标实现程度评价

编制说明：应根据投资方投资决策相关文件梳理、总结项目的战略目标，根据被评价项目的经营情况分析、评价投资战略目标实现程度。

2. 投资目标实现程度评价

编制说明：应根据投资方投资决策相关文件梳理、总结项目的生产目标、收益目标、影响目标等，并根据目标公司的经营情况分析、评价被评价项目各专项投资目标实现程度。

（六）项目可持续性评价

编制说明：根据国家、地方的政策导向，以及项目在所属地区同类业态中所处的地位、比重和竞争力等情况，结合项目内外部因素，分析、评价项目的可持续发展能力。

1. 内部因素可持续性评价

编制说明：内部因素包括财务状况、资源基础、技术水平、市场优势、服务质量、企业管理体制与激励机制创新等。

2. 外部因素可持续性评价

编制说明：外部因素包括政策环境、行业发展、市场竞争、资源供应等。

3. 可持续性评价结论

编制说明：权衡被评价项目内部因素和外部因素可持续评价，结合目标公司的经营情况和发展能力给出可持续性评价的综合结论。

（七）后评价结论和经验教训

1. 后评价结论

编制说明：概括、总结后评价报告的评价内容，包括过程评价、绩效评价、技术评价、财务评价、协同效应评价、项目影响评价、目标实现程度和可持续性评价等内容。根据以上评价结论，按照成功度评价标准给出被评价项目的成功度评价结论，包括完全成功、成功、基本成功、部分成功、失败五个等级。

2. 主要经验教训

编制说明：应从项目过程、效益效果评价、影响评价、目标实现程度和可持续性评价等方面进行总结，分析被评价项目的主要经验和教训。

（1）主要经验

编制说明：对于投资目标实现效果好的，要注重管理方法、模式、理念、手段、措施等方面的梳理和总结，形成经验。新设股权投资项目可以从投资方和目标企业两个维度分别进行梳理、总结。

（2）主要教训（问题与不足）

编制说明：对于投资目标未实现或实现效果不理想的，需要找出问题形成原因，总结教训。新设股权投资项目可以从投资方和目标企业两个维度分别梳理和总结。

（八）对策建议

1. 投资方方面

编制说明：一方面，要基于被评价项目存在的问题、不足提出相应对策建议；另一方面，基于行业发展要求和市场发展趋势，对投资方如何处置目标企业股权提出相应对策建议。

2. 目标公司方面

编制说明：基于目标公司的经营情况和财务指标分析情况，挖掘目标公司可持续经营和发展面临的问题与制约因素，从市场开发、业务管理、资源整合、技术提升、品牌塑造、团队建设、科技创新等方面提出能够对目标公司优化管理、改善效益、提升品质的建议。

二、股权收购项目

（一）项目情况概述

1. 项目背景概述

编制说明：应全面梳理被评价项目所处的宏观环境，包括政策导向、市场环境变迁及行业发展动态；阐述投资方开展战略合作的背景、推动力量及外部支撑条件。

2. 投资意向达成情况

编制说明：详细介绍股权收购方与目标公司关于股权收购意向的达成情况，包括股权收购背景及动机、投资目的与愿景、投资约束条件等。

3. 项目前期决策过程概况

编制说明：概述被评价项目的前期决策流程，重点分析投资目标的设定、决策必要性的论证以及风险应对策略的制定。

4. 股权收购过程概述及经营效果

编制说明：概要介绍股权收购的过程，尤其是协议签订、资产交割等关键里程碑节点。全面介绍目标公司收购后至后评价时点的经营情况，包括市场开发、业务规模、财务收益等。

（二）项目实施过程回顾与评价

1. 投资决策阶段回顾与评价

编制说明：投资决策阶段回顾应全面介绍被评价项目投资机会识别，尽职调查、财务审计、资产评估等专项工作，可行性研究、投资决策论证与审批、投资请示及批复等情况；并从投资时机恰当性和把控及时性，投资决策合规性、合理性、可行性、风险可控性，以及管理效率等方面作出客观、公正的评价。

2. 实施准备阶段回顾与评价

编制说明：实施准备阶段回顾应介绍股权收购方与目标公司的谈判情况、达成一致的相关事项、合作意向书签订等；从组织效率、风险防控、计划落实等方面作出相关评价。

3. 投资实施阶段回顾与评价

编制说明：投资实施阶段回顾应概述股权收购协议签订、资产交割、目标公司股权结构及公司章程调整、营业执照变更等情况；从组织实施合规性、推进效率和风险防控等方面作出相关评价。

4. 公司治理及经营阶段回顾与评价

编制说明：公司治理及经营阶段回顾应从目标公司管理整合、制度建设、治理结构、组织机构、人员情况、业务经营、科技创新、经营效益和未来发展战略等方面全面描述；对目标公司从发展定位、治理结构、体制机制、运行管理、业务运转、经营效益等方面开展分析、评价，对股权收购方的评价可以从参与管理效果、对目标公司经营监管、业务支持与协同等方面开展分析与评价。

（三）项目效益效果评价

1. 绩效评价

（1）适应性评价

编制说明：根据被评价项目的具体情况可以从政策、行业、市场等方面分析、评价项目投资的适应性，并对股权收购方与目标公司的战略、资源、技术等互适性作分析、评价。

（2）合理性评价

编制说明：根据被评价项目的具体情况，可以从股权收购方的投资时机、投资规模、投资成本和投资方向等方面分析、评价项目投资的合理性。

（3）择优性评价

编制说明：可以从战略互适、资源协同、优势互补、产业链整合、生态圈培育等方面分析、评价股权收购方与目标公司之间的择优性。

（4）风险管理评价

编制说明：全面分析投资风险是否准确、分析是否到位、评估是否合理、防范及应对方案是否可行；对投资方的风险管理机制是否系统、完善和落实效果等方面作出客观、公正的评价。

2. 技术评价

（1）投资决策行业适应性分析

编制说明：着重分析投资决策的行业适应性，建议从投资方的发展战略入手，从目标企业能够为股权收购方战略实现提供哪些支持、助力或资源协同角度分析、评价。

（2）投资决策技术适应性分析

编制说明：着重分析投资决策对于股权收购方发展战略的影响，以及业务战略在技术支持、市场助力等方面的作用与影响，进而评价投资决策的技术与市场适应性。可以基于市场环境分析，找出竞争的核心要点，分析被评价项目是否适应市场和技术发展要求。

（3）投资决策可行性及价值度分析

编制说明：从股权收购方与目标企业的战略目标契合度、双方资源协同条件、双方战略发展的互适性，以及市场环境要求和行业发展趋势几方面分析被评价项目投资决策可行性及价值度。

（4）目标公司的优势分析

编制说明：可以从目标公司的资源基础、技术实力、行业影响力、市场地位、客户满意度等方面，分析、评价目标公司的优势。

3. 财务评价

（1）投资收益实现效果

1）投资评价

编制说明：梳理、总结项目的投资落实情况，分析、评价投资是否依据投资协议落实到位，投资议案中的风险管控措施是否贯彻落实等。

2）财务收益评价

①投资情况分析。

编制说明：梳理、总结被评价项目截至后评价时点投资规模、股比或投资变化情况，明确财务收益分析评价的投资规模边界。

②收益预测分析。

编制说明：通过调研，分析预测目标公司自后评价时点起未来三年的营业收入、利润等财务收益指标，作为财务收益的预测基础和假设。

③财务收益指标测算。

编制说明：基于投资决策确定的财务收益指标，分析、测算后评价口径的财务收益指标，并作对比分析。

（2）目标公司财务指标分析

编制说明：基于目标公司的财务收益基础数据，测算资产负债率、速动比率、利息备付率、净资产收益率、总资产报酬率、总资产周转率、应收账款周转率、资产现金回收率、资本保值增值率、营业增长率等财务指标，并与行业水平的标准值作对比分析，进而分析、评价目标公司的偿债能力、盈利能力、营运能力和发展能力。

（3）公司治理情况评价

编制说明：基于目标公司的治理结构，评价目标公司是否符合现代企业管理制度，是否实现了所有权与经营权分离，是否形成了权力机构、决策机构、监督机构和经营管理机构之间权责明确、运作规范、相互协调、相互制衡的运行机制，是否实行了市场化经营机制，是否与市场环境和要求相适应。

4.协同效应评价

编制说明：着重分析目标公司是否有助于股权收购方的核心业务发展，是否为股权收购方带来经济效益。通常从战略、技术、市场、资源等方面分析、评价项目取得的协同效应。

（四）项目影响评价

1.直接影响

（1）对目标公司产生的影响

编制说明：可以从竞争优势营造、企业形象提升、业务开发和延伸拓展、资源整合能力和效果、发展战略支持和助力等方面进行分析和评价。

（2）对股权收购方产生的影响

编制说明：分析评价维度与对目标公司产生的影响的维度相同。

2.间接影响

编制说明：重点评价被评价项目对社会的贡献和影响，以及对环境可能产生的影响，如社会稳定、新增就业、产业导入、经济发展、税收贡献、环保推动等。

（五）项目目标实现程度评价

1.战略目标实现程度评价

编制说明：应根据股权收购方投资决策相关文件梳理总结项目的战略目标，根据目标公司的经营情况分析、评价投资战略目标实现程度。

2.投资目标实现程度评价

编制说明：应根据股权收购方投资决策梳理、总结项目的生产目标、收益目标、影响目标等，并根据目标公司的经营情况分析、评价被评价项目各专项投资目标实现程度。

（六）项目可持续性评价

编制说明：根据国家、地方的政策导向，以及项目在所属地区的同类业态所处的地位、比重和竞争力等情况，结合项目内外部因素条件，分析、评价项目的可持续发展能力。

1. 内部因素可持续性评价

编制说明：内部因素包括财务状况、资源基础、技术水平、市场优势、服务质量、企业管理体制与激励机制创新等。

2. 外部因素可持续性评价

编制说明：外部因素包括政策环境、行业发展、市场竞争、资源供应等。

3. 可持续性评价结论

编制说明：权衡被评价项目内部因素和外部因素可持续评价，结合目标公司的经营情况和发展能力，给出可持续性评价的综合结论。

（七）后评价结论和经验教训

1. 后评价结论

编制说明：概括、总结后评价报告的评价内容，包括过程评价、绩效评价、技术评价、财务评价、协同效应评价、项目影响评价、目标实现程度和可持续性评价等，并根据以上评价结论，按照成功度评价标准给出被评价项目的成功度评价结论，包括完全成功、成功、基本成功、部分成功、失败等五个等级。

2. 主要经验教训

编制说明：应从项目过程、效益效果评价、影响评价、目标实现程度和可持续性评价等方面进行总结，分析被评价项目的主要经验和教训。

（1）主要经验

编制说明：对于投资目标实现效果好的，要注重管理方法、模式、理念、手段、措施等方面的总结，形成经验。股权收购项目可以从股权收购方和目标企业两个维度分别梳理、总结。

（2）主要教训（问题与不足）

编制说明：对于投资目标未实现或实现效果不理想的，需要找出问题形成的原因，总结教训。股权收购项目可以从股权收购方和目标企业两个维度分别梳理、总结。

（八）对策建议

1. 股权收购方方面

编制说明：一方面，要基于被评价项目存在的问题、不足或教训提出相应对策建议；另一方面，基于行业发展要求和市场发展趋势，对股权收购方如何处置目标企业股权提出相应对策建议。

2. 目标公司方面

编制说明：基于目标公司的经营情况和财务指标分析情况，挖掘目标公司可持续经营和发展面临的问题与制约因素，从市场开发、业务管理、资源整合、技术提升、品牌塑造、团队建设、科技创新等方面提出能够对目标公司优化管理、改善效益、提升品质的建议。

三、股权转让项目

（一）项目情况概述

1. 项目背景概述

编制说明：应全面梳理被评价项目的政策背景、市场环境和行业发展导向等宏观环境，以及股权转让方转让目标公司股权的背景、相关方情况、推动因素和外部条件等信息。

2. 交易意向达成情况

编制说明：详细介绍股权转让方与受让方关于股权交易意向达成情况。

3. 项目的前期决策过程概况

编制说明：概述被评价项目的前期决策过程和投资决策要点（包括投资目标、决策必要性、风险应对等）。

4. 股权转让过程概述及经营效果

编制说明：概括介绍股权转让的过程，尤其是协议签订、资产交割等关键里程碑节点。介绍目标公司转让后至后评价时点的经营情况，包括市场开发、业务规模、财务收益等；如果目标公司转让后的经营情况信息不能获取，可介绍截至股权转让时点目标公司经营情况。

（二）项目实施过程回顾与评价

1. 投资决策阶段回顾与评价

编制说明：投资决策阶段回顾应全面介绍股权转让方对目标公司开展的尽职调查、财务审计、资产评估等专项工作，以及针对股权转让事宜的可行性研究、投资决策论证与审批、投资请示及批复等情况；从转让时机恰当性，投资决策合规性、合理性、可行性、风险可控性，以及管理效率等方面作出客观、公正的评价。

2. 实施准备阶段回顾与评价

编制说明：实施准备阶段回顾应介绍股权转让方与受让方关于目标公司股权转让价格、方式、时间等相关事宜的谈判情况，合作意向书签订等；从组织效率，准备工作的合法、合规性，程序完善性，风险可控性，组织计划性和计划落实等方面作出相关评价。

3. 转让实施阶段回顾与评价

编制说明：项目实施阶段回顾应概述进场交易情况，合同签订和产权交割等情况；从交易合规性、组织规范性、合同完善性、风险可控性和推进效率等方面作出相关评价。

（三）项目效益效果评价

1. 财务评价

编制说明：以原始投资设定的收益目标为基准，同口径测算股权转让产生的投资收益指标，并进行对比分析和客观评价。如果股权转让方案为多方案时，应测算不同方案的投资收益并作对比分析，从而论证最终决策方案的合理性和可行性，进行客观评价。

2. 协同效应评价

编制说明：从股权转让方、目标公司和股权受让方等不同角度分析股权转让项目给各方带来的影响和效应。

（四）项目影响评价

1. 直接影响

编制说明：股权转让项目，尤其是超过51%股权转让的项目对于目标公司产生的直接影响较大，包括员工稳定、业务发展、可持续经营等方面。评价时应重点从股权转让方、目标公司、股权受让方三个维度，分析、评价项目对各方产生的直接影响。

2. 间接影响

编制说明：重点分析、评价项目对社会的贡献和影响，以及对环境可能产生的影响，包括就业机会、产业孵化、经济发展、税收贡献、环保推动等。

（五）项目目标实现程度评价

1. 股权转让方目标实现程度评价

编制说明：应根据股权转让方投资决策相关文件梳理、总结项目目标，根据股权转让项目实际情况分析、评价目标实现程度。

2. 股权受让方目标实现程度评价

编制说明：梳理、总结股权受让方的投资目标，并根据股权转让项目实际情况和目标公司的经营情况，分析、评价股权受让方投资目标实现程度。

3. 目标公司目标实现程度评价

编制说明：梳理、总结目标公司对于股权转让的目标和诉求，并根据股权转让项目实际情况和目标公司的经营情况，分析、评价目标公司目标实现程度。

（六）项目可持续性评价

编制说明：从社会和市场视角出发，后评价需要分析股权转让给目标企业和受让方的可持续发展带来的影响。因此，对于股权转让项目在条件允许时，还是有必要从外部因素和内部因素两个维度对目标公司和股权受让方的可持续发展进行全面、客观的分析与评价。

1. 对目标公司可持续性评价

编制说明：从目标公司财务状况、资源基础、技术水平、市场优势，以及股权受让方对目标公司的相关影响等方面分析、评价可持续性。

2. 对股权受让方可持续性评价

编制说明：从目标公司对股权受让方可持续发展产生的影响分析受让方可持续性，具体包括技术、市场、供应链、资源协同等。

（七）后评价结论和经验教训

1. 后评价结论

编制说明：概括、总结后评价报告的评价内容，包括过程评价、财务评价、协同效应评价、项目影响评价、目标实现程度和可持续性评价等。根据以上评价结论，按照成功度评价标准得出被评价项目的成功度评价结论，包括完全成功、成功、基本成功、部分成功、失败五个等级。

2. 主要经验教训

编制说明：应从项目过程、效益效果评价、影响评价、目标实现程度和可持续性评价等方面，总结、分析被评价项目的主要经验和教训。

（1）主要经验

编制说明：从股权转让方角度，对于股权转让过程投资目标实现效果好的要注重管理方法、模式、理念、手段、措施等方面的梳理、总结，形成经验。

（2）主要教训（问题与不足）

编制说明：从股权转让方角度，对于投资目标未实现或实现效果不理想的，需要找出问题形成的原因，总结教训。

（八）对策建议

编制说明：基于指导后续股权转让项目的目的及后评价总结出的经验和教训，为使股权转让方后续能够更好地运作股权转让项目提出相应的对策建议，如成功经验推广、风险防控加强等。

第四节　股权投资项目后评价咨询服务方案大纲

后评价咨询服务方案是指导后评价工作的重要纲领性文件，在方案的指引和约束下，能够统筹后评价工作的实施部署和质量、进度的过程管控，对于后评价组织开展工作发挥着指挥棒的作用。实践中，一般在后评价咨询服务方案通过审核确认后，后评价工作才正式启动。后评价咨询服务方案通常至少包括被评价项目基本情况、对后评价项目的理解与分析、评价内容及方法、组织实施方案、重点难点分析及应对策略，实施进度计划、服务保障与质量控制等内容。本书基于实践案例梳理、总结出后评价咨询服务方案大纲及编制说明，供读者参考使用。

一、被评价项目基本情况

编制说明：简要介绍股权投资项目产生的背景、市场环境及政策依据；阐述投资方及其股权结构、投资规模及资金来源、目标公司的基本情况及投资实施过程的主要活动。

二、后评价的目标与范围

编制说明：明确后评价的主要目标，如评估投资效益、总结经验教训、优化投资决策流程等；界定后评价涉及的具体内容，如过程评价、财务效益、协同效应、市场风险、管理运营等。

与委托单位就后评价目标和工作范围作充分沟通交流，并依据委托单位的咨询需求明确工作目标和相关重点工作内容，以指导后评价工作的组织实务和报告编制。

> **示例**
>
> 我司分析认为，某单位针对已完成的两个股权投资项目开展后评价工作，总体目标是通过后评价的反馈机制，将项目总体经营情况、存在的经验教训和相应对策建议反馈给项目单位、投资主管部门等相

关机构，以实现持续落实闭环反馈机制及常态化的投资项目质量评估与保障机制，提高公司股权投资项目决策和管理水平、保证投资效益。其具体目标主要包括以下四个方面：

①全面摸清投资项目经营情况，分析行业发展趋势，测算财务收益指标，对比决策目标，评价目标实现程度；

②回顾股权收购或投资的全过程，梳理、分析存在的问题与不足，客观总结标准化、可推广的投资项目管理机制经验；

③系统总结经验教训，实现公司集团层面的经验共享和教训提前警示，进而指导后续类似项目投资决策和管理水平提升；

④针对存在的问题与不足提出相应对策建议，促进项目改进提升和经营效益改善，对后续类似项目投资决策和强化监督管理提供参考和借鉴。

三、后评价的方法与流程

列出拟采用的评价方法，如逻辑框架法、对比分析法、调查法等，并简要说明各种方法的适用性和优势；详细描述后评价的工作流程，包括资料收集、现场调研、数据分析、报告撰写等环节。

四、重点难点分析及应对策略

分析后评价过程中可能出现的重点问题和难点，如数据获取困难、信息不对称等。提出针对重点难点的具体应对策略，如加强沟通协调、优化评价方法等。

> **示例**
>
> 一、重点难点分析
>
> 以后评价工作目标为指引,我们结合被评价项目的实际情况和初步收集的信息,深入剖析后评价工作组织和报告编制中的核心要点与潜在难点。在项目人员流动频繁的背景下,对被评价项目的全面回顾往往面临较大挑战,这直接增加了问题挖掘和原因分析的难度,因此,我们将其作为后评价工作的难点之一。同时,项目资料作为后评价工作的基石,其完整性和准确性对后续分析至关重要;而现场调研则是揭示问题、提炼经验教训的关键环节。因此,项目资料的收集与整理,以及现场调研工作的实施,自然成为后评价工作组织的重中之重。
>
> 二、应对策略
>
> 针对后评价工作的重点和难点,我们提前谋划了一系列应对策略,旨在有效解决工作中的难题,并聚焦于核心内容进行深入调查、分析和研究。一方面,我们致力于优化工作流程,提升工作效率,确保后评价工作能够按照预期进度顺利进行;另一方面,我们加强了对项目资料和现场调研的深入挖掘,力求提升分析和研究的深度与广度,以确保后评价报告的质量能够满足委托方的咨询需求。

五、组织实施方案

(一)后评价工作流程

后评价组织实施大致分为项目启动与准备、资料收集与现场调研、报告编制、评审与修编四个主要阶段,具体工作流程还需要基于委托单位的后评价目标和咨询需求,以及委托单位的内部管理要求等协商确定具体工作程序和流程。

1. 项目启动与准备阶段

明确项目团队的组成,包括项目负责人、各领域专家及支持人员,并确定各自的工作职责。收集与股权投资项目相关的基本资料,如项目合同、投资协议、可行性研究报告等。根据项目目标和范围,制订详细的工作计划,提交《股权投资项目后评价服务方案》。

2. 资料收集与现场调研阶段

根据后评价需要,编制详细的资料收集清单,明确所需资料的种类、来源及收集方式。安排现场调研活动,包括访问项目现场、与相关人员进行访谈等,获取第一手资料。对收集到的资料进行整理和分析,提取关键信息,为后续评价工作提供数据支持。

3. 报告编制阶段

运用适当的评价方法和工具,对股权投资项目进行综合分析、评价,根据分析评价结果,撰写评价报告。然后,对评价报告进行内部审核,确保报告的准确性和完整性,并根据审核意见进行修改和完善,最后将评价报告提交给委托方。

4. 评审与修编阶段

对后评价报告进行汇报,解释报告内容,回答委托方的疑问;收集委托方的反馈意见,对报告进行必要的修订;对整个后评价工作进行总结,整理归档相关资料。

(二)项目工作组构建及职责分工

基于后评价工作的需要和被评价项目的特性组建项目工作组,确保工作组人员技术能力满足要求,并对工作人员进行合理分工,清晰界定工作界面,助力后评价工作推进顺利、高效。

（三）后评价报告大纲

根据不同类型的股权投资项目提供不同的大纲，只列大纲内容即可。

六、进度计划安排

制订详细的工作进度计划，包括各阶段的时间节点和关键任务。一般可将提交服务方案、完成现场调研、提交后评价报告初稿、报告审定等事件作为里程碑节点。

七、服务保障与质量控制

（一）服务保障

服务保障措施包括组织保障、资源保障和风险管理。

1. 组织保障

组织保障需明确项目团队的组成，包括项目负责人、各领域专家及支持人员，确保团队成员具备相应的专业背景和工作经验；明确团队成员的职责分工，建立有效的沟通协作机制。

2. 资源保障

说明如何获取、整合项目相关的各类数据资源，确保数据的准确性和完整性。介绍将要采用的技术手段和方法，包括数据分析工具、软件等。

3. 风险管理

分析后评价过程中可能出现的风险，如数据获取困难、人员变动等。针对识别出的风险，制定相应的预防和应对措施，确保项目的稳定推进。

（二）质量控制

1. 质量控制标准

制定后评价工作的质量标准，包括报告格式、内容深度、数据分析准确性等方面。遵循后评价的行业规范和标准，确保评价工作的专业性和权威性。

2. 质量控制流程

建立后评价工作的过程监控机制，对各个环节进行定期检查，确保工作按照既定计划进行。对后评价报告进行严格的内部审核，确保报告内容真实、准确、完整。

3. 质量提升措施

对项目团队成员进行定期培训，提升他们的专业能力和业务水平；定期总结后评价工作的经验教训，进行团队内部的分享和交流，不断优化工作流程和方法。

以上提供了一个较为详细的股权投资项目后评价服务方案编制框架，具体内容可根据实际项目的特点和需求进行调整和补充。在后评价工作实施过程中，应确保方案的灵活性，以便根据实际情况进行必要的调整和优化。

第五节　股权投资项目后评价调研工作用表

现场调研对于后评价工作而言非常关键，直接影响项目调查和报告编制质量。提前制订完善的调研方案、把控调研重点、有序组织是提高现场调研工作质量的有效手段。本节基于业务实践经验，梳理、归纳、总结了现场调研的工作用表供读者参考使用。工作用表依据现场调研的工作组别类型分为管理组、技术组和经济组（表6-4至表6-6）。

表6-4 管理组调研工作用表（样表）

一、管理组工作任务

①项目情况深度了解：仔细研读项目文件，包括投资决策文件、合作协议、目标公司的经营报告等。与项目组成员、投资方和目标公司管理层进行深入交流，了解项目实施的详细过程。

②调研与数据收集：对相关公司进行实地调研，观察其生产经营状况，收集第一手资料。收集相关的市场数据、行业报告，分析项目所处的市场环境。

③效果与影响评估：根据编制指南要求，从绩效和协同效应等维度对项目进行评价。分析项目对目标公司、投资方及社会的直接影响和间接影响。

④目标实现程度与可持续性评估：评估项目是否达到了既定的战略目标和投资目标。分析项目的可持续性，找出支持或影响可持续性的内外部因素。

⑤总结经验教训：总结项目成功的经验和存在的不足。分析导致投资目标未实现或实现效果不理想的原因。

⑥提出对策建议：基于调研和分析结果，提出针对投资方和目标公司的对策建议。如有必要，向相关主管部门提出政策改进和行业改革的建议。

二、专家意见大纲

①项目概况评价意见：对项目的整体情况进行简要评价。

②实施过程评价意见：对各阶段的实施情况进行专业评价。

③效益效果评价意见：对项目的绩效及协同效应进行评价。

④项目影响评价意见：分析项目对各方及社会的直接影响和间接影响。

⑤可持续性评价意见：从内外角度对项目可持续性进行分析、评价。

⑥经验教训总结：总结项目的成功经验和需要改进的地方。

表6-5 技术组调研工作用表（样表）

一、技术组工作任务

①技术尽职调查报告的审查与评价：全面审查技术尽职调查报告，评估其内容的完整性、专业性和准确性。分析报告中提及的技术信息、数据、结论等，确保其与实际情况相符。针对报告中可能存在的遗漏或不足，提出补充或修正建议。

②目标企业技术现状调查与评价：对相关企业的工艺、设备、产品等进行实地调查，了解其技术现状。评估技术的先进性、合理性、可行性，以及存在的技术风险。提出防范技术风险的建议，以及优化技术方案的措施。

③投资前后技术变化对比分析：对比投资前后相关企业在技术层面的变化，包括工艺改进、设备更新、产品升级等。分析这些变化对企业生产经营的影响，以及对投资回报的贡献。提出进一步推动技术升级和创新的建议。

④技术可持续性分析与政策梳理：基于行业特性和政策导向，梳理、总结相关产业政策及技术政策。分析项目技术的可持续性，包括技术发展趋势、市场需求变化等因素。提出确保技术可持续性的策略和措施，以及适应政策变化的建议。

二、专家意见大纲

①技术尽职调查报告评价：对技术尽职调查报告的整体质量和专业性进行评价。指出报告中的关键发现、亮点和不足，为后续工作提供指导。

②目标企业技术状况评价：概括技术现状，包括工艺、设备、产品等方面的特点。分析技术的先进性、合理性和可行性，以及存在的技术风险。

③技术变化影响分析：分析投资前后目标企业在技术层面发生的变化及其原因。评估这些变化对投资效果的影响，提出针对性的建议。

④技术可持续性评估：基于当前政策导向和技术发展趋势，分析技术的可持续性。预测未来技术发展方向，为项目决策提供前瞻性建议。

⑤产业政策及技术政策影响分析：梳理、总结相关产业政策和技术政策对项目的影响。提出在政策和技术方面的改进建议，促进项目的长期稳定发展。

⑥技术改进建议：结合行业趋势和技术发展，提出针对相关企业的技术改进建议。建议应包括具体的改进措施、预期效果和实施方案等内容。

表 6-6　经济组调研工作用表（样表）

一、经济组工作任务

①股权投资价款测算与落实情况调查：调查股权投资价款的测算过程，包括评估方法、关键参数、假设条件等。核实价款的实际支付情况，与预期支付计划进行对比，分析差异原因。

②资金来源与到位情况分析：梳理项目的资金来源，包括自有资金、外部融资等，并核实资金到位情况。分析资金到位对项目实施和运营的影响，评估资金使用的合规性和效率。

③目标公司财务情况及经营质量评估：收集目标公司的财务报表和相关资料，分析公司的财务状况和经营成果。结合行业标准和市场情况，评估目标公司的经营质量、市场竞争力及潜在风险。

④投资收益指标测算与对比分析：根据项目实际情况，测算投资收益率、内部收益率等关键财务指标。将实际财务指标与投资决策时设定的目标进行对比分析，评价财务目标的实现情况。

⑤总结经验教训：总结股权投资项目在财务管理、资金运作、风险控制等方面的经验教训。分析成功或失败的原因，提炼可复制、推广的经验和需要改进的方面。

⑥提出对策建议：针对调研中发现的问题和不足，提出具体的对策建议。结合行业发展趋势和市场环境，为投资方和目标公司提供改进和优化建议。

二、专家意见大纲

①股权投资价款与资金管理评价：评价股权投资价款的测算方法和结果的合理性、准确性。分析资金管理的合规性和效率，提出改进资金管理的建议。

②财务收益指标对比分析：对比实际财务收益指标与投资决策时设定的目标，分析差异原因。评价财务目标的实现情况，提出提升财务收益的建议。

③目标公司财务与经营质量评价：分析目标公司的财务状况和经营成果，评估其健康度和可持续性。结合行业标准和市场情况，提出提高目标公司经营质量的建议。

④资金管理与风险控制建议：针对资金管理和风险控制方面存在的问题，提出具体的改进建议。强调风险管理的重要性，提出建立健全风险防控机制的建议。

⑤经验教训总结：总结股权投资项目在财务管理方面的经验教训，提炼可复制推广的经验。分享成功案例和失败教训，为类似项目提供借鉴和参考。

⑥行业趋势与市场环境分析：分析股权投资领域的行业趋势和市场环境，预测未来发展方向。结合项目实际情况，提出适应行业发展趋势和市场变化的对策建议。

第七章　股权投资项目后评价成果反馈与应用

后评价通过评价建议的反馈，完善和调整自身的管理机制和程序，提高决策能力和水平，进而达到提高和改善投资效益的目的。后评价成果应用是后评价价值的体现，因而如何有效应用后评价成果，充分发挥其反馈机制的价值是实践中重点要解决和落实的关键问题。在实践中，后评价委托方针对后评价成果的应用做法不一：有的单位将后评价成果作为一项具体工作成果递交到主管部门备案后就宣告结束；有的单位会根据后评价提出的对策建议向相关单位发文通知落实整改；有的单位会对多项后评价成果进行再分析、再总结，找出共性和个性问题，制订具有针对性的整改方案后贯彻落实。

根据作者的实践经验和相关调查，笔者了解到实践中后评价成果的应用效果不甚理想，后评价的价值未能得到充分挖掘和利用，这与后评价成果形式传统、单一，反馈渠道狭窄、不畅，整改监督管理机制乏力等因素不无关系。本章从后评价成果的反馈、应用两个角度介绍改善后评价成果反馈应用效果的方法，从改进后评价反馈机制的角度提出相关建议。

第一节　股权投资项目后评价成果的作用

股权投资项目后评价成果不仅是对已完成项目的全面回顾和总结，更能为未来的投资决策和项目管理提供有力的支持和指导。股权投资项目后评价的成果应用是一个综合性的过程，涉及投资策略、项目管理、风险控制、资源分配，以及与目标企业的合作等多个方面。

一、优化投资策略与决策

（一）提供决策依据

后评价成果可以作为未来投资决策的重要依据。通过对已完成项目的全面分析，投资方能够更准确地判断项目的可行性、风险点和潜在收益，从而制定更为科学合理的投资策略。

（二）改进决策流程

后评价能够揭示决策过程中的不足和漏洞，促使投资方优化决策流程，提高决策效率和准确性。例如，通过加强项目立项和审批的合理性审查，可以减少因决策失误而导致的投资风险。

二、提升项目管理水平

（一）完善项目管理流程

后评价能够反馈项目执行过程中的问题和不足，帮助投资方完善项目管理流程。通过优化项目计划、加强进度控制和风险管理等措施，可以提高项目的执行效率和成功率。

（二）增强团队执行力

后评价过程中发现的问题和经验教训可以作为团队培训的重要内容，提高团队成员的项目执行能力和风险管理意识。同时，通过分享成功案例和优秀实践，激发团队成员的积极性和创新精神。

三、加强风险控制与预警

（一）识别风险点

后评价能够深入剖析项目失败的原因和潜在风险点，帮助投资方提前识别和预警潜在风险。通过制定针对性的风险防控措施，降低投资风险并保障资金安全。

（二）提升风险应对能力

后评价成果可以作为风险应对预案的重要参考。通过对历史数据的分析和总结，投资方可以制定更为科学合理的风险应对策略，以提高风险应对的及时性和有效性。

四、指导资源分配与投资组合优化

（一）优化资源配置

后评价能够客观评价各类投资项目的经济效益和社会效益，为投资方提供资源分配的依据。通过优化资源配置，实现资源的最大化利用和投资收益的最大化。

（二）调整投资组合

后评价成果可以反映不同项目的投资效果和风险水平，帮助投资方调整投资组合的结构和比例。通过合理配置不同领域、不同风险水平的项目，降低整体投资风险并提高投资组合的稳定性。

五、促进与目标企业的合作与发展

（一）建立沟通机制

后评价过程中与目标企业的深入沟通有助于建立长期的合作关系和信任机制。通过定期交流项目实施情况和经验教训，促使双方的合作更加紧密和高效。

（二）推动共同发展

后评价成果可以揭示目标企业的发展潜力和成长空间，为投资方提供与目标企业共同发展的机会和方向。通过提供必要的支持和帮助，促进目标企业的快速成长和发展壮大。

第二节　股权投资项目后评价成果的局限性

股权投资项目后评价成果的应用虽然对投资方的决策、项目管理、风险控制等方面具有积极的推动作用，但在实际应用过程中也存在一些局限性。

一、数据局限性对成果应用的影响

（一）数据不完整或不准确

后评价工作依赖完整、准确的数据支撑。然而，在实际操作中，可能由于历史数据缺失、数据记录不规范或数据质量问题等原因，导致后评价成果存在偏差。这种偏差会影响成果应用的准确性和可靠性，使投资方在依据后评价成果进行决策时面临一定的风险。

（二）数据时效性问题

后评价的评价时点一般是年中或年底，股权投资市场和环境不断变化，项目运行中的最新变化和市场动态可能无法及时反映在后评价成果中。

二、项目差异性与成果应用的普适性

（一）项目差异性限制

每个股权投资项目都有其独特的风险、回报和投资重点，这使不同项目的后评价成果具有较大的差异性。虽然某些经验和教训可能适用于类似项目，但很难找到一个通用的模型或框架完全适用于所有项目。因此，在应用后评价成果时，需要充分考虑项目间的差异性，避免过度泛化或简化。

（二）行业差异影响

不同行业的股权投资项目具有不同的特点和规律，这使后评价成果在不同行业间的应用受到限制。投资方在借鉴和应用后评价成果时，需要结合行业特点和市场环境进行具体分析，避免盲目套用。

三、主观因素对成果应用的影响

（一）评价者主观性

后评价过程中涉及对项目的主观分析和判断，这受到评价者经验、知识和观念的影响。因此，后评价成果可能存在一定的主观性和偏差，这会影响成果应用的客观性和公正性。

（二）利益相关方影响

在后评价过程中，利益相关方可能出于自身利益考虑，对评价过程和结果产生干扰。这种干扰可能导致后评价成果偏离实际情况，影响其在决策中的应用效果。

四、成本与效益权衡对成果应用的限制

（一）成本考虑

后评价工作需要投入大量的人力、物力和财力，而成果的应用也需要一定的成本。因此，投资方在权衡成本与效益时，可能会限制后评价成果的应用范围和深度。

（二）效益评估难度

后评价成果的应用效益往往难以直接量化评估，这使投资方在决策时难以准确衡量后评价成果的价值。这种不确定性可能限制后评价成果在实际工作中的应用。

股权投资项目后评价成果的应用虽然具有重要意义，但实际应用过程中受到数据局限性、项目差异性、主观因素、成本与效益权衡等多种因素的影响。因此，在应用后评价成果时，需要充分考虑这些局限性，结合实际情况进行具体分析，确保成果应用的有效性和合理性。

第三节　股权投资项目后评价成果的反馈

一、实践难点

在股权投资项目后评价工作中，尽管期望通过深入分析和反思来优化未来的投资决策，但现实中，后评价成果的反馈效果往往不尽如人意。众多投资方对于后评价的价值认可度较低，导致其在实际工作中的应用相对有限。通过分析，本书认为数据收集与处理的复杂性、反馈机制与流程的不完善、沟通与协作的障碍，以及成果应用与转化的局限性是当前后评价成果反馈面临的主要实践难点。

(一)数据收集与处理的复杂性

后评价工作涉及大量数据的收集、整理和分析。然而,在实践中,往往面临数据不完整、不准确或难以获取的困境。尤其是针对早期或历史项目,由于时间久远、记录缺失或企业保密等原因,关键数据的获取变得尤为困难。此外,数据的处理和分析也需要专业的知识和技能,如果处理不当,可能导致评价结果失真,影响反馈的有效性。

(二)反馈机制与流程的不完善

当前,许多单位在进行后评价时,缺乏明确的反馈机制和流程。这导致后评价成果往往无法及时、有效地传递给相关部门和决策者,失去了其应有的指导作用。同时,由于反馈机制的缺失,也使后评价成果的应用情况难以追踪和评估,无法形成有效的闭环管理。

(三)沟通与协作的障碍

后评价工作涉及多个部门和多方利益相关者,需要各方之间的密切沟通与协作。然而,在实践中,由于各方利益诉求的不一致、信息不对称或沟通渠道不畅等原因,往往导致沟通障碍和协作困难。这不仅影响后评价工作的顺利进行,也使后评价成果的反馈和应用受到阻碍。

(四)成果应用与转化的局限性

后评价成果的应用和转化是后评价工作的最终目标。然而,在实践中,由于多种原因,如决策者对后评价价值的认识不足、缺乏明确的激励机制或应用场景不匹配等,往往导致后评价成果的应用和转化受到局限。这使后评价工作虽然付出了大量努力,但其价值却未能得到充分发挥。

二、反馈机制建议

（一）深化后评价认识，强化制度保障

投资方应加强对后评价工作的认识和重视，明确后评价在优化投资决策中的重要作用。通过制度创新，将后评价成果纳入企业日常管理体系，与其他约束性机制（绩效评价、审计监督等）相结合，形成联动效应。

（二）完善后评价工作流程与反馈机制

制定详细的后评价工作流程，明确各阶段的任务、责任人和时限，确保后评价工作的规范化和高效化。强化反馈机制的建立，确保后评价成果能够及时、准确地传递给相关部门和决策者。主管部门应将后评价成果与项目审批相结合，形成后评价成果与后续决策、项目审批的联结制度。建立奖惩机制，对在后评价工作中表现突出的部门或个人进行表彰和奖励，对存在的问题和不足进行整改和追责。

（三）建立跟踪机制，加强后续监督

利用现代信息技术手段，建立后评价成果数据库和跟踪机制，对后评价成果的应用情况进行定期跟踪和评估。在组织后评价工作后，定期进行成果对比调查，了解后评价报告提出成果与现状的对比情况，以便于评估后评价工作的成效。

（四）加强咨询机构管理，提升后评价质量

严格筛选参与后评价工作的第三方咨询机构，确保其具备丰富的政府决策经验、高站位的工作能力，且符合保密要求。建立投资方后评价机构名录或战略合作供应商库，对入库的第三方机构和团队带头人进行定期考核和动态管理，确保其始终保持高水平的服务质量。

（五）加强沟通与协作，形成合力

建立跨部门沟通机制，定期召开沟通会议或组织跨部门培训，增进各部门之间的了解和信任。明确各部门的职责和分工，形成协同作战的工作格局。同时，建立信息共享机制，打破信息壁垒，确保各方能够及时获取所需的信息，形成工作合力，确保后评价工作的顺利进行和成果的有效应用。建立与外部利益相关者的沟通机制，积极听取其意见和建议，共同推动后评价工作的改进和完善。

建立健全股权投资后评价成果反馈机制需要多方面的共同努力和配合。通过深化认识、完善制度、强化流程、建立跟踪机制和加强咨询机构管理等措施，推动后评价工作的深入开展和成果的有效利用。

第四节　股权投资项目后评价成果的应用

随着经济的发展和市场的不断扩大，股权投资项目日益增多，其成功与否对于企业和投资者来说至关重要。然而，目前后评价工作在股权投资项目中的应用存在一些局限。本节提出了股权投资项目后评价成果应用机制建议，供投资方和读者参考借鉴。

一、建立后评价成果应用的标准与流程

（一）明确应用标准

制订具体的后评价成果应用标准，包括评价指标、应用方法和使用范围等，以确保后评价成果在应用中具有明确的指导和依据。

（二）规范应用流程

建立后评价成果应用的标准化流程，包括成果收集、整理、分析、应用等环节，确保流程规范、高效，避免应用过程中的随意性和主观性。

二、加强后评价成果与决策体系的融合

（一）将后评价成果纳入决策体系

将后评价成果作为股权投资决策的重要依据，确保决策的科学性和合理性。在决策过程中，充分考虑后评价成果的建议和结论，对投资项目进行全面、客观的分析和评估。

（二）建立决策反馈机制

对决策执行情况进行跟踪和反馈，及时将后评价成果应用于决策调整和优化中，形成决策、执行、反馈的闭环管理。

三、强化后评价成果在项目管理中的应用

（一）指导项目改进

根据后评价成果，识别项目管理中存在的问题和不足，制定针对性的改进措施，提升项目管理水平和效率。

（二）优化资源配置

依据后评价成果，对项目所需资源重新进行评估和优化配置，确保资源的高效利用和项目的顺利实施。

四、建立后评价成果共享与交流机制

（一）建立成果共享平台

通过企业内部网络平台或相关信息系统，建立后评价成果共享平台，方便各部门、各单位之间的信息共享和交流。

（二）推广成功经验

对后评价成果中总结的成功经验和优秀做法进行宣传推广，促进企业内部经验的共享和传承。

五、完善后评价成果应用的保障措施

（一）加强组织领导

建立由企业高层领导牵头的后评价成果应用领导小组，负责统筹协调、推进后评价成果应用工作。

（二）提供技术支持

加强后评价方法和技术的研发与创新，提高后评价的准确性和可靠性。同时，加强信息技术在后评价成果应用中的支持作用，提升应用效率。

（三）加强人员培训

针对后评价成果应用的需求，开展相关培训活动，提升人员的专业素养和应用能力。

通过以上建议的实施，可以建立起一套科学、规范、高效的股权投资项目后评价成果应用机制，为企业的投资决策和项目管理提供有力的支持。

第三篇

案例篇

第八章 股权收购项目后评价案例

第一节 项目概况

"十三五"初期,A公司制定了战略发展规划,该发展规划指出:A公司的"十三五"发展目标是大力推进智慧城市业务,从智慧城市的各个细分领域着手,快速切入,促进A公司成为国内一流的新型智慧城市综合服务商。

在"十三五"规划的指引下,为了快速切入智慧交通行业市场,A公司计划通过股权收购的方式整合外部优质资源,打造开展智慧交通相关业务的平台,助力公司智慧城市业务板块的快速发展。通过寻源调查,最终与B公司达成股权收购意向。

一、股权收购相关方简介

股权收购方(A公司)为国有控股企业,主要致力于数字与信息服务业务,在"十三五"时期,将发展现代数字城市业务列为公司发展战略。

目标公司(B公司)成立于2014年,属于民营企业,为自然人持股;主要从事智慧交通业务,自主研发的产品在北京、武汉、西安、西宁等地均得到了成功应用,并取得了多项资质、专利和软件著作权。

为了保障投资收益,在股权收购及增资扩股协议中,A 公司对 B 公司三年业绩的净利润水平作了相关要求。股权收购及增资协议签订后,B 公司依据合同约定组建了董事会和公司经营团队,整合期企业经营总体顺畅,财务收益基本达到预期水平,也基本实现了协议约定的业绩承诺期净利润水平。

二、股权收购背景

(一)政策背景与市场环境

交通运输在推动经济社会发展、服务和改善民生,以及促进生态文明建设方面,发挥了基础性、先导性和服务性作用。随着我国经济的快速发展,催生了更多交通需求,拥堵、事故、污染等问题凸显,单纯依靠扩大基础设施规模,并不能解决上述问题。计算机、通信等 ICT 技术快速发展,为交通系统智能优化提供了技术可能,智慧交通应运而生,极大地提高了城市交通效率。2015 年开始,智慧交通进入"移动互联网+产业化"发展的快车道。与英国、美国、日本、新加坡等智慧交通领域的先行者相比,我国智慧交通行业还有比较大的发展空间。随着云计算、大数据、人工智能、物联网等技术的发展,智慧交通发展势头迅猛,已成为推动经济增长和社会发展不可或缺的力量。

2017 年,国务院印发《"十三五"现代综合交通运输体系发展规划》,主要目标为:到 2020 年,基本建成安全、便捷、高效、绿色的现代综合交通运输体系,部分地区和领域率先基本实现交通运输现代化。同年,交通运输部印发《推进智慧交通发展行动计划(2017—2020 年)》(简称《计划》)。《计划》提出,将加快云计算、大数据等现代信息技术的集成创新与应用,选取部分重点公路开展智能化管理试点,开发基于手持移动终端的智能化养护管理系统;鼓励有条件的交通运输企业,应用大数据、云计算等技术,实现对场站、车辆、人员等运输资源的动态监测、优化配置、精准调度和协同运转;选择重点客运枢纽、港口,开展智能化示范应用。综上,在各项交通政策的推动下,智慧交通将是交通行业未来发展的主要趋势。

（二）A 公司发展背景

案例项目投资时，A 公司正处于发展转型时期。在"十三五"规划指引及自身迫切的业务链条整合和内生发展需求因素影响下，A 公司大力进军数字城市业务板块，案例项目是 A 公司在智慧交通细分领域的投资实践。由于 A 公司不具备发展智慧交通的经验、平台、资源和人才，迫切需要打造一个能够承载智慧交通项目的业务平台及一批优秀的专业团队，股权收购成为 A 公司实现智慧交通业务快速成长的最佳选择。

（三）B 公司发展背景

B 公司自 2014 年成立就一直在智慧交通业务领域深耕发展，至案例项目投资时已取得了一定成就，其参与完成的平台建设和示范工程在国内具有一定的示范效应和影响力。

在 2016 年我国交通运输领域推进"互联网+"便捷交通的相关政策出台后，智慧交通行业竞争较激烈，出现了一批发展快速的企业，如千方科技、四维图新、佳都科技、万集科技、金溢科技、银江技术、皖通科技、中远海科、天迈科技、捷顺科技、多伦科技等。

随着行业的不断发展，市场竞争日益激烈，B 公司在公司规模上竞争优势不突出，同时面临融资难的发展困境。为了提高行业内竞争优势，扩大公司发展规模，B 公司急需与具有实力和资源的企业进行资源整合，重塑企业品牌形象，提高自身核心竞争力。

三、决策要点及目标

（一）决策过程概述

2019 年 8 月 A 公司开始启动案例项目前期决策准备工作，开展了法律、财务、管理、业务等方面的尽职调查。在完成尽职调查、资产评估、财务审计等投资决策支持性工作后，A公司投资管理部门开展了系统性的分析工作，参考尽职调查及相关专业工作的意见，并基于股权收购的目标和风险防范要求，设计了股权收购方案，于2019年9月底编制完成投资议案，上报公司董事会审议。最终，案例项目于2019年10月获得公司董事会审批。

（二）决策目标

1. 财务目标

2019—2021年，目标公司3年的主营业务净利润不低于协议约定值。

2. 直接目标

增强A公司智慧交通业务能力和安全可靠环境的软件开发、适配及项目管理与交付能力。

3. 战略目标

全面贯彻落实国家交通强国的发展战略，为A公司开展的智慧交通业务提供技术支撑。

四、股权转让实施过程概述

在完成各专业尽职调查、资产评估和审计等前期决策准备工作后，A公司于2019年10月完成公司内部决策审批，2019年11月完成股权转让及增资扩股协议的签订。通过股权转让和增资扩股，A公司约持B公司59%股权。2020年4月，B公司工商变更登记完成，依据协议约定，股权收购款分3笔于2021年全部到位，增资扩股款项分两笔于2020年4月全部到位。

五、目标企业转让后经营情况

案例项目收购完成后，B公司2019—2021年实际营业收入实现了50%的年度增长率，三年净利润均实现了股权收购与增资扩股协议约定的业绩承诺水平。

六、案例项目特性深度剖析

案例项目为典型的股权收购项目，其在合作意愿、决策依据、组织实施、风险防控等方面存在独有的特性。

（一）聚焦发展需求，秉持优势互补、合作共赢理念达成合作意愿

无论是股权收购方还是股权转让方，都是基于各自的发展需要向外寻求合作，且案例项目自始至终聚焦"发展"这个关键词。案例项目的 A 公司为了快速切入发展战略要求的新业务，需要短期内拥有新业务发展的平台、资源和人才团队。案例项目的 B 公司（目标企业）面临融资难、市场渠道不畅等发展困境，迫切需要 A 公司这样的外部资源提供融资和市场渠道支持。A 公司和 B 公司均聚焦各自"发展"需求，秉持"优势互补、合作共赢"理念达成的股权合作意愿。

（二）投资决策依据战略导向，通过股权收购方与转让方的资源融合，合力形成市场竞争优势

案例项目中 A 公司基于发展智慧交通业务的战略导向，为了能够短期内快速进军智慧交通业务板块，需要通过股权收购的投资方式获得合适的目标企业资源。B 公司为了能够拓展自身的市场资源，打破融资难的困境束缚，全面提升市场竞争力，需要与适合的投资方进行资源融合。案例项目在投资决策方面最为突出的关键词是"资源融合"，通过 A 公司收购 B 公司的股权，实现双方优势资源全面融合，合力形成市场竞争优势，实现目标企业的可持续、高质量发展。

（三）依规达成交易，管理整合成为目标公司可持续发展关键

案例项目中收购方 A 公司为国有持股，其股权投资项目需要遵照国家的

相关规定，履行必要的尽职调查及相关备案、投资分析和企业内部投资决策程序等，确保国有资产保值增值。在股权收购完成后，由于A公司持有目标公司约59%的股权，需要对其经营依规负责管理。在收购完成后，对目标公司的管理整合非常关键，对于目标公司的经营质量和可持续发展能够产生重大的影响。因此，对于股权收购方，尤其是收购后对目标公司控股的，需要关注管理整合工作，实现目标公司股权变更和经营管理的平稳过渡和高质量发展。

（四）风险防控是核心要素，直接影响投资效益效果

对于股权投资项目而言，风险防控是重中之重。一旦交易达成，在交易之前没有识别出的风险将很可能转嫁给股权收购方承担，这势必影响项目的投资效益，甚至会给股权收购方带来巨大的损失。因此，股权投资项目一定要重视风险管理，在股权收购前开展全面、详尽和专业的尽职调查，充分识别风险，客观评估风险，提出有效的风险规避和防范措施并且落实到位。

> **小贴士**
>
> 股权收购项目后评价工作需重点梳理和了解合作动机以及风险防控两项重点。深入分析股权收购方和转让方的合作动机，有利于全面理解投资时点的行业背景、市场环境及收购方与转让方的合作背景，进而为评价股权收购的必要性、合理性、可行性、择优性等提供依据。股权收购方的风险防控工作直接影响项目投资效益，风险防控的成败有时甚至决定了整个项目的成败，后评价需要对项目的风险作系统性调查、分析和评价，进而为已完项目的遗留风险应对提出建议，也可为后续类似项目的管理改进提出相应对策，促进投资管理水平的不断提升。

第二节　股权收购实施过程评价

项目阶段划分对于实施过程回顾与总结非常重要，需要基于项目的特性设定合理的阶段划分依据。根据项目管理阶段划分习惯，普遍将项目划分为投资决策阶段、项目准备阶段、项目实施阶段和项目运营阶段。股权收购项目后评价应以股权收购方的投资阶段划分作为依据：投资决策阶段一般从机会识别开始到投资决策通过投资方审批为止；项目准备阶段一般从投资决策审批之日开始到股权收购协议签署为止；项目实施阶段一般从股权收购协议签署之日开始至完成资产交割及目标企业完成相关变更手续为止；项目运营阶段自目标企业完成变更手续之日开始至后评价时点。本节所选案例由于在项目投资决策阶段股权收购方与转让方已展开了充分谈判，在项目投资决策审批前双方已就收购意愿基本达成一致，项目准备期较短，由此将项目准备阶段并入项目实施阶段。

> ⊃ 小贴士
>
> 　　股权收购项目的阶段划分并不是固定不变的，可以根据项目的具体情况和需求进行灵活调整。如果股权收购周期较短，项目准备和实施阶段工作简单且交叉并行，则可以将项目准备和实施阶段合并。然而，无论划分方式如何，每个阶段都应设立明确的节点，以便有效监控项目进度和成果。这些节点不仅有助于评价项目是否按计划进行，还能作为各阶段工作成果的评价依据。

一、投资决策阶段总结与评价

（一）投资决策阶段回顾

案例项目的股权收购工作于2019年8月启动，A公司了解到B公司相关情况后，组织相关人员从目标公司基本情况、行业分析、团队组成、财务状况及业务开展情况等方面进行尽职调查，并依据公司规定开展了资产评估和审计等决策支持性工作。2019年10月，完成公司内部投资决策程序。

1. 尽职调查

2019年8月，A公司启动案例项目前期决策准备工作，开展了法律、财务、人力、业务等方面的尽职调查。

通过业务尽职调查发现：B公司能够与A公司形成优势互补，A公司现代数字城市业务可集成B公司的系列产品，并向用户推广应用；B公司可利用现有的项目及客户资源，借助A公司优势平台资源，开发潜在项目。此外，在产品开发上，B公司的产品组件化开发技术可应用在A公司其他自研产品上，增强自研产品快速交付能力。

通过人力管理尽职调查发现：B公司整体规模较小，是传统的互联网公司，没有专门的市场部或销售部，更多的是依靠CEO的人脉和资源开拓市场，公司在市场宣传和营销方面投入力度不够。人员方面，中年群体占比较大，相较于市场同行业公司，整体技术团队相对稳定；但从薪酬激励方面来看，内部薪酬设置不合理，核心技术团队薪酬缺乏市场竞争性且激励力度不够。在人工成本方面，目标公司控制相对合理；从公司发展长远角度来看，公司在人才培养和发展方面，还需增加投入。

从财务尽职调查发现：B公司营业收入保持增长趋势，但盈利较少，主要原因是公司出于开拓市场考虑，前期研发费用投入较大，导致利润较低。

从法律尽职调查发现：B公司系依法设立、有效存续的有限责任公司，暂无潜在诉讼风险。

2. 投资分析

投资方案设计。B 公司自然人股东新设有限合伙企业，将自然人股东 60% 的股权调整至新设立的有限合伙企业；A 公司以 2400 万元收购 B 公司自然人所持 40% 的股权，然后以 2600 万元对 B 公司进行增资；增资完成后，A 公司持 B 公司约 59% 的股份，新设有限合伙企业持 B 公司约 41% 的股份。

投资收益分析。案例项目《股权转让及增资协议书》中约定了 2019—2021 年的 3 年业绩承诺期，承诺目标公司净利润 3 年合计不低于协议约定值。

3. 决策审批

2019 年 10 月，A 公司就案例项目投资通过董事会审批。

（二）投资决策阶段评价

在向智慧交通业务转型发展战略的指引下，A 公司为了拓展智慧交通业务，增强安全可靠环境软件开发、适配及项目管理与交付能力，及时抓住智慧交通行业发展机遇，通过多方调查和寻源目标公司，最终确定通过股权投资的方式收购目标公司股权，实现对目标公司投资控股。项目投资决策符合国家的行业战略导向和 A 公司的战略部署要求，目标企业选择合适，投资时机把握及时，投资决策合理；通过财务、法律、人力资源等业务尽职调查工作，以资产评估对目标企业的价值估值为依据确定股权收购方式和价格，投资决策程序完备、合规，为项目投资决策提供了全面支撑。

> 小贴士
>
> 案例项目投资决策阶段评价的重点涵盖程序合法合规性、决策导向符合性、目标企业适应性、投资时机恰当性、决策准备充分性等方面。

①程序合法合规性。A公司企业性质为国有企业，案例项目属于股权投资，应遵守《中央企业投资监督管理办法》《企业国有资产评估管理暂行办法》及公司制定的相关管理规定。同时，A公司又是上市企业，在开展股权收购时还应执行《上市公司收购管理办法》的相关要求，并履行信息披露等相关义务。

②决策导向符合性。A公司作为独立经营的市场主体，其投资决策应符合国家市场准入相关要求，适应行业发展趋势，遵照公司发展战略的指引。

③目标企业适应性。对于股权收购方而言，目标企业的资产及相关资源就是其投资获得的相关权益，也是决定投资是否能够实现公司战略目标的关键要素，目标企业的经营效益直接影响股权收购方的投资效果及效益。因此，目标企业选择至关重要，需要开展充分的尽职调查及与股权收购方资源适应性论证，确保目标企业与股权收购方的战略、技术、市场、业务等达到预期适应性。

④投资时机恰当性。投资时机的恰当性在股权收购项目中具有重要意义，它不仅关系收购成本、风险管理及整合与发展的效果，还直接影响企业的战略目标和长期价值。

在收购成本影响方面：企业估值受到市场环境、经营状况等多种因素的影响，存在波动性；在估值较低时进行股权收购，有助于降低收购成本，提高投资回报。恰当的投资时机可以为投资者在谈判中争取更多筹码；在市场低迷或目标公司经营困难时，投资者可能获得更有利的收购条件，如更低的收购价格、更优惠的融资条件等。

在风险管理影响方面：选择合适的投资时机可以降低市场风险。在市场繁荣时期进行收购，可能会面临较高的市场泡沫和竞争压力，增加收购失败的风险。而在市场低迷时，投资者可以更加审慎地评估目标公司的价值，降低投资风险。投资时机还关系到法律风险的管理。在法律法规调整或监管政策变化时，投资者需要密切关注相关法规和政策，以便在合规的前提下进行股权收购。选择适当的投资时机，有助于降低因法规变化带来的法律风险。

在整合与发展效果影响方面：恰当的投资时机有助于提高收购后的整合效果。在目标公司经营状况良好、团队稳定时进行收购，有利于保持目标公司的稳定运营和持续发展；同时，投资者可以充分利用目标公司的资源和优势，实现协同效应和资源共享。选择合适的投资时机可以为企业的未来发展奠定坚实基础；在行业发展前景广阔、市场需求旺盛时进行股权收购，有助于企业抓住市场机遇，实现快速发展和扩张。

⑤决策准备充分性。在股权收购项目中，尽职调查和可行性研究等准备工作是至关重要的一环。这些工作不仅能够帮助投资者全面、深入地了解目标公司，评估其潜在价值和风险，还能够为后续的收购决策提供有力支持。

尽职调查工作的重要性。尽职调查是股权收购中信息披露和透明度的重要保障。通过尽职调查，投资者可以对目标公司的财务、法律、业务、技术等方面进行全面审查，获取真实、准确的信息，减少信息不对称的风险，为投资风险评估及防控提供依据，也可为目标公司的估值提供支持。

投资分析或可行性研究工作的重要性。投资分析或可行性研究工作有助于投资方评估股权收购与自身战略的匹配度，通过对目标公司的行业地位、竞争优势、市场前景等方面进行分析，投资方可以判断收购是否符合自身的战略发展方向和长期利益，全面系统分析财务可行性和监管合规性，确保股权收购符合监管要求，避免因违规操作而引发的法律风险和合规问题，促进股权收购工作顺利完成。

二、项目实施阶段总结与评价

（一）项目实施阶段回顾

1. 项目谈判

项目股权转让及增资的形式没有法定条件限制，股权转让及增资的核心要素为股权转让价格、增资金额和交易方案等。案例项目中 A 公司与 B 公司采取谈判的方式，在交易达成前，双方在目标公司资产认定、转让价格、增资金额、风险防控等方面进行了充分的谈判和沟通。最终交易双方在 2019 年 11 月前基本达成一致意见。

2. 合同签订

由于 B 公司为自然人持股，为了享有个人所得税优惠政策，A 公司针对股权收购设计了详细的方案，总体上分三步：第一步，请 B 公司的自然人股东设立有限合伙企业，将 60% 股权转至新设立的有限合伙企业；第二步，A 公司收购 B 公司自然人所持的 40% 股权；第三步，A 公司通过对 B 公司增资的形式，将持股比例调整至 59%，新设合伙企业持股比率降至 41%。

2019 年 11 月，A 公司与 B 公司各自然人股东签署了股权转让及增资扩股协议。

3. 营业执照变更

在股权转让及增资扩股协议签订完成后，A 公司按照协议约定在规定的时间支付第一笔股权转让款和增资款项。B 公司于 2020 年 4 月完成营业执照变更。

4. 资产交割及注册资本实缴

在 B 公司营业执照变更完成后，A 公司按照协议约定继续支付第二笔股权转让款和增资款。截至后评价时点，A 公司尚有注册资本未完成实缴。

（二）项目实施阶段评价

案例项目股权交易通过谈判，就交易方案、付款条件、公司治理、风险管控、股权转让和出售、信息披露等关键内容进行了充分协商，为确保收购增资工作的顺利有序进行了顶层部署和统筹规划。后评价认为案例项目准备充分，组织高效，《股权转让及增资扩股协议》要素完整，内容全面，股权款和增资款支付方式充分考虑了股权收购存在的各类风险因素，并制定了合理、有效、可行的风险应对方案，有效地规避和防范了投资风险。合同各方依据《股权转让及增资扩股协议》完成相关股权转让和增资事项，合同履约进展顺利，但截至后评价时点尚有一定数额的注册资本未完成实缴，依据《股权转让及增资扩股协议》规定应及时完成注册资本实缴工作。

> ◯ 小贴士
>
> 　　收购方案的合理性和前瞻性对于股权收购项目极为重要，对收购的顺利完成和实现预期目标产生了重要影响。在项目实施阶段需要关注收购方案的落实情况，并从实施角度对收购方案的合理性和前瞻性作出评价和映证。此外，目标企业股权收购的交易形式受目标企业性质所限会有所不同，如果目标企业为国有企业，依法需要在产权交易所进行交易；对于非国有企业的目标企业，则通常采取双方商谈形式确定交易。
>
> 　　股权收购项目在项目实施阶段需要关注以下三个方面。
>
> 　　①收购方案落实情况。详细梳理股权收购是否严格依据审批通过的收购方案开展和落实。如果存在差异，需要调查清楚原因。
>
> 　　②交易模式合规性。全面调查目标企业是国有企业的，是否依法在产权交易所进行交易；目标企业为非国有性质的，是否开展了充分、全面的商务谈判，谈判前是否制订了周密的谈判方案，收购协议内容

是否全面、完整、合规，尽职调查及投资分析发现的相关风险点是否做了有效应对。

③股权收购协议的落实情况。股权收购双方是否严格依据协议落实，落实情况和效果如何，后续是否存在新的投资风险。

三、项目运营阶段总结与评价

（一）项目运营阶段回顾

1. 制度建设

在 A 公司接管目标企业后，为了更好地适应市场要求和发展需要，目标企业在人员招聘、绩效、财务、保密管理等方面大力开展制度建设工作。截至后评价时点，已建立公司制度合计 27 项，其中 16 项制度已发布实施。

2. 管理机制

目标企业按照现代企业制度和 A 公司的管理体系要求建立了公司组织机构，公司下设 6 个部门，包括市场拓展部、解决方案与产品规划部、产品研发部、实施交付部、系统集成部、运营管理部。建立了完善的制度体系，形成了精细化、规范化的内部管理机制。各项业务流程完备，符合 A 公司的管理规定。

3. 公司人员概况

截至后评价时点，目标企业员工共计 101 人：公司领导 6 人，中层管理人员 9 人，普通岗位人员 86 人。在学历方面，硕士 9 人，本科 80 人，专科及以下 12 人。

4. 知识产权成果

截至后评价调研时点，目标企业已获 17 项专利和 130 项软件著作权，在知识产权方面取得了较好的成绩。

5. 股权交割及增资款项到位情况

股权收购款项和增资款项均按协议约定分批到位。

6. 人员流动情况

目标公司的人员流动率基本控制在 10% 左右。人员离职主要原因包括社会招聘的人员能力不及预期被公司辞退，员工薪酬低于当地同行业平均水平等。

7. 未来发展战略规划

2023 年之前，目标企业的项目多为集成项目，项目交付周期长、回款慢、毛利率低，与目标企业的资源基础和管理机制适应性不强。通过后评价调研了解到，目标企业计划调整发展战略，走产品化和被集成路线；以基于数据、物联网、AI 相关的产品（如隧道产品等）为主业，走产品化道路。

8. 经营效益概况

截至后评价时点，A 公司完成对目标公司股权收购已超过 4 年。总体上，目标企业的经营收益基本实现预期，资产总额不断增长，成绩显著。

（二）项目运营阶段评价

在管理机制方面，目标企业的组织架构适用于综合交通业务领域，与其确定的走产品化和被集成的发展战略定位要求相匹配，市场开发策略适用，取得了较好的资源融合和协同效果；在业务管理方面，团队沟通效率较高，具有较强的补位和协作理念，一定程度上提高了企业执行力，助力企业提升竞争力和树立良好品牌形象；在文化建设方面，充分凝聚团队共识，加强内部团结，营造和谐氛围，降低企业内耗，助力企业管理效率和执行力的提升。

> **小贴士**
>
> 股权收购项目在股权收购完成后，由于目标企业的股东发生了变更，股权收购方将参与目标企业的经营，这势必会对目标企业的经营发展产生直接影响。尤其是股权收购方在收购完成后控股目标企业，收购方将直接主导、管理目标企业的业务经营。为了能够保证目标企业与收购方能够有效融合、合力发展，需要在股权收购交割完成后着手开展管理整合工作。股权收购后的管理整合是确保收购成功和实现企业战略目标的关键环节。通过全面的管理整合，可以优化资源配置、提升管理效率、促进文化融合、防范潜在风险并创造更大的价值，其价值体现主要包括以下六个方面。
>
> ①实现战略协同。通过管理整合，收购方可以将自身的战略目标和资源与目标企业的运营相结合，实现战略协同，从而有助于提升整个企业的竞争力和市场地位，实现双方的共赢。
>
> ②优化资源配置。管理整合过程中，收购方可以对目标企业的资源进行全面评估和优化配置，实现资源的有效利用。这不仅可以提高资源的使用效率，还可以降低运营成本，提升企业的盈利能力。
>
> ③提升管理效率。通过整合双方的管理体系和流程，可以消除冗余和低效的环节，提高管理效率。同时，引入收购方先进的管理理念和方法，有助于改善目标企业的管理方法，提高运营效率。
>
> ④促进文化融合。管理整合不仅是制度和流程的整合，更是文化的融合。通过有效的沟通和引导，可以促进双方员工的文化认同和融合，增强企业的凝聚力和向心力。
>
> ⑤防范潜在风险。在股权收购过程中，可能存在一些潜在的法律、财务或运营风险。通过管理整合，收购方可以及时发现并应对这些风险，保障企业的稳健运营。

⑥创造更大价值。通过有效的管理整合，可以实现双方的优势互补和协同效应，创造更大的商业价值。这不仅有助于提升企业的市场竞争力，还可以为股东和社会创造更多的效益。

管理整合是一个复杂而全面的过程，需要收购方从多个方面对目标企业进行深入的分析和整合，以确保收购的成功和企业的长期发展。管理整合内容主要包括如下七个方面。

①战略整合。战略整合是管理整合的首要任务，收购方需要评估目标企业的现有战略，并与其自身的战略目标相结合，形成统一的战略方向。战略整合可能涉及对目标企业的业务模型、市场定位、竞争策略等进行重新评估和调整。

②组织架构整合。在完成战略整合后，收购方通常需要对目标企业的组织架构进行调整，以更好地实现战略目标，通常包括重新设计公司的管理层级、部门设置、职责划分等。同时，也需要考虑如何有效地整合双方的人员，以实现人力资源的最大化利用。

③人力资源整合。人力资源整合是管理整合的核心内容之一。收购方需要对目标企业的人员进行评估，确定哪些人员是符合新战略需要的，哪些人员需要进行培训和提升。同时，收购方还需要制定合理的薪酬福利体系，以激励员工更好地为新战略服务。

④业务流程整合。收购方需要对目标企业的业务流程进行全面审查，找出其中存在的问题和冗余环节，然后进行优化和整合，以提高目标企业运营效率，降低成本，并提升客户满意度。

⑤企业文化整合。企业文化是企业的灵魂，收购方需要尊重并融合目标企业的文化，形成新的企业文化，以减少文化冲突，提升员工的归属感和忠诚度。

⑥信息系统整合。在现代企业中，信息系统是支撑企业运营的重要基础设施。收购方需要对目标企业的信息系统进行审查，然后与自

> 己的信息系统进行整合,以确保信息的顺畅流通和共享。
> ⑦财务管理整合。财务管理是企业运营的核心,收购方需要对目标企业的财务体系进行整合,包括财务报表、财务流程、财务政策等,以确保财务信息的准确性和透明度,为企业的决策提供有力支持。

第三节 项目效益效果评价

案例项目的效益效果评价包括绩效评价、技术评价、财务评价、协同效应评价。

一、绩效评价

(一)适应性评价

1. 符合国家的行业政策和战略发展导向

"十三五"以来,鼓励社会资本参与投资建设运营基础设施、公用事业等领域成为国家相关政策的主要导向。《交通运输信息化"十三五"发展规划》提出建设"交通运输数据资源开发共享平台""综合交通服务大数据平台""交通综合运行协调与应急指挥中心(TOCC)""交通运输决策支持"等内容。案例项目是 A 公司在智慧交通领域的一次战略性尝试,符合国家节能减排政策导向。

2. 顺应行业市场发展导向,市场定位和资源匹配适应性较好

案例项目投资时点正值《交通运输信息化"十三五"发展规划》和《推进"互联网+"便捷交通促进智能交通发展的实施方案》两项战略发展政策落地的关键时期,智慧交通的市场空间较大且发展后劲足。项目投资符合当时智慧交通行业市场发展导向,投资时机合适,市场定位和资源匹配适应性较好。

3. 目标公司符合 A 公司发展战略要求，双方具有显著互适性

目标公司基于自研产品，拥有 5 项专利和 30 项软件著作权，并与高校、科研机构联合申请多项智慧交通前沿课题，在综合交通领域的技术实力处于领先地位。通过收购目标公司，A 公司能够快速进入智慧交通业务领域和壮大业务规模，也为目标公司的市场开拓和发展提供支持，在品牌塑造、资源融合和市场竞争力提升等方面也具有较强的助力作用。

4. 能够促进目标公司可持续发展，满足国有资产保值增值的经济目标要求

在 A 公司大力支持下，目标公司找准定位，深耕市场，通过与 A 公司在管理、技术、资源等方面的整合，助力目标公司稳定、有序、可持续发展。通过后评价时点测算，目标公司的平均资本保值增值率超过 200%，实现了国有资产保值增值的目标。

（二）合理性评价

1. 投资时机分析

从 A 公司方面看，在国家大力推进交通运输信息化的政策背景下，在智慧交通领域找到自身的发展方向、大力开展智慧交通业务是"十三五"时期 A 公司的战略发展需要和紧迫任务。由于 A 公司在智慧交通方面缺乏管理经验、技术人才和市场资源，为了能够尽快进入智慧交通领域，迫切需要与合适的外部专业资源进行融合互通。

从目标公司方面看，目标公司是民营企业性质，在融资和市场开发方面具有显著的短板和不足，很难提高市场站位，赢得更高、更广的市场机会，这极大地制约和限制了目标公司的发展空间和路径，发展瓶颈已逐步显现。为了打破发展束缚，提高发展站位，打开发展格局，改善企业经营环境，增强发展动力，目标公司迫切需要与合适的央企、国企开展资源融合，提升市场竞争优势，促进企业可持续健康发展。

从项目收购方和转让方双方发展需求分析，寻求外部资源融合是双方共同

的需求。目标公司的技术、品牌、平台和市场资源基础正是 A 公司打开智慧交通业务板块的迫切需求和优质条件，而 A 公司的国有控股背景和国内的销售网络体系也恰恰是目标公司可持续发展的绝佳选择。案例项目的投资时点恰恰处于 A 公司智能交通业务战略切入期和目标公司迫切打破发展瓶颈的探索期，投资时机合适。

2. 投资规模分析

案例项目投资前，A 公司智慧交通业务板块尚处于摸索和初创期，在发展战略导向下计划推动自身智慧交通业务发展。后评价认为案例项目投资规模合适，符合 A 公司的战略目标定位，目标公司的业务主要集中在综合交通领域，有助于 A 公司以智慧综合交通业务基点为基础，通过资源整合有序开展业务延伸和拓展，能够实现通过有限的投资规模谋求未来规划的市场布局的战略目的。

3. 投资成本分析

A 公司委托的资产评估机构对目标公司的股东全部权益价值估值的资产评估报告备案表显示：目标公司股东全部权益评估值约 6000 万元。案例项目 A 公司最终投资 5000 万元，获取目标公司约 59% 的股权。依据目标公司的经营情况和未来发展趋势，后评价认为项目资产评估报告预测的经营收入基本符合目标公司的业务实际，基于收益现值法评估结果确定的收购价格基本合理，项目投资成本合理、可行。

4. 投资方向分析

A 公司投资目的主要是增强智慧交通业务能力和安全可靠环境的软件开发、适配及项目管理与交付能力。目标公司主营业务为智慧交通，自主研发的交通数字底座基础产品，以及构建的综合交通指标体系等，具备一定的行业先进性和前瞻性，符合 A 公司"增强智慧交通业务能力"的战略需求。后评价认为目标公司的业务基础和发展方向与 A 公司的战略发展规划及方向基本一致，收购及增资决策符合预期，较为合理。

(三)择优性评价

对于 A 公司而言,目标公司在智慧交通业务能力、安全可靠环境的软件开发与适配能力、项目管理与交付能力三个方面都能满足自身的战略预期;凭借目标公司的技术实力和已有的市场资源,在与 A 公司销售网络体系等资源整合后,能够提升 A 公司进军智慧交通领域的实力,助力 A 公司实现智慧交通业务可持续健康发展。对于目标公司而言,民营企业性质一定程度上束缚了自身的发展,在融资、市场格局、市场机会等方面具有较大的制约和限制。A 公司作为国有控股公司,拥有强大的资信背景及雄厚的信息技术和市场资源,控股目标公司之后将会为目标公司提供强有力的信用背书和资信支持。通过双方的资源整合,目标公司将在市场渠道、品牌宣传、市场话语权等方面获得更大的提升空间,有利于目标公司在核心产品领域取得更好的发展,进而增加目标公司在智慧交通领域的市场份额。

综上,目标公司的业务类型、技术实力、市场渠道等资源条件和自身的经营规模对于 A 公司的战略发展要求具有较强的适配性和择优性。A 公司与目标公司在资源整合方面具有较强的协同和融合空间,能够产生显著的协同效应。后评价认为,案例项目对于股权收购方和转让方而言都是最优选择,投资决策具有较强的择优性,在实践中也真正实现了多方共赢的利益格局。

(四)风险管理评价

在投资决策阶段,收购方通过全面识别投资风险,锁定案例项目存在的市场风险和核心人员流失风险,并提前制定了"业绩承诺期对赌要求"和"核心人员流失违约金"等有效的风险应对方案,有效地降低了项目投资风险。后评价认为案例项目风险识别准确、风险防范措施有效。

在投资实施过程中,《股权转让及增资协议》以通过审批的投资议案为纲领,依据议案确定的股权转让和增资方式确定了合理、可行的交割程序和交易方案;并将议案制定的风险防范措施完全落实在合同条款中,有效落实投资风险管控举措。后评价认为案例项目的风险管理完善,措施落实到位。

目标公司在完成股权收购后，依据 A 公司的管理整合要求完善了公司运营管理机制和业务内控管理机制，为目标公司可持续健康发展提供了管理保障。但在目标公司发展规划和业务预测等方面，还需要进一步加强风险管理，提高风险事件应急能力，助力公司能够有效防范经营风险和稳定运行。

总体上，后评价认为案例项目的投资全过程风险意识较强，风险管理措施比较完善，取得了较好的风险管理效能。

二、技术评价

（一）智慧交通行业分析

2021 年，交通运输部连续出台了《交通运输领域新型基础设施建设行动方案（2021—2025 年）》和《数字交通"十四五"发展规划》，明确提出到 2025 年要对数字交通体系进行深入推进。初步统计，2022 年我国智慧交通行业市场规模约为 2100 亿元，并且千万级以上的中标项目总规模呈现快速增长态势。智慧交通的细分领域众多，包括数据、算法供应、电子器件制造、智慧交通的软/硬件研发、系统化的解决方案等，各企业侧重的领域略有不同。

总体上，后评价认为智慧交通行业发展前景乐观，市场空间和潜力巨大。案例项目中目标公司的研发和技术实力较好，通过深耕具有成熟业务体系的产品业务，连带发展智慧高速公路市场板块，能够充分获得行业发展机遇和红利，促进企业可持续向好发展。

（二）投资决策可行性及价值度分析

从战略目标契合度来看，案例项目中目标公司在智慧交通业务能力、安全可靠环境的软件开发与适配能力、项目管理与交付能力三个方面都满足 A 公司

《投资议案》的预期，能够提升 A 公司进军智慧交通领域的实力。此外，目标公司具有较强的研发能力与较强的业务渠道，会对 A 公司在该领域的长期收益提供支持和帮助。

从股权收购双方资源整合协同效应来看，借助 A 公司的国有控股背景和市场销售网络体系，目标公司将在市场渠道拓展、品牌宣传推广、市场机会及话语权等方面获得更大的提升空间，有利于目标公司在核心产品领域取得更好的发展，进而增加 A 公司在智慧交通领域的市场份额，实现双赢、共赢。

综上，后评价认为案例项目投资决策基于股权收购双方一致的合作意愿和资源融合的基础条件，投资具有较强的可行性；投资完成后，通过资源的深度整合，目标公司发展预期良好，投资具有较好的价值度，实现了投资共赢。

（三）目标公司在综合交通领域的优势分析

从业务角度来看，目标公司具有省、地、市各级政府的交通项目经验，熟悉交通行业数据和业务，也研发了交通数据底座、指标体系等基础产品，能够实现路上设备端的互联，且基于敏捷切换特色的开发平台，能够实现综合交通项目的快速交付与展示，具备一定的能力储备。

从技术角度来看，目标公司的业务产品在技术架构上与交通行业业务深度契合，交通领域内复用率高，能够快速响应交通行业变化的需求。

从资源角度来看，目标公司产品经过多年的研发与迭代，具备稳定交付、精准服务、及时运维、积极配合的特点，在业界具有较好的口碑，在政府及相关业务部门都有支撑与应用，打开了一定的市场空间。

总体上，后评价认为目标公司在综合交通领域竞争优势显著，能够依托自身成熟的产品和研发力量走产品化和被集成路线，目标公司当前的战略发展定位及路径合理、可行。

三、财务评价

（一）投资收益实现效果

1. 投资评价

据调研了解，案例项目的股权转让款和增资款按计划落实到位。在完成股权收购及增资后，通过资源整合，目标公司的综合实力得到大幅增强，顺利完成了《股权转让及增资协议》中明确的 3 年业绩承诺期的净利润对赌指标。

总体上，后评价认为案例项目投资规模合理，实际投资到位按计划顺利完成，投资风险防控效果实现预期。

2. 财务收益评价

（1）目标公司收购前跟踪项目落地情况

A 公司在对目标公司开展业务尽职调查时，目标公司当年正在跟踪的项目共计 21 项，合同额数亿元。根据现场调研了解，截至后评价时点，有 16 个项目因新冠疫情影响取消投资或延期，5 个项目中标，但投资额与计划相比有较大幅度调整。

（2）对赌约定实现情况

案例项目《股权转让及增资协议书》中约定了 2019—2021 年的 3 年业绩承诺期，承诺目标公司净利润 3 年合计不低于约定值。目标公司 2019—2021 年财务审计报告显示，目标公司净利润合计超过了《股权转让及增资协议》中承诺的约定值目标，实现了预期目标。

（3）目标公司未来财务收益预测分析

基于后评价时点目标公司跟踪的项目情况确定未来预计合同额，并预测得出目标公司 2023—2026 年的经营收入等财务经营指标。

（4）投资财务收益分析

后评价投资财务收益分析边界条件的界定如下。

分析期：自 2019 年起，分析 15 年的企业运营情况。

投资：以收购和增资后的 59% 的股权对应的投资 5000 万元计算。

分红：目标公司每年净利润的 20% 归入法定公积和盈余公积，净利润的 80% 作为分红，分红的 59% 作为收购股权的收益。

营业收入及净利润：2027 年起营业收入年度增长率按 10% 预测，营业收入净利润率参考《企业绩效评价标准值（2019）》按 6.5% 预测。

资金回收：按第 15 年末，企业净资产的 59% 作为可回收资金。

经测算：项目内部收益率为 11.72%，静态投资回收期 10.7 年。

3. 综合评价

后评价认为，目标公司产品技术成熟并具有定制化开发能力，在中国市场已拥有稳定的客户资源；凭借自身的研发和相关技术实力，在向产品化和被集成转型后，业务现金获取能力可以得到增强，业务周期会有显著收缩，企业经营活动现金流压力将会有所缓解。未来，智慧交通行业发展前景向好，各个交通领域的投资力度强势待发，目标公司的经营预期比较客观，未来经营风险基本可控。

4. 目标公司财务指标效果分析

后评价需要基于目标公司在案例项目完成后至后评价时点的财务经营数据，通过测算目标企业的各项财务数据指标，系统分析目标企业的偿债能力、盈利能力、营运能力、获取现金能力和发展能力等，并针对目标企业存在的问题，分析原因，提出改进意见。

（二）公司治理情况

目标公司内设机构由董事会和总经理组成，分别履行公司战略决策职能和日常经营管理职能，不设监事会，A 公司提名 1 名监事。董事会共 3 人，A 公司提名 2 名董事，小股东（新设有限合伙企业）提名 1 名董事，董事长由 A 公司提名，并由董事会选举产生。总经理由 A 公司推荐，小股东提名，董事会聘任；财务负责人由 A 公司推荐，总经理提名，董事会聘任。

公司章程规定董事会会议应由半数以上董事出席方可召开，应当于每次会议召开 5 日前通知全体董事。每年至少定期召开 1 次股东会，如遇特殊情况可召开临时会议。目标公司实行董事会领导下的总经理负责制，公司总经理、副总经理和总会计师均由董事会决定聘任或解聘。公司实行职业经理人制度，总经理谋经营、抓落实、强管理，对董事会负责。人力资源遵循市场化选聘、契约化管理、差异化薪酬、市场化退出的基本原则。

后评价认为目标公司治理结构合理、健全，权责清晰，实现了所有权和经营权的分离，极大地提高了管理效率和效益，与公司的业务规模和管理要求相适应，能够为企业可持续发展提供管理和组织保障；目标公司治理结构既保证了 A 公司的经营控制权及在发展方向、经营策略等重大问题上的决策权，助力目标公司依托国有控股背景做大做强，又有利于发挥目标公司的技术优势，建立产品在市场上的良好声誉，树立企业品牌；通过成立党支部、强化文化融合和组织党建活动等方式，极大地增强了员工对企业的信任度和忠诚度，稳固了劳动关系，提高了员工的责任心、积极性和主动性，也为企业的持续改进和提升提供了人力保障。

截至后评价调研时点，目标公司经过 4 年的经营发展，在技术研发、品牌培育、市场拓展和经营收益等方面都取得了比较显著的成绩。后评价认为目标公司治理效果基本达到预期。

四、协同效应评价

在业务市场协同方面，通过整合 A 公司资源，能够实现目标公司与 A 公司相关资源进行打包捆绑，合力获得业务市场，极大地拓宽了目标公司的业务范围、市场空间和路径。

在战略协同方面，A 公司对绩效考核体系进行了优化和改进，打通了目标公司融入 A 公司的障碍，实现了目标公司与 A 公司及其系统内机构相关资源的合作和技术协同，促进了管理模式的优化，实现了市场份额增长等方面的管理效益。

在技术资源协同方面，A 公司实现了与目标公司之间的技术和资源充分协同，A 公司及目标公司整体市场竞争力得以提升，取得了显著的市场溢出和技术协同效应。

此外，目标公司为 A 公司提供了市场、平台、交付三大支撑，是开启和助推智慧交通业务的动力源。在市场方面，目标公司是实施方案编制、需求交流、项目调研等业务前期的技术支撑，助力相关业务的开拓和延伸；在数据中台方面，最初目标公司用自己的敏捷数据中台，为 A 公司的项目开展提供了好的基础；在实施交付方面，A 公司是数字城市业务的总承包商，目标公司作为交通子模块的整体设计和交付方，为 A 公司的子项业务交付提供能力保障，提高市场业务的稳定性。

总体上，通过案例项目的股权收购，一定程度上提升了目标公司战略地位和市场格局，助力目标公司开拓市场空间；通过目标公司的技术支持，也助力 A 公司布局智慧交通，乃至数字城市板块的战略部署；通过 A 公司市场资源的整合，在市场、技术等方面取得了共赢效果，投资双方在战略、技术、市场等方面互相支持促进，互相融合共享，实现了协同和共赢发展。

> **小贴士**
>
> 1. 择优性评价
>
> 在股权投资项目后评价中，效益效果评价是一个至关重要的环节，择优性分析评价又是后评价工作实践的重点和难点。通过深入探究双方的转让动机、财务状况、行业地位、收购动机、战略契合度，以及团队管理和经营能力等方面，可以全面评估股权转让的优劣势和潜在风险，为未来的投资决策提供有力支持。
>
> （1）股权转让方择优性分析
>
> 转让动机分析。深入探究股权转让方的转让动机，如资金需求、

战略调整、优化资源配置等。这些动机反映了公司的经营策略和战略发展方向，是评估其择优性的重要依据。

财务状况与业绩评估。分析股权转让方的财务状况和业绩表现，包括盈利能力、偿债能力、运营效率等方面。良好的财务状况和业绩通常意味着更高的投资价值，有助于判断其择优性。

行业地位与竞争力评估。评估股权转让方在行业中的地位和竞争力，包括市场份额、品牌影响力、技术实力等方面。这些因素反映了公司的市场地位和未来发展潜力，是判断其择优性的关键指标。

（2）股权收购方择优性分析

收购动机与战略契合度分析。了解股权收购方的收购动机，并评估其与自身战略的契合度。与公司战略高度契合的收购方往往能带来更好的协同效应和资源整合效果，从而提高择优性。

财务状况与支付能力评估。分析股权收购方的财务状况和支付能力，确保其具备足够的资金实力来完成股权交易。同时，还需关注其融资能力和现金流状况，以确保交易的顺利进行。

管理团队与经营能力评估。评估股权收购方的管理团队和经营能力，包括管理层的素质、经验、决策能力等方面。优秀的管理团队能够为公司带来更好的发展前景和盈利能力，从而提高择优性。

2. 风险管理水平评价

在股权投资项目后评价中，对股权收购项目收购方在收购时的风险管理水平进行分析评价至关重要。这涉及对收购方在交易过程中识别、评估、控制和监控风险能力的评估，从而判断其是否能够有效应对潜在风险，保障投资项目的稳健发展。以下是对收购方风险管理水平的分析评价方法。

（1）风险识别与评估能力分析

风险识别机制。评估收购方是否建立了完善的风险识别机制，能否全面、准确地识别股权收购过程中可能出现的各类风险,如市场风险、财务风险、法律风险、运营风险等。

风险评估方法。分析收购方采用的风险评估方法是否科学、合理,能否对识别出的风险进行量化和定性分析,为决策提供有力支持。

(2)风险控制与应对能力分析

风险控制措施。考察收购方在股权收购过程中采取的风险控制措施(尽职调查、合同约束、担保措施等)是否能够有效降低风险水平。

风险应对方案。分析收购方是否针对可能出现的风险制定了应对方案,以及这些方案的合理性和可行性。

(3)风险监控与反馈机制分析

风险监控体系。评估收购方是否建立了风险监控体系,能够实时监控股权收购项目的风险状况,及时发现和处理潜在风险。

风险反馈机制。分析收购方是否建立了风险反馈机制,能够定期向管理层报告风险状况,为决策提供实时信息支持。

3. 五种能力分析

在股权收购项目后评价中,对目标企业的盈利能力、偿债能力、营运能力、获取现金能力及发展能力进行分析评价至关重要。其不仅有利于股权收购方全面了解企业的经营状况和发展前景,为投资者提供决策依据,还有助于目标企业发现自身存在的问题和不足,为改进经营管理提供方向。以下是对目标企业财务运营效果分析评价的相关方法。

(1)盈利能力分析

利润指标。通过分析目标企业的营业收入、净利润、毛利率等利润指标,评估其盈利水平和盈利能力。高利润指标通常意味着企业具有较强的盈利能力。

盈利质量。考察企业盈利的可持续性和稳定性，分析盈利是否主要来源于主营业务，以及是否存在非经常性损益对盈利的影响。

成本控制。评估企业在成本控制方面的表现，包括原材料采购、生产制造、销售管理等环节的成本控制情况。优秀的成本控制能力有助于提升企业的盈利能力。

（2）偿债能力分析

流动比率与速动比率。通过计算流动比率和速动比率，评估企业短期债务的偿还能力。较高的流动比率和速动比率通常意味着企业短期偿债能力较强。

资产负债率。分析企业的资产负债率，了解企业长期债务的偿还能力。适度的资产负债率表明企业能够合理利用财务杠杆，但过高的资产负债率可能增加企业的偿债风险。

利息保障倍数。计算利息保障倍数，评估企业支付利息的能力。较高的利息保障倍数意味着企业有足够的利润来支付利息，降低偿债风险。

（3）运营能力分析

周转率指标。通过计算存货周转率、应收账款周转率等指标，评估企业资产的使用效率。较高的周转率表明企业资产运转速度快，营运能力强。

资产管理效率。分析企业在资产管理方面的表现，包括存货管理、应收账款管理、固定资产管理等。有效的资产管理有助于提高企业营运效率。

（4）获取现金能力分析

现金流入流出比。计算企业现金流入流出比，评估企业获取现金的能力。较高的现金流入流出比意味着企业能够通过经营活动产生足够的现金流入，满足运营和发展的需要。

自由现金流。分析企业的自由现金流情况，了解企业在满足投资需求后剩余的现金流量。稳定的自由现金流是企业持续发展的重要保障。

（5）发展能力分析

增长率指标。通过分析企业的营业收入增长率、净利润增长率等增长率指标，评估企业的发展速度和潜力。较高的增长率表明企业具有较好的发展前景。

研发投入。研发投入是企业创新能力和竞争力的体现，有助于推动企业的长期发展。考察企业在研发方面的投入情况，包括研发费用占比、研发人员数量等。

市场拓展能力。强大的市场拓展能力有助于企业扩大市场份额，提高盈利能力。分析企业在市场拓展方面的表现，包括新产品开发、市场拓展策略等。

4. 协同效应评价方法

协同效应指的是两家公司在合并或收购后，通过资源共享、优势互补、业务整合等方式，实现整体业绩超过原先各自独立运营时的总和。以下是后评价常用的协同效应分析评价方法。

（1）战略协同分析

战略一致性分析评价。分析股权收购方与转让方的战略定位、发展目标是否一致或互补。如果双方战略高度契合，那么在收购完成后，股权收购方与目标公司将更容易实现资源共享和业务协同。

市场扩张机会。分析评价股权收购完成后股权收购方或目标公司是否在原有市场基础上实现更大范围的市场覆盖和更深入的市场渗透，从而提高市场份额和品牌影响力。

（2）经营协同分析

业务整合效果。分析股权收购双方在业务层面的整合情况，包括产品线、销售渠道、供应链等方面的协同。有效的业务整合能够降低成本、提高效率，从而增强竞争力。

资源优化配置。考察股权收购双方在人力、物力、财力等资源方面的配置是否更加合理和高效。通过资源共享和优势互补，实现资源利用的最大化。

（3）财务协同分析

资本结构优化。分析股权收购完成后目标公司的资本结构是否得到优化，如降低债务成本、提高权益资本比例等。优化的资本结构有助于降低财务风险，提高目标公司融资能力。

财务效益提升。分析股权收购完成后目标公司的盈利能力、偿债能力、营运能力等财务指标是否得到提升。通过财务协同，实现成本节约、收入增加等财务效益。

（4）管理协同分析

管理效率提升。分析股权收购完成后目标公司的管理体系是否更加完善、高效。通过引入先进的管理理念和方法，提高管理效率，降低管理成本。

企业文化融合。考察股权收购双方在企业文化方面的融合情况。良好的企业文化融合有助于增强员工凝聚力，提高员工的满意度和忠诚度。

第四节　项目影响评价

一、直接影响

对目标公司而言，有利于其拓展市场空间、提升技术研发能力。通过股权收购及增资，A公司对目标公司进行了系统性管理整合，提供研发技术支持，助力市场资源拓展，目标公司实现了技术和市场新的增长极。案例项目中，在股权收购及增资后，借助于 A 公司强大的国有控股背景和业务平台，拓宽了目标公司市场路径和空间，优化了业务流程，实现了降本增效。

对 A 公司而言，实现了"十三五"规划战略性投资，能快速切入和发展智慧交通业务。案例项目符合 A 公司聚焦主业发展战略导向，是"十三五"规划的战略性投资。通过股权收购，为 A 公司聚焦主业发展和内部资源协同融合共进提供了平台和技术支撑，促使 A 公司快速切入和发展智慧交通业务。这也是 A 公司落实"十三五"规划的重要举措。

二、间接影响

（一）社会稳定影响

在股权收购及增资交易过程中，A 公司全员接收目标公司原班人马，并对目标公司提出须确保股权收购及增资后的企业核心人员队伍稳定的要求。通过股权转让和股权重组，目标公司实现了可持续经营，有效规避了社会稳定风险。

（二）经济税收影响

A 公司与目标公司实现了优势互补和资源有效整合，经营效益提高的同时增加了当地税收收入。

通过 A 公司的股权收购，目标公司实现了股权整合和战略重组，有机融合了投资各方的业务资源和技术优势，形成了产品研发、生产、销售、运维一体化的循环经济发展模式，实现了投资各方的共赢，也为增加当地的税收收入做出了贡献。

（三）技术进步影响

在股权收购及增资后，目标公司具有稳定的技术团队和研发产品，在大数据、可视化等领域也有业务潜力。目标公司已经自主研发了20多个核心产品，基本实现了较高程度的国产化替代，取得了显著的技术进步。

三、对交易相关方的影响

第一，助力股权收购方智慧交通业务板块成功开局，践行了企业发展战略要求。

案例项目是A公司发展智慧交通业务的一条捷径，具有显著的战略价值。通过控股目标公司，能够充分利用其技术积累、研发基础、项目经验和市场资源，助力A公司在智慧交通业务板块成功开局。一方面，能够为A公司以智慧交通业务为基点实现智慧城市相关业务的联动协同打下基础；另一方面，进一步提升了A公司智慧交通产品和服务的供给能力和质量，为其在智慧交通行业打开新局面创造条件。

第二，有利于小股东维系已有的业务资源，实现自身技术、品牌价值的可持续发展。

A公司接管目标公司后，为目标公司赋予了国有控股背景，打通了企业融资瓶颈，在一定程度上提升了市场站位，扩大了市场话语权，使目标公司小股东（新设有限合伙企业）的业务资源依然具有市场活力，有利于小股东实现自身技术、品牌价值的可持续发展。

第三，大幅提升目标公司的市场竞争力，其服务供给能力和市场适应能力逐步增强。

案例项目投资完成后，目标公司融入了A公司，在品牌和资信方面得到了大幅提升，市场适应能力逐步增强；目标公司借助A公司完善的国内销售网络体系，扩充了自身的业务市场和开发路径，市场拓展能力得到大幅提升，市场开发模式也由之前的单打独斗转变为系统内集体协同作战，市场竞争力和服务供给能力都得到显著增强。

> **小贴士**
>
> 股权收购项目的影响评价通常从直接影响、间接影响和相关方影响三个方面进行分析。
>
> 1. 直接影响评价
>
> 直接影响主要指的是投资项目直接作用于目标企业及其股东、管理层和员工，以及对经济、社会和环境等方面的影响。
>
> （1）经济影响评价
>
> 评估项目对目标企业营业收入、利润、成本等经济指标的具体影响，如收入增长百分比、成本节约额等。分析项目对股东收益的影响，如股息增加、股价波动等。
>
> （2）社会影响评价
>
> 考察项目对目标企业员工就业、职业培训、福利待遇等方面的直接影响。评估项目是否有助于提升目标企业的社会形象和声誉。
>
> （3）环境影响评价
>
> 评估项目是否导致目标企业在生产、运营过程中产生环境污染或资源消耗的变化。分析项目是否促进了企业的环保措施和可持续发展。
>
> 2. 间接影响评价
>
> 间接影响指的是投资项目通过产业链、市场竞争、政策环境等渠道对更广泛的经济体、社会和环境产生的影响。
>
> （1）产业链影响评价
>
> 分析项目对上下游企业的业务合作、供应链稳定性等方面的影响。分析项目是否促进了产业链的整合和优化。
>
> （2）市场竞争影响评价
>
> 考察项目对市场竞争格局的影响，如市场份额变化、竞争对手策略调整等。分析项目是否有助于提升目标企业在市场中的竞争地位。

（3）政策环境影响评价

分析项目是否符合国家或地区的政策导向，是否享受了相关政策支持，是否对政策环境产生了积极或消极的影响。

3. 相关方影响评价

相关方影响主要关注目标企业各股东、管理层和员工等相关者的影响，以及项目对消费者或社会公众产生的影响等。

（1）股东方影响评价

分析项目对目标公司的股东方及与股权收购可能涉及的相关金融机构、风险投资公司等投资者的影响。其中，股东方既包括股权收购方，也包括目标公司存续的原股东方。

（2）社会公众影响评价

分析项目对当地社区、非政府组织等社会公众的利益和期望的影响。分析项目是否有助于改善社区环境、提升公众福祉、改进居民生活质量。

第五节 项目目标实现程度评价

一、战略目标实现程度评价

战略目标。全面贯彻落实国家交通强国的发展战略，为A公司开展智慧交通和现代数字城市业务提供业务支撑。

评价意见。案例项目投资对于A公司来说是发展智慧交通的一条捷径，战略价值显著。A公司以案例项目为支点聚焦高新电子主业，大力推进智慧交通业务，可以为助推主业发展提供应用平台和项目载体。从目标公司运营效果看，目标公司已经成为A公司在智慧交通业务板块的重要业务和技术支撑。后评价认为案例项目投资实现了A公司发展战略规划，战略规划目标基本实现。

二、投资目标实现程度评价

（一）具体目标

具体目标是增强 A 公司智慧交通业务能力和安全可靠环境的软件开发、适配及项目管理与交付能力。

评价意见。后评价认为目标公司具有成熟的产品序列、完善的技术架构体系和较强的研发技术实力、项目交付能力。在 A 公司的有效监督管理下，无论是当下还是未来都有助于增强 A 公司智慧交通业务能力和安全可靠环境的软件开发、适配及项目管理与交付能力，以及有助于案例项目投资直接目标的实现。

（二）收益目标

经后评价测算，案例项目内部收益率为 11.72%，动态投资回收期 10.7 年；A 公司对案例项目定位为战略投资，未设财务收益目标。从后评价测算情况看，财务内部收益率与资产评估的折现率基本相当，收益比较可观。

（三）影响目标

影响目标。有效促进目标公司业务发展，实现综合实力的显著提升，市场和业务规模实现增长，产品服务质量得到提高；为当地就业和经济发展发挥积极作用和影响；促进智慧交通行业技术进步，能够更好地适应未来技术的发展。

评价意见。目标公司市场规模平稳扩大，品牌形象得到了重新塑造和显著提升，产品服务质量得到了较大提高，综合实力总体提升显著；在提供就业、缴纳税款和维护社会稳定等方面为当地经济发展作出了积极贡献；目标公司业务基础和业务经营发展理念符合智慧交通的发展模式。后评价认为，案例项目的社会影响目标基本实现。

> **小贴士**

在股权收购项目后评价的目标实现程度评价中,需要重点关注战略目标的实现、财务效益的评估、整合效果的评估、风险控制与应对、协同效应的发挥,以及长期发展的影响等方面。通过全面、客观地评价这些方面,可以为公司未来的股权收购决策提供有价值的参考和依据。

1. 战略目标的实现

首先,需要分析股权收购是否有效实现了既定的战略目标,包括评估股权收购是否增强了股权收购方或目标公司的市场竞争力、是否促进了股权收购方或目标公司业务的多元化或专业化发展,是否提升了股权收购方或目标公司的技术创新能力等。其次,通过对比收购前后的股权收购方或目标公司业务数据、市场份额的变化以及技术成果,可以客观地评价战略目标的实现程度。

2. 财务效益的评估

财务效益是股权收购项目后评价的重要指标之一。需要关注收购后目标公司的财务状况,如盈利能力、偿债能力、营运能力等方面是否有所提升。通过对目标公司财务报表的分析,可以了解股权收购项目的投资回报率、现金流状况等关键财务指标,从而判断财务效益的实现情况。

3. 整合效果的评估

股权收购后,股权收购方对目标企业的整合效果直接关系目标实现的程度。需要评估双方在业务、管理、文化等方面的整合是否顺利,是否出现了预期之外的问题。通过调查目标企业的运营状况、员工满意度,以及市场反馈,可以判断整合效果的好坏。

4. 风险控制与应对

在股权收购过程中,风险控制和应对是确保目标实现的关键因素。

需要分析股权收购项目在风险控制方面的表现，如是否有效识别并应对了潜在的市场风险、法律风险、运营风险等。同时，还需要关注股权收购后是否出现了新的风险点，以及目标公司是否采取了有效的应对措施。

5. 协同效应的发挥

股权收购的一个重要目标是通过协同效应提升公司的整体价值。因此，需要分析股权收购后股权收购方和目标公司是否实现了预期的协同效应，如成本节约、市场份额扩大、技术创新等。通过对比收购前后的业务数据和市场表现，可以判断协同效应的发挥程度。

6. 长期发展的影响

除了关注短期内的目标实现情况外，还需要考虑股权收购对股权收购方或目标公司长期发展的影响。分析收购是否为股权收购方或目标公司带来了持续的增长动力、是否有利于股权收购方或目标公司的长期战略规划和可持续发展等。通过综合考虑这些因素，可以更加全面地评价股权收购项目的目标实现程度。

三、成功度评价

后评价认为案例项目投资决策正确，程序合规、组织高效、时机恰当，实施有序、整合有效、运营管理完善。目标公司通过资源整合，在市场、技术、品牌和产品等方面取得了显著提升，服务供给能力和市场适应能力逐步增强，已经成为 A 公司在智慧交通业务板块重要的业务和技术支撑；其财务收益稳定，发展前景乐观。案例项目在资源、技术、业务和战略等方面具有显著的协同效果，产生了积极的社会和经济影响。综合考虑案例项目的投资过程、效益效果、影响和项目可持续性等评价维度，后评价认为案例项目的战略目标、投资目标和影响目标实现情况良好，项目投资基本成功。

第六节　项目可持续性评价

一、内部因素可持续性评价

（一）A公司良好的资信背书，为目标公司可持续发展提供融资和资信支持

A公司拥有良好的资金、技术、管理运营能力和国企背景，具有良好的资信条件，作为目标公司的大股东，能够为目标公司提供良好的资信背书，增强目标公司的融资能力，改善融资条件，降低融资成本，为目标公司可持续发展提供融资和资信支持。

（二）目标公司坚实的业务资源和稳定的技术研发能力，助力其经营发展的可持续性

目标公司在综合交通领域业务、技术和资源等方面具有显著优势，能够实现综合交通项目的快速交付与展示，具备一定的能力储备，能够快速响应交通行业变化需求，在业界具有较好的口碑，为目标公司经营发展的可持续性提供了动力。

（三）基于自身核心能力果断进行业务转型部署，有利于目标公司的可持续发展

在经历了2022年经营低谷期后，目标公司认识到之前发展定位脱离了自身的核心产品和技术，通过系统分析自身资源优势、行业发展趋势和A公司内外部资源条件，果断调整了之前的软件开发、适配及项目管理与交付战略定位，确定了走产品化和被集成战略路线。后评价认为目标公司的战略转型合理，对市场具有较好的适应性，有利于目标公司的可持续发展。

二、外部因素可持续性评价

（一）政策支持和快速增长的行业发展态势，力促目标公司可持续发展

由于信息设备更新迭代频繁，智慧交通行业一般更新换代周期在5年左右，有助于目标公司实现市场业务循环可持续。后评价认为，智慧交通行业顺应行业政策导向，今后相当长时期内国家在政策上会积极支持智慧交通，各地方政府和交通管理企业也会有强劲需求，未来市场前景向好，空间预期较大，为目标公司可持续发展创造了条件。

（二）行业竞争逐步加剧，对目标公司的正常生产和可持续经营形成一定压力

目前，智慧交通各领域的市场竞争逐步加剧，对于目标公司而言，各领域的竞争对手实力较强，市场开发压力较大。在市场竞争方面，价格逐步走低，偶尔存在恶意低价竞争、扰乱市场环境的情形，对于行业市场环境产生了较大的影响。后评价认为，行业竞争逐步加剧对目标公司的正常生产和可持续经营形成一定压力，但通过稳市场、降成本、提效能等手段能够保证目标公司的可持续发展。

三、可持续性评价结论

案例项目为目标公司的可持续发展创造了良好的条件，在坚定走产品化和被集成战略路线后，通过整合目标公司已有资源，能够增强目标公司的可持续发展能力。此外，目标公司正处于智慧交通行业大发展时期，市场空间较大，虽然行业竞争逐步加剧，但可以通过稳市场、降成本和提效能等管理手段加以缓解和应对。综合目标公司的内部条件和外部因素，后评价认为目标公司具有较好的可持续发展能力。为了保障企业长效可持续发展，还需要密切关注智慧交通行业市场发展动向，坚定战略定位，进一步整合A公司和目标公司的技术和资源优势，持续提升市场竞争力。

> **小贴士**

股权收购项目的可持续性评价主要针对目标企业发展,是对目标企业在未来长期发展中能否保持其竞争力、稳定性和增长潜力的全面评估,需要重点把控以下几个方面。

1. 经营稳定性评估

分析评价收购后目标企业是否能够保持稳定的经营状态,包括市场份额、客户基础,以及供应链的稳定性。分析企业是否具备应对市场变化、竞争压力及潜在风险的能力。

2. 财务可持续性分析

考察目标企业的财务状况,包括盈利能力、现金流状况及债务情况;评估目标企业的财务策略是否与长期发展目标相契合,以及是否能够支持目标企业未来的扩张或投资计划。

3. 战略与业务契合度

分析收购项目是否与收购方和目标企业的整体战略相契合,是否能够增强双方的核心竞争力;评估项目是否有助于收购方或目标企业实现多元化发展或进入新市场,以及是否能够提升双方的市场地位。

4. 技术与创新能力

考察企业是否具备持续的技术创新能力,以应对行业技术的快速变化。分析企业是否重视研发投入,以及研发成果是否能够转化为实际的生产力。

5. 环境与社会责任

评估目标企业在环境保护、社会责任及公司治理方面的表现。分析目标企业是否遵守相关法律法规,以及是否积极参与社会公益事业。

6. 法律风险与合规性

调查收购方在股权收购过程中是否遵循了相关法律法规,以及是否存在潜在的法律风险。评估目标企业在日常经营中是否建立了完善的合规体系，以确保目标企业的合规运营。

7.人力资源与企业文化

分析目标企业的人力资源状况，包括员工素质、培训机制及激励机制。评估目标企业文化是否有助于形成凝聚力，以及是否能够支持目标企业的长期发展。

第七节　结论和建议

一、综合评价结论

A公司基于交通强国的战略部署，将智慧交通业务作为切入点开拓数字化业务的局面，与目标公司开展合作，为增强A公司智慧交通业务能力和安全可靠环境的软件开发、适配及项目管理与交付能力提供技术支撑。案例项目投资决策符合国家的行业战略导向和A公司的战略部署要求，目标企业选择恰当，投资决策程序完备、合规，投资时机把握及时，投资决策正确。

案例项目的股权收购及增资工作准备充分，组织高效，风险识别准确，应对和防范措施可行，股权转让及增资协议要素完整、内容全面，股权收购及增资工作依据计划顺利完成。

案例项目在企业人员、市场、技术和文化整合方面整体顺畅，A公司与目标公司在技术管理创新和业务资源协同方面基本实现预期，为目标公司稳定有序经营提供了管理保障。

目标公司运营管理机制完善，发展战略合理，市场策略适用，业务执行力较强，能够助力企业提升竞争力和树立良好品牌形象。

在绩效评价方面，后评价认为案例项目在政策导向、市场环境、合作方资源融合等方面具有较好的适应性，能够促进目标公司可持续发展，满足国有资产保值增值的经济目标要求；案例项目投资时机和规模合适、投资方向和成本合理，取得了符合决策预期的实施效果；案例项目对于 A 公司、小股东（新设有限合伙企业）和目标公司而言都是最优选择，投资决策具有较强的择优性，在实践中也切实实现了多方共赢的利益格局。投资全过程风险意识较强，风险管理措施完善，取得了较好的风险管理效能。

在技术评价方面，目标公司的研发和技术实力较好，战略发展定位及路径可行，具有较好的可持续发展能力。案例项目中股权收购及增资决策合理、可行性较强，实现了投资共赢。

在财务评价方面，案例项目投资依据计划有序落实，财务收益基本达到预期水平，实现了国有资产保值增值目标；目标公司具有较好的偿债能力、盈利能力、营运能力、发展能力等，指标基本处于正常水平，后续需关注获取现金能力和应收账款周转率。目标公司治理结构合理、健全，权责清晰，实现了所有权和经营权的分离，极大地提高了管理效率和效果，与公司的业务规模和管理要求相适应，能够为目标公司可持续发展提供管理和组织保障。

在协同效应评价方面，A 公司与目标公司双方在战略、技术、市场等方面互相支持促进，互相融合共享，实现了协同和共赢发展。

在项目影响评价方面，对目标公司而言，有利于其拓展市场空间、提升技术研发能力；对 A 公司而言，有助于其实现"十三五"规划战略性投资，快速切入和发展智慧交通业务，是落实战略部署的重要举措。A 公司与目标公司实现了优势互补和资源有效整合，经营效益提高的同时增加了当地税收收入，促进了智慧交通行业的技术进步。

在目标实现程度和可持续性评价方面，后评价认为案例项目中投资方的战略目标、协同目标、影响目标和财务目标基本实现。综合内外两个方面因素，后评价认为目标公司具有较好的可持续发展能力。为了保障目标公司长效可持续发展，还需要密切关注智慧交通行业市场发展动向，坚定战略定位，进一步整合 A 公司和目标公司的技术和资源优势，持续提升市场竞争力。

综合考虑案例项目的投资过程、效益效果、影响和项目可持续性等评价维度，后评价认为案例项目投资基本实现预期目标，实现了国有资本的保值增值，投资成功。

二、经验教训

（一）主要经验

① A 公司抓住投资机会，积极主动，慎重分析，及时决策，尽职调查工作扎实到位，为案例项目投资决策提供了强有力的支撑。

案例项目股权收购前，A 公司前期论证、决策积极慎重，程序完备，调研充分；开展了法律、人力、财务和业务等方面的尽职调查工作，并依据公司投资管理规定要求对目标企业开展了资产评估和审计工作。前期专项工作对制订股权投资方案、开展可行性分析、有效管控投资风险等提供了必要的依据和支持，也为案例项目投资决策提供了强有力的支撑。

② A 公司风险意识较强，风险管理完善，为案例项目实现预期目标提供了保障。

基于尽职调查发现的目标公司营业收入和利润相对较低，A 公司分析出案例项目存在目标公司业绩不达预期的市场风险，制订了"业绩承诺期对赌要求"的风险应对方案；针对尽职调查发现的核心技术人员流失风险，A 公司在《股权转让及增资协议》中设定了"核心人员流失违约金"条款；通过案例项目的风险防范和应对措施，有效地激励了目标企业在收购后积极利用 A 公司销售市场体系资源，提高经营收益，圆满地实现了业绩承诺期的盈利指标，留住了目标企业全部核心人员。后评价认为 A 公司风险意识较强，风险管理完善，为案例项目实现预期目标提供了保障。

③ 目标公司技术架构与业务深度契合，复用率高，需求响应性较好，为保持市场可持续提供支持。

目标公司在技术研发方面，基于信创安全体系，确保本质安全。产品在技术架构上与交通行业业务深度契合，交通领域内复用率高，能够快速响应交通行业变化需求，为市场可持续性提供支持。

④目标公司积极开拓市场，拓展新业务，申请专利，保护研发成果，为市场扩张和可持续经营提供了保障。

目标公司积极开拓市场，确保了公司的市场份额，努力控制经营成本，使公司净利润保持增长并达到股权转让协议承诺目标。目标公司通过研发投入，不断在智慧高速、智慧养护、智慧隧道等方面拓展新的业务。积极申请专利，保护研发成果，为在市场中长远立足打下良好基础。

⑤目标公司具有较强的补位和协作企业文化，提高了企业执行力，助力企业树立良好品牌形象。

目标公司员工具有较强的补位意识、协作理念，较大程度增强了团队凝聚力和向心力；员工能够以企业的大局为重，具有较强的执行力，为提高企业服务质量和树立良好品牌形象提供了动力。

（二）存在的问题与不足

①业务细分领域抗冲击性有待提高。

对于目标公司的相关业务，市面上已经有多家公司的竞争产品，在设计理念方面也存在一定程度的同质化倾向。

目前，智慧交通行业比较主流且具有业务竞争力的公司在交通业务收入数据及业务毛利润率方面表现良好。为了产业的横向扩展，一些以前尚未涉足智慧交通业务的公司，在未来几年内也有可能入场。在未来的发展进程中，目标公司不可避免地会受到市场份额的冲击，目标公司需做好业务细分领域的抗冲击准备。

②平台数据来源可靠性有待提升。

近年来，所有从事智慧交通行业的公司都已经达成共识：在"物联网＋大数据＋云计算＋人工智能"的框架下，"大数据"是最为宝贵的一个环节。掌握了数据渠道,就掌握了一定的市场话语权。目标公司目前的数据获取方式多为"购买数据包"的形式。采取数据的分析、处理、学习、提炼等再加工模式对于目标公司来说的确是最为经济的手段,但若从 A 公司长远的市场战略利益考虑,需要进一步提升平台数据来源可靠性。因此,可以深入拓展"云+数"的模式,一方面考虑发展自己的前端硬件设备,另一方面考虑与一些头部企业进行深入绑定。

③核心人员数目有待增加,市场与销售力量有待加强。

核心团队人员数目(研发+销售)基本维持目标公司的原状,不利于新技术的开发及新兴市场的开拓。市场与销售力量不足是目标公司目前面临的主要困难。在未来几年内,建议目标公司研发团队培养出一批有想法、有干劲的优势力量,销售团队能够拥有一些既懂技术又懂市场的复合型人才。

三、对策建议

(一)针对目标公司的建议

①在交通数据源的获取渠道及应用层面上,可以深入拓展"云+数"的模式,促进目标公司可持续发展。

一方面,可以考虑发展自己的前端硬件业务,如摄像头、微波雷达等检测传感器,增强定点获取交通流信息的能力;另一方面,可以考虑与一些头部企业进行深入绑定,根据驾乘人员的 OD 信息,推算其动态轨迹,扩充信息获取渠道。

②加强在专利、软件著作权等方面的申报力度,实现知识产权成果数量和质量双轮驱动。

知识产权管理方面,建议目标公司进一步加大专利和软件著作权的申报力度,提前做好知识产权管理架构和研究方向规划,加快研发成果或好的研发构想申报专利或软件著作权的进度,实现知识产权成果数量和质量双轮驱动。

③借助 A 公司营销平台力量,达到交通市场精细化覆盖及专业团队支撑的有效结合,以课题为导向引导客户需求,推荐自有技术和产品。

建议目标公司通过统合产品与方案纳入 A 公司营销体系,并借助 A 公司营销平台力量,达到交通市场精细化覆盖及专业团队支撑的有效结合。积极参与交通部、地方交通主管部门的课题研究,以课题为导向引导客户需求,推荐自有技术和产品。

④抓住智慧交通大发展的机遇期,树立良好品牌,适当提升激励力度,以事业发展的良好预期留住核心人才。

对于高新技术企业,人才是核心竞争力。建议目标公司抓住智慧交通大发展的机遇期,尽快确立自身的竞争优势地位,树立良好品牌。适当提升激励力度,以事业发展的良好预期留住核心人才。

⑤拓展交通行业云项目,增强目标公司在智慧交通市场的竞争力。

建议目标公司在交通行业云上做一些投入和拓展。目标公司具有差异化的解决方案,能够充分实现 A 公司智慧交通业务板块的资源优势,反过来成为有力支撑目标公司在智慧交通业务拓展的资源条件。目标公司的产品和技术研发与云资源的充分融合,可以极大增强目标公司在智慧交通市场的竞争力。

(二)针对股权收购方的建议

①发挥目标公司在交通行业的技术积淀优势并加大投入迭代,形成具备行业特性的差异化产品及方案。

在技术方面,建议 A 公司发挥目标公司在交通行业的技术积淀优势并加大投入迭代,通过交通行业业务性捆绑形成交通行业的整体方案及具备行业特性的差异化产品及方案。

②为目标公司拓展交通行业云业务及市场给予战略指导和必要的资源投入。

建议 A 公司大力支持目标公司拓展交通行业云相关业务和市场,为目标公司拓展交通行业云给予战略指导和必要的资源投入,引导目标公司的产品和技术研发与云资源的充分融合,提升品牌价值和核心竞争力。

> 小贴士

在编写股权收购项目后评价报告的对策建议部分时,应着重注意以下几点。

①针对性与实用性。

对策建议应紧密结合股权收购项目的实际情况,针对评价过程中发现的股权收购方或目标公司的问题、短板和潜在风险提出具体、可行的建议。确保对策建议具有实用性和可操作性,能够指导企业改进管理、提升绩效和增强竞争力。

②系统性与全面性。

对策建议应涵盖股权收购项目的各个方面,包括但不限于目标公司的业务模式、市场策略、财务管理、人力资源、技术创新等,以及股权收购方的制度建设、投资管理、项目组织、监测反馈等。从多个维度出发,提出综合性的解决方案,确保对策建议的全面性和系统性。

③前瞻性与创新性。

在提出对策建议时,应考虑行业发展趋势和未来市场需求,确保建议具有前瞻性和创新性。鼓励采用新技术、新方法和新理念,推动股权收购方和目标企业实现可持续发展。

④数据支持与事实依据。

对策建议应基于充分的数据支持和事实依据,避免空洞的理论分析和主观臆断。可以通过引用相关数据、案例和研究成果,增强对策建议的说服力和可信度。

⑤风险评估与应对措施。

在对策建议中,应对可能出现的风险进行评估,并提出相应的应对措施。分析风险来源、影响程度和发生概率,制定有效的风险防范和应对策略。

第八节　总结与思考

一、股权收购项目的投资模式分析

股权收购是企业扩张、整合资源或实现战略目标的一种重要方式。成功的股权收购不仅能为收购方带来经济效益，还能提升企业的市场竞争力。股权收购是指一家企业（收购方）通过购买另一家企业（目标公司）的部分或全部股权，从而获得对目标公司的控制权或参与其经营管理。股权收购涉及的法律、财务、税务等方面的问题较为复杂，因此，投资者在进行股权收购前需充分了解投资模式、风险及应对策略。

（一）股权收购模式

1. 直接收购模式

直接收购模式是指收购方直接与目标公司股东进行谈判，购买其持有的股权。这种模式下，收购方需与目标公司股东达成收购协议，按照协议约定支付收购款项。直接收购模式的优点在于操作简便，但可能面临信息不对称、估值风险等问题。

2. 间接收购模式

间接收购模式是指收购方通过购买目标公司的母公司或控股股东的股权，从而间接控制目标公司。这种模式下，收购方可以避免与目标公司直接接触，降低信息不对称风险。但间接收购模式可能涉及更多层次的股权关系，操作更为复杂。

3. 杠杆收购模式

杠杆收购模式是指收购方以目标公司的资产为抵押，通过借款或发行债券等方式筹集资金进行收购。这种模式下，收购方可以用较少的自有资金控制较大的资产规模，但杠杆收购带来的债务负担和偿债风险也较高。

4.联合收购模式

联合收购模式是指多家企业或机构共同出资收购目标公司。这种模式下，各参与方可以分担收购成本、共享资源，降低单一收购方的风险。但联合收购模式也可能导致决策权分散、利益冲突等问题。

（二）股权收购策略

虽然股权收购和增资扩股都是股权投资项目的投资形式，然而在实践中，往往收购方在收购目标公司股权时采用股权收购和增资扩股并行两阶段的投资策略。本书引用的股权收购案例就是股权收购和增资扩股并行两阶段的投资策略，即先通过收购目标公司一部分股权的形式持有目标公司股份，然后再通过增资扩股的形式扩大持股比例，实现股权收购持股目标。该投资策略具有以下显著优势。

①降低初始风险与投资成本。通过先收购目标公司的一部分股权，收购方可以在初期控制投资金额，降低财务风险。同时，小规模的股权收购使收购方在初步接触和了解目标公司时，能够以一个较为谨慎的态度进行，减少因信息不透明或估值过高而带来的潜在风险。

②增进了解与建立信任。初步收购股权后，收购方将有机会更深入地了解目标公司的实际运营情况、市场前景、团队实力等关键因素，有助于收购方作出更为准确的判断和决策。同时，通过初步的股权合作，双方可以建立起初较好的信任关系，为后续的增资扩股合作打下良好基础。

③获得更多谈判筹码。在初步收购股权后，收购方在与目标公司进行增资扩股谈判时，将拥有更多的谈判筹码。例如，收购方可以基于已经持有的股权，提出更有利的增资条件或持股比例要求，从而确保自身利益的最大化。

④平滑过渡与稳定运营。采取分阶段的收购策略，有助于减少因突然的大规模股权变动给目标公司带来的冲击和不稳定因素。初步收购股权后，目标公司可以在相对平稳的状态下继续运营，而收购方也有更多的时间逐步融入和适应目标公司的文化和运营体系。

⑤优化资金使用与降低融资压力。通过先收购部分股权、再逐步增资扩股的方式,收购方可以更加灵活地安排资金使用计划,避免一次性投入大量资金造成的财务压力。同时,这种策略也有助于收购方在增资扩股过程中吸引更多的投资者和合作伙伴,共同分担风险和成本。

(三)投资风险及应对策略

股权收购项目中收购方涉及的风险众多,包括目标公司的财务状况、法律合规性、市场状况,以及整合难度等多个方面,需要在以下方面提前筹划应对策略。

1. 财务风险及应对策略

(1)存在的风险

①估值风险。对目标公司的估值可能过高,导致收购成本超出预期。

②负债风险。目标公司可能存在未披露的负债或潜在的法律纠纷,给收购方带来财务压力。

(2)应对策略

①尽职调查。进行详尽的财务尽职调查,包括审查财务报表、合同、税务记录等,以确保估值准确,了解所有负债和法律问题。

②设置担保与承诺。要求目标公司管理层提供财务担保,并对未披露的负债或法律问题作出明确的承诺和赔偿。

2. 法律风险及应对策略

(1)存在的风险

①法律程序风险。股权收购可能涉及复杂的法律程序和监管要求,不合规可能导致交易失败或产生法律纠纷。

②知识产权风险。目标公司可能涉及知识产权侵权问题,给收购方带来法律风险。

(2)应对策略

①法律咨询。聘请专业的法律顾问,确保收购过程符合所有法律程序和监管要求。

②知识产权审查。对目标公司的知识产权进行全面审查,确保无侵权风险或提前做好知识产权保护和维权准备。

3.市场风险及应对策略

(1)存在的风险

①行业风险。目标公司所在行业可能面临市场萎缩、竞争加剧等风险,影响收购后的盈利能力。

②政策风险。政策变化可能对目标公司的业务产生重大影响,如市场壁垒、税收优惠取消等。

(2)应对策略

①市场分析。对目标公司所在行业进行深入的市场分析,了解行业趋势和竞争格局。

②政策跟踪。持续关注相关政策动态,根据可能影响目标公司业务的政策变化作出及时调整。

4.整合风险及应对策略

(1)存在的风险

①文化冲突。收购方与目标公司可能存在文化差异,导致整合困难。

②人员流失。收购可能导致目标公司关键人员流失,影响业务稳定。

(2)应对策略

①文化融合。在收购前对目标公司的文化进行深入了解,制订文化融合计划,确保双方文化的和谐共存。

②保留关键人才。与目标公司关键人员进行深入沟通,提供有吸引力的激励措施,确保其继续留任。

二、法律法规加油站

（一）国家法律法规

《中华人民共和国公司法》。该法规定了股权收购的基本原则和操作方式。特别是，其中第八十四条明确规定了有限责任公司股东之间及股东向股东以外的人转让股权的条件和程序。第一百五十七条明确规定了股份有限公司股东之间以及股东向股东以外的人转让股权的条件和程序。此外，第二百一十八条至第二百二十一条也涉及公司合并的相关内容，这在某些股权收购案例中是重要的法律根据。

《中华人民共和国民法典》。尽管民法典主要关注民事关系的规范，但其中的一些条款，如关于法人清算程序和清算组职权的规定，也可能在股权收购的过程中有所涉及。

《中华人民共和国证券法》。对于涉及上市公司股权的收购，央企需要遵循证券法的相关规定，确保信息披露的及时、准确和完整，防止内幕交易和市场操纵。

《中华人民共和国反垄断法》。在股权收购过程中，如果可能涉及市场份额的集中或控制力的增强，央企需要按照反垄断法的要求进行申报和审查，防止形成市场垄断。

（二）国务院国有资产监督管理委员会的相关要求

《企业国有资产监督管理暂行条例》。国务院国有资产监督管理委员会对国有资产的监督管理有明确规定，央企在进行股权收购时，需要遵循条例中关于国有股权转让、审批、资产评估等方面的规定。

《中央企业投资监督管理办法》。该办法对央企的投资决策、风险管理、投资后评价等方面进行了规范，央企在进行股权收购时应遵循其相关规定，确保投资决策的科学性和合规性。

以上的名录并未穷尽，股权收购方在进行股权收购时还需根据具体情况，全面梳理和了解相关法律法规和政策，开展详尽的尽职调查、可行性分析和风险评估，确保投资决策的合规性和科学性。

第九章　股权转让项目后评价案例

第一节　项目概况

在国家西部大开发的战略浪潮中，A公司积极响应，深入内蒙古的电力市场，与B公司携手新设H公司，建设运营D电厂项目，旨在积累火电项目建设的经营管理经验，同时为内蒙古西部地区的电力需求提供有力支持。自2003年1月机组投入商业运营以来，D电厂项目进展顺利，经济效益可观，至2010年年底，A公司已成功回收全部资金投入。

然而，随着市场环境的变化，H公司面临着新的挑战。内蒙古电网风电和光伏装机容量的快速增长、燃料价格的上涨，以及自备火电上网容量的增加，导致D电厂发电量显著下降和收益状况恶化。2011年，H公司的亏损高达8000余万元，且呈现持续亏损的趋势。

为了扭转这一不利局面，B公司决定寻求新的投资者进行股权合作。经过深入洽谈，B公司与C公司达成了初步的合作意向。C公司作为一家以PVC、烧碱、水泥等化工建筑产品为主的生产企业，其用电负荷巨大，每年可达500MW，同时还有着旺盛的工业蒸汽需求。随着生产规模的扩大，C公司对电力和蒸汽的需求越发迫切。

值得一提的是，C公司与H公司之间的合作具备得天独厚的地理优势、政策支持和现实需求。政府对两家企业的合作给予了积极的支持和期待。

经过深入权衡和董事会的慎重考虑，A公司决定以H公司与C公司开展股权合作，将D电厂转为自备电厂为契机，公开挂牌转让A公司持有的H公司40%的股权。2013年1月，经过"进场交易"的规范流程，A公司、B公司与C公司成功完成了股权转让。股权重组完成后，B公司和C公司分别持有H公司51%和49%的股权。

一、目标企业概况

H公司位于内蒙古西部，由B公司与A公司共同出资组建。2001年7月注册成立，2003年1月开始运营。

经过十余年的发展，H公司的资产规模不断壮大。2007—2010年，D电厂累计发电量80多亿千瓦时，实现收入近20亿元，为股东和投资者带来了丰厚的回报。自2011年起，受经济下滑、蒙西电网装机容量快速增长，以及热电联产机组、风力发电负荷挤占电力市场空间等多重因素影响，H公司的经营环境发生了较大变化，开始出现亏损。

二、股权转让相关方简介

在H公司的股权结构中，B公司作为控股方，持有60%的股权，而A公司则持有剩余的40%。A公司决定将其所持有的这部分股权转让给C公司。以下是三家公司的简要介绍。

B公司。作为H公司的控股方，B公司在能源领域有着深厚的积累和广泛的业务布局。其主营业务涵盖了火力发电、蒸汽和热水的生产供应，以及煤炭铁路和配套基础设施项目的投资。此外，B公司还涉足煤化工、煤炭深加工行业的投资、建设及运营管理，并对石灰石等与电力生产相关的原材料进行投资。这些多元化的业务为B公司提供了稳固的市场地位和强大的盈利能力。

A公司。作为全球领先的以煤炭为基础的一体化能源公司，A公司在煤炭、电力的生产与销售领域具有举足轻重的地位。其业务不仅覆盖了煤炭的开采和销售，还延伸到了煤炭的铁路、港口和船队运输等领域。作为我国规模最大、现代化程度最高的煤炭企业，A公司凭借其卓越的管理和技术实力，成为世界上最大的煤炭经销商。

C公司。作为国内知名的大型氯碱化工企业，C公司在化学工业领域具有显著的影响力。由于其生产过程中的高能耗和高蒸汽用量，C公司对电能和蒸汽的需求极大。为了满足这些需求，C公司配置了蒸汽锅炉，并持续寻求稳定的电力供应来源。

三、股权转让背景

随着内蒙古区内电力投资项目的大力推进，内蒙古电力市场装机容量过剩现象凸显，公用电厂的可利用小时数和上网电量下降幅度明显。在煤价大幅上涨和国家"上大压下"的政策背景下，小装机燃煤非供热机组面临生存危机，H公司自2011年开始经营收益出现严重亏损并且每况愈下，迫切需要进行战略调整，寻找新的发展机遇。

（一）电力市场的饱和与新能源的崛起

蒙西电网装机容量的迅速增长，特别是风电装机容量的大幅增加，直接导致了火电市场份额的减少。与此同时，光伏发电在内蒙古的迅速崛起，加上其上网电量受到国家政策的保护，进一步挤压了火电的生存空间。

（二）供热机组与自备机组的双重夹击

公用非供热机组在火电中的占比并不小，但随着上网电量逐渐向供热机组倾斜，以及自备机组对市场份额的挤占，其前景变得不容乐观。特别是在2012年，新投入的火电发电容量更是为这一市场带来了巨大的压力。

(三)政策导向与技术发展

"上大压小"和环保政策的实施,使20万千瓦以下的非供热机组受到了严重的制约。在当时的技术发展趋势和电力构成下,这些机组面临着巨大的生存危机。

(四)H公司连续亏损

受到某地电力市场低迷、新能源装机增加、煤炭价格上涨等多重因素影响,H公司的财务状况急剧恶化,连续两年出现大额亏损。为了扭转这一局面,公司急需寻找新的出路。

(五)C公司的需求与政策支持

C公司作为内蒙古的重点企业之一,面临着生产供电和工业蒸汽供应不足的问题。与H公司的合作不仅能解决其能源需求,还能实现循环经济发展,提高能源的综合利用率。此外,政府对两家企业的合作给予了积极的支持。

在这样的背景下,C公司作为新的投资者,通过股权重组的方式与H公司合作,成为双方共同打破发展瓶颈、实现共赢的最佳选择。这一合作不仅符合国家相关产业政策,还能有效发挥双方的资源优势,共同迎接未来的挑战。

四、决策要点及目标

(一)决策过程及要点

1. 股权重组建议的发起

B公司作为H公司的控股方,首先提出了股权重组的建议。这一建议是基于对当时市场环境及H公司经营状况的深入考虑,旨在寻求新的发展机遇和突破。

2. A 公司的分析与预测

在收到 B 公司的建议后，A 公司对 H 公司的经营状况、发展趋势及未来前景进行了全面分析。结合内蒙古地区的电力和煤炭市场情况，A 公司认为 H 公司面临巨大的市场挑战，尤其是 20 万千瓦非供热机组的生存危机。在此基础上，A 公司进一步预测，如果不采取措施，H 公司的亏损状况将持续，甚至可能面临更大的经营风险。

3. 股权重组方案的选择

A 公司对比分析了增资扩股和股权转让两种股权重组方案。考虑到增资扩股会进一步稀释 A 公司的持股比例、降低其在 H 公司的话语权和分红收益，A 公司认为继续持有参股股权的意义不大。因此，A 公司建议采取股权转让的方式，将持有的 H 公司全部股权转让给有实力和意愿的投资者，以实现 H 公司扭亏为盈和持续经营。

4. 董事会的决策与公开挂牌转让

在经过深入分析和充分讨论后，A 公司的董事会同意了股权转让的建议。随后，A 公司决定以 H 公司与 C 公司有意向合作为契机，公开挂牌转让其持有的 H 公司的全部股权。这一决策标志着 A 公司正式退出 H 公司的股权结构，也为 H 公司带来了新的发展机遇和合作伙伴。

（二）决策目标

1. 宏观目标

通过股权重组，满足 C 公司对电力和工业蒸汽的迫切需求，从而有效提升 D 电厂的机组负荷，缓解 H 公司的经营压力，实现扭亏增盈。

确保转让方 A 公司、受让方 C 公司，以及目标企业 H 公司三方均能获得利益，实现社会资源的最大化利用和持续良性发展。

2.具体目标

(1)财务目标

确保 A 公司持有的 H 公司 40% 股权的转让价格不低于其在国务院国有资产监督管理委员会备案的国有资产评估价值,保障国有资产的保值增值。

(2)技术目标

严格按照国务院国有资产监督管理委员会的相关规定,确保此项股权交易在指定范围内的产权交易机构按照规范的工作流程进行挂牌交易,保证交易的公开、公正和公平。

(3)影响目标

对于转让方 A 公司,成功实现战略性退出,确保国有资产的保值增值,并为再投资大容量、高参数、环保节能机组奠定基础。

对于受让方 C 公司,满足其生产用电和工业蒸汽需求,进一步扩大企业经营规模,提升市场竞争力。

对于目标企业 H 公司,通过提高机组负荷率、增加发电量,实施供热改造,提供稳定的热负荷,实现热电联产,促进粉煤灰、脱硫石膏等副产品的综合利用,最终扭亏为盈,确保企业的持续经营和员工队伍的稳定。

五、股权转让实施过程概述

2012 年 11 月,A 公司下发关于转让 H 公司 40% 股权的批复,标志着案例项目正式启动。

为确保股权转让流程的顺利进行,A 公司依据批复要求,迅速而有序地展开了多项准备工作。这其中包括国有资产的全面评估、法律风险的深入调查,以及与潜在受让方的合作意向谈判。同时,公司内部也完成了董事会和股东大会的决议程序,为股权转让提供了坚实的决策支持。在完成国有资产评估备案、股权重组合作意向书的签订,以及法律尽职调查工作后,案例项目的准备工作圆满结束。

随后，A 公司在联合产权交易所提交了产权转让信息发布申请书，并成功公开挂牌转让了 H 公司 40% 的股权。经过一段时间的等待和严格的筛选，确定 C 公司为受让方。联合产权交易所即时发布了项目的交易结果通知书，确认了 C 公司的受让地位。

在此之后，A 公司与 C 公司依法签订了关于 H 公司产权交易的合同。最终，在完成了股权交割后，A 公司获得了联合产权交易所颁发的产权交易凭证，标志着案例项目正式完成。

六、目标企业转让后经营情况

（一）股权重组和供汽改造完成情况

1. 股权重组概况

在股权重组之前，H 公司的股权结构由 B 公司和 A 公司共同持有，其中 B 公司持有 60% 的股权，而 A 公司则持有剩余的 40%。公司的主营业务是运营两台 20 千瓦的火力发电机组。

通过股权转让的方式，将 A 公司所持 H 公司 40% 股权和 B 公司所持 H 公司 9% 股权转让给 C 公司。股权转让完成后，B 公司仍然保持控股地位，持有 51% 的股权，而 C 公司持有了 49% 的股权，与 B 公司共同构成了 H 公司的新股东阵容。

2. 供汽改造概况

2013 年，H 公司组织开展了供汽改造工作，次年，完成了供汽、供热系统的改造和调试工作，投入运营，项目投资 7000 余万元。按照 C 公司的需求，H 公司实现了每小时向 C 公司供汽 60~80 吨的目标。

（二）重组后经营情况

2013 年，H 公司全年发电量达到了 17 亿千瓦时左右，实现了近 4 亿元的收入，但当年出现了数千万元的经营亏损。2014 年，发电量增至 17 亿多千瓦时，实现了 4 亿多元的收入，亏损额度较上一年大幅缩减。

七、案例项目特性深度剖析

案例项目中的股权转让，在决策依据、组织实施及风险管控等多个维度上，均呈现出鲜明的特性。

（一）顺应 H 公司转型趋势

随着 D 电厂向自备电厂的转变，这不仅为股权转让提供了历史性的机遇，同时也为整个项目的决策和操作奠定了坚实的基石。这一转型趋势不仅符合当前能源行业的发展方向，更为股权转让项目提供了广阔的舞台。

（二）紧扣 A 公司战略规划

在股权转让中，每一项决策和行动都紧密围绕 A 公司的长期发展战略展开。股权转让不仅是 A 公司战略布局的一部分，更是推动公司未来发展的关键一环。这种紧密的结合，确保了股权转让与 A 公司整体战略的高度一致性。

（三）风险最小化为核心诉求

在股权转让过程中，A 公司始终将降低风险作为核心目标。通过精准的风险识别、评估和控制，力求将各种潜在风险降至最低，确保交易的平稳进行和目标公司的稳定运营。

（四）科学决策的支持体系

案例项目在投资决策过程中，依托全面、客观的市场分析和风险评估，确保决策的科学性和合理性。该决策支持体系不仅提高了决策的准确性，也为股权转让的成功实施提供了坚实的保障。

（五）精心准备与果断行动

在整个股权转让过程中，充分做好前期准备工作，确保各项工作的顺利进行。同时，紧抓时机，果断行动，确保整个股权转让过程的高效和顺畅。

> **小贴士**
>
> 在项目后评价过程中，深入剖析项目特性是至关重要的。这些特性包括项目的独特性、关键影响因素，以及成功或失败的核心要素。项目特性分析为评价人员提供了全面的项目视图，有助于他们更准确地把握评价的核心要点。
>
> ①深入理解项目的特性可以帮助评价人员对项目有一个全面的认识。每个项目都有其独特的背景、目标、实施路径和影响范围。通过深入分析这些特性，评价人员可以更准确地了解项目的实际情况，把握其核心问题和关键要素。这有助于他们避免因为对项目了解不足而导致的评价偏差，从而更准确地评估项目的成果和效果。
>
> ②深入剖析项目特性有助于评价人员发现项目的成功经验和失败教训。每个项目都有其独特的成功秘诀或失败原因。通过深入分析这些特性，评价人员可以更清楚地看到项目成功或失败的关键因素，对于未来类似项目的实施具有重要的启示作用。同时，也有助于评价人员更客观地评估项目的成果和效果，为项目的改进和优化提供有力的依据。
>
> ③对项目特性的深入剖析还可以帮助评价人员预测项目的未来发展趋势。通过深入了解项目的特性和关键因素，评价人员可以更有信心地预测项目的未来走向，为项目后续的规划和发展提供重要的参考。同时，也有助于评价人员更全面地评估项目的潜在风险和挑战，为项目的可持续发展提供坚实的保障。

④综上，深入剖析项目特性对于项目后评价至关重要，不仅有助于评价人员更准确地把握项目的核心要点，还可以提升他们的专业素养和能力水平。通过这样的分析，评价人员可以为项目的改进和优化提供有力的支持，推动项目评价工作的不断发展和完善。

第二节 股权转让实施过程评价

后评价将股权转让实施过程划分为股权转让决策、转让准备和转让实施三个阶段。其中，股权转让决策阶段以 A 公司对股权转让的批复为完成时间节点，股权转让准备阶段以 A 公司填写完成产权转让交易发布申请书为完成时间节点，股权转让实施阶段以取得联合产权交易所发布的产权交易凭证为完成时间节点。

> **小贴士**
>
> 股权转让项目的阶段划分不是固定不变的，可以根据具体项目的情况和需求灵活调整。然而，无论划分方式如何，每个阶段都应设立明确的节点，以便有效监控项目进度和成果。这些节点不仅有助于评价项目是否按计划进行，还能作为各阶段工作成果的评价依据。

一、股权转让决策阶段总结与评价

（一）股权转让决策阶段回顾

为了改善 H 公司的亏损状况并推动其可持续发展，C 公司提出了与 H 公司展开股权合作的建议。根据合作计划，H 公司将利用其电力资源为 C 公司提供生产用电，并通过技术改造，使其机组能够同时产生工业蒸汽，以满足 C 公司的生产需求。在接到 C 公司的股权合作意向后，A 公司经过深入研究和细致分析，编制完成《关于 H 公司股权重组的报告》，报告最终获得 A 公司董事会的批准。

1. 股权转让发起

鉴于 H 公司面临的技术与经济挑战，以及对扭亏为盈的迫切需求，股东方开始积极探索重组策略。2012 年 6 月，股东方提出两个重组方案，即增资扩股和股权转让。

①增资扩股：对 H 公司进行资产评估，C 公司根据净资产进行增资，成为第三股东。

②股权转让：在充分尊重 A 公司对股权转让意愿基础上友好协商，将资产评估作为作价依据，由 A 公司出让全部或部分股权，转让给 C 公司。

2. 成立收购工作小组

为了落实集团发展战略，抓住发展机遇，做好有关省市区"有市场、能利用两种资源、经济增加值大于零"的发电项目收购工作，A 公司成立发电项目收购领导小组和收购办公室（以下简称"收购办"），以开展收购项目的尽职调查、资产评估、制订收购方案、起草协议等工作。

H 公司股权转让事宜由收购办负责组织实施，开展股权转让的项目审计、资产评估、法律风险调查和进场产权交易等事宜。

3. 股权转让的初步论证

2012 年 6 月，收购办组织内部控制部、财务产权部、经营管理部等核心部门，召开了关于股权转让的内部工作会议。各部门就股权转让事宜进行了深入的探讨和分析。

内部控制部认为，考虑到地区的经营环境在未来几年内难以得到显著改善，且 A 公司作为小股东在几个参股电厂中的利益保护并不充分及 A 公司已有退出其他电厂股权的考虑，建议抓住合适时机进行退股。

财务产权部指出，A 公司在 H 公司的投资已全部收回并获得了可观的现金收益。因此，从投资效益的角度来看，是一个合适的选择退出的时机。如果继续持有 H 公司的股权，随着每股净资产的下降，将逐渐损害投资收益。因此，建议 A 公司考虑全部退出 H 公司的股权。

经营管理部认为，当地在政策层面对转为自备电厂的项目给予了较大支持，这种转变能确保更高的利用小时数和更好的盈利预期，但必须考虑 C 公司入股后的股权比例要求。如果 C 公司要求控股，A 公司的股权比例将等比例下降，成为小股东后继续持股的意义不大。因此，建议在合适的时机退出。

综上，各部门认为在当时形势下，选择合适的时机退出 H 公司的股权是明智的举措，有助于 A 公司优化其投资组合，降低投资风险，并为其未来的发展策略腾出更多的资源和空间。

4. 股权重组报告编制

收购办以其与控制部、经营管理部和财务产权部的研究和讨论为基础，于 2012 年 6 月 29 日编制完成《关于 H 公司股权重组的报告》，并上报 A 公司申请批示。报告对增资扩股、股权转让和不同意股权重组三种方案进行了深入分析。

报告认为，增资扩股存在的风险包括：①供热改造投资风险。随着供热改造的推进，将增加相应的投资。若增资扩股资金不足以满足这一需求，可能要求各股东方追加资本投入。这将对股东方的资金流动性及长期投资计划造成影响。②自备电厂运营风险。一旦形成自备电厂，H 公司将失去××地区西部电网的上网资格，其电力销售将局限于 C 公司的用电需求，这将对供电、供热价格及结算机制带来新的挑战。即使 B 公司拥有控股权，也可能面临单一用户情况下控股方权威受到挑战的风险。③电厂转型风险。将公用电厂转型为自备电厂涉及众多因素，包括技术、政策、市场接受度等，其转型成功的可能性存在一定风险。

股权转让作为一种可能的解决方案，虽然有助于降低控制风险，但投资者可能面临以下两种风险。①评估价格风险。在股权转让过程中，H公司的评估价格可能会低于其账面净资产，这将对投资者的实际收益造成影响。②潜在收益损失风险。股权转让后，投资者将失去重组后可能带来的收益增长机会。

基于以上风险分析，结合H公司当时的经营状况、××西部电网市场情况，以及股权重组的前景，同时，考虑××电力市场前景的不确定性、参股单位管理失控、合作伙伴沟通协调难度大、小股东权利和利益无法得到充分保护，以及股权稀释后话语权和分红收益将进一步降低等因素，从管理和经济效益角度出发，建议全部转让H公司的参股股权。

5. 开展尽职调查

（1）咨询机构选择

按照国有产权交易的有关要求，需对目标企业开展财务审计、资产评估及法律尽职调查，按照A公司《资产评估管理办法》《采购管理指导意见》的规定，股权转让涉及的财务审计、资产评估和法律尽职调查等服务可实施直接采购。对符合资质条件的相关单位作了询价，确定会计师事务所、资产评估有限公司、律师事务所分别作为该项目的财务审计、资产评估、法律事务的中介机构。

（2）尽职调查工作开展

案例项目的尽职调查工作包括H公司财务审计、资产评估、法律风险调查等。

①尽职调查工作启动会。

2012年9月，A公司会同会计师事务所、资产评估有限公司、律师事务所召开了财务审计、资产评估及法律风险调查工作的启动会。

A公司介绍了项目背景及相关情况，提出了相应的工作要求：项目现场工作，审计评估基准日为2012年9月30日，股权转让于某市联合产权交易所进行，审计期间及相关事项须满足该所交易要求。

审计、评估、法律报告完成时间为 2012 年 10 月 25 日。由于股权转让涉及与其他扩建项目的资产划分、费用分摊问题，要求各中介机构在工作过程中，特别关注项目公司业务处理的规范性，坚持专业准则及工作原则，保证工作成果能够经得起专业检验。

②财务审计。

2012 年 11 月，会计师事务所出具了《H 公司财务报表及审计报告》，审计后公司净资产为 2.54 亿元。

③资产评估。

2012 年 11 月，资产评估有限公司出具了《H 公司股权项目资产评估报告书》，评估以资产基础法得出的结果为评估结论。截至评估基准日 2012 年 9 月 30 日，评估后 H 公司净资产为 57 588 万元，对应的 A 公司 40% 股权净资产为 23 035 万元。

④法律风险调查。

2012 年 10 月，律师事务所完成案例项目法律风险调查意见书，出具《关于 H 公司股权转让之法律意见书》。

法律意见书认为，股权转让方案不存在违反相关法律和法规的情况，符合国家有关法律和法规的规定，A 公司的国有股权转让按照转让方案实施不存在法律障碍。

6. 上报股权重组请示

2012 年 7 月，收购办向 A 公司上报《关于 H 公司股权重组的请示》，建议 A 公司在对 H 公司进行审计、评估的基础上，全部转让所持有的 H 公司 40% 参股股权，实现从 H 公司退出。

7. 股权转让请示批复

（1）A 公司的复函

2012 年 9 月，A 公司出具《关于对 H 公司股权重组的复函》，同意开展对 H 公司股权重组事宜，此项工作委托收购办负责协调、实施。按照国务院国有资产监督管理委员会的相关规定，此项股权交易必须按照规定的工作流程，指定范围内的产权交易机构挂牌交易。

（2）董事会决议

2012年10月，A公司召开董事会，审议通过了《关于转让H公司股权的议案》，明确了股权转让方案、受让方的资格要求及实施机构。

股权转让方案。通过依法设立符合规定的产权交易所挂牌转让，在产权交易所挂牌价格不得低于经A公司核准的标的股权的资产评估值，股权转让的最终价格以产权交易所根据交易规则公开竞价确定的转让价格为准。

受让方的资格要求。受让方需具有境内独立法人资格（不接受联合受让和自然人受让），满足连续三年盈利要求，提供挂牌期间不少于28 000万元的银行存款证明。

受让方出具承诺，承诺内容为：确保H公司实现持续经营，良性发展，保证H公司员工队伍稳定；有能力对D电厂进行供热改造并提供稳定的热负荷，实现D电厂热电联产运行；可以实现D电厂粉煤灰、脱硫石膏等的综合利用；拥有煤炭资源，能够在合理的价格基础上，优先满足D电厂煤炭的需求。

转让项目实施机构。与股权转让相关的具体运作事宜由收购办负责。

（3）A公司的批复

2012年11月，A公司下发《关于转让H公司40%股权的批复》。批复内容如下：

同意转让A公司持有的H公司40%的股权。

请按照国家和A公司的有关规定，统筹安排好本项股权转让的组织实施，做好审计评估工作。评估机构须在A公司资产评估机构备选库中选择。

在国务院国有资产监督管理委员会指定范围内的产权交易机构挂牌交易，挂牌底价以A公司备案的资产评估价格为准。

按照国家和A公司的有关规定，抓紧办理相关手续，切实保障好国有资产的安全和权益。

至此，A公司的股权转让正式获得决策批准，标志着股权转让正式启动执行。

（二）股权转让决策阶段评价

1.股权转让申请及审批程序合法合规、审批手续齐全

在A公司的股权转让中，其申请及审批程序不仅严格遵循《中华人民共和国公司法》的基本框架，而且深入贯彻了《企业国有资产监督管理条例》和《企业国有产权转让管理暂行办法》等国有资产管理相关法律法规的核心精神。这些法律法规为国有资产的流转设立了坚实的防护墙，旨在确保其安全、稳定与持续增值。

在整个股权转让过程中，A公司高度重视决策程序的正当性与透明性。收购办对转让事项进行了详尽的尽职调查，以确保所有信息的公开透明，从而保障所有股东及相关方的权益。在此基础上，从上报申请到集体评议，每一个环节都严格按照法定程序进行。最终，经过A公司董事会的深入审议和严格把关，该股权转让事项获得了董事会的批准，并顺利取得了上级主管部门的批复同意。

这一系列决策不仅充分展现了A公司对于公司治理的严谨态度，而且是对国有资产保值增值责任的积极担当。从程序到具体工作，A公司股权转让均展现出了高度的合法性与规范性，为A公司与D电厂的未来合作奠定了坚实的法律基础。同时，也为国有资产的安全与增值提供了有力保障，充分彰显了A公司的责任与担当。

2.客观分析形势，充分论证，科学预测，保障决策的合理性

在面对A公司所持有的H公司40%国有股权的转让决策时，公司各相关部门展现出了高度的责任感和专业性。由收购办、内部控制部、财务产权部和经营管理部共同组成的工作组，对股权转让进行了全面、深入的分析和论证。

工作组首先深入了解了内蒙古的煤炭及电力市场现状，并对未来发展趋势进行了科学预测。结合H公司近年来的财务状况，采用了定量计算和定性分析

两种方法，对维持公用电厂、公用转自备、增资扩股与股权转让等多种情况下的公司损益进行了对比分析。这种多维度、全面的分析方法，确保了决策依据的充分性和准确性。

在财务分析方面，工作组对 H 公司的财务报表进行了深入研究，评估了公司的盈利能力、偿债能力及运营效率。同时，结合市场经营前景预测，对 H 公司未来的发展潜力进行了客观评价。在经营风险判断方面，工作组充分考虑了××电力市场的不乐观前景、参股单位管理失控、合作伙伴沟通协调难度大等因素。这些因素可能对 A 公司的投资回报和股权利益产生负面影响。因此，从管理角度和经济效益角度出发，工作组建议 A 公司对 H 公司的参股股权经过审计评估后全部转让。

综上，A 公司在股权转让决策过程中，充分考虑了市场环境、财务状况、经营风险等多方面因素，进行了全面、客观的分析和论证。这种科学、严谨、合理的决策分析论证过程，为 A 公司未来的发展奠定了坚实的基础，充分展现了公司管理层的智慧和远见。

3. 时机把握及时，决策合理，与公司发展战略相适应

在复杂多变的市场环境中，抓住时机并作出合理决策是企业成功的关键。A 公司在面对 H 公司的股权转让时，展现出了卓越的市场洞察力和决策效率。首先，A 公司精准地识别了市场的变化趋势和 H 公司的经营状况。2011 年和 2012 年，××电力市场遭遇低迷，H 公司的机组发电量降低，煤炭价格上涨，导致连续亏损。在这种背景下，A 公司迅速采取行动，对 H 公司的股权进行了转让。这种对市场动态的敏锐捕捉和对公司经营状况的深入分析，为 A 公司赢得了宝贵的时机。其次，A 公司的决策过程体现了高度的合理性和前瞻性。在经过深入的调查和分析后，A 公司认为股权转让的边界条件已经具备，果断作出了决策。这一决策不仅符合当时的市场环境和 H 公司的经营状况，也与 A 公司的长期发展战略相契合。专家一致认为，A 公司对股权转让的时机把握得当，决策合理，顺应了 A 公司适时清理参股企业发展战略的要求。

4. 尽职调查工作与决策审批同步开展，提高了审批效率，加快了工作进程

在涉及国有股权转让的复杂决策过程中，A公司展现了高效的工作流程和卓越的组织能力。A公司股权转让不仅涉及国有资产的处置，还需要遵循严格的法律法规和公司章程，因此决策程序相对复杂。然而，A公司通过优化工作流程，实现了尽职调查工作与决策审批的同步开展，从而大大提高了审批效率，加快了整个工作进程。

在立项审批阶段，A公司总裁常务会议及时讨论并通过了股权转让事宜，并正式批复启动前期的尽职调查工作。与此同时，公司同步申请了董事会决议，确保审批手续并联进行。这种并行处理的方式不仅减少了等待时间，还确保了尽职调查与决策审批之间的无缝衔接。通过同步开展尽职调查和决策审批，A公司能够在更短的时间内收集和分析关键信息，为决策提供更加全面、准确的依据。

5. 尽职调查深入、全面，一定程度上降低了股权转让的风险

为了保障A公司的利益和维护国有资产权益，A公司委托咨询机构对H公司进行了全面且深入的尽职调查。调查遵循相关法律法规，对H公司的财务、资产进行了细致的审计和评估，并对股权转让行为进行了法律风险的深入剖析。通过一系列的尽职调查，识别并分析了股权转让中可能涉及的法律风险、金融风险、财务风险和信用风险。在充分把握风险点的基础上，采取了有针对性的防范措施，有效减少了股权转让的风险。

> **⊃ 小贴士**
>
> 在案例项目中股权转让决策阶段的评价重点涵盖合法性、正当性、充分性、适应性、效率和风险控制等多个方面。
>
> ①合法合规性。评价股权转让申请及审批程序是否严格遵循相关法律法规，如《中华人民共和国公司法》《企业国有资产监督管理条

例》等,确保整个决策过程合法合规。

②决策程序正当性。评估决策过程是否透明、公正,是否遵循公司章程和内部管理规定,确保所有股东及相关方的权益得到保障。

③决策依据充分性。分析决策所依据的信息是否全面、准确,是否进行了充分的尽职调查和分析论证,确保决策的合理性和科学性。

④与公司发展战略适应性。评估股权转让决策是否与公司的长期发展战略相符,是否有助于公司实现战略目标、提升竞争力。

⑤尽职调查的专业性。评价咨询机构的选择过程是否合法合规,评估资产评估方法的科学性和合规性,评价尽职调查的全面性和深入性,评价是否识别和分析可能涉及的风险,并采取有效的防范措施,降低股权转让的风险。

⑥决策效率。评价决策过程的效率,包括审批流程的优化、决策时间的把控等,确保决策能够及时、有效地实施。

⑦风险控制。评估决策过程中是否充分考虑了潜在风险,并制定相应的风险控制措施,确保决策的安全性和稳定性。

二、股权转让实施准备阶段总结与评价

(一)股权转让实施准备阶段回顾

2012年9月,A公司下发批复文件,同意转让持有的H公司40%股权后,立即着手开展国有股权资产评估备案、与意向受让方谈判等实施准备工作。

1. 内部决策及签订《股权重组合作意向书》

2012年12月,H公司股东会审议了《关于公司和C公司股权合作的议案》,股东A公司和B公司分别将所持公司40%股权、9%股权以进场交易的方式进行股权转让,转让价格以资产评估有限公司评估结果为基准,评估

基准日为2012年9月30日，股东双方均放弃所享有的股权优先受让权。

为了保障股权转让能够顺利、成功完成，A公司就最终确定的资产评估结果与意向受让单位C公司进行了磋商，并在三方达成一致合作意向的情况下签订了《股权重组合作意向书》。

2. 产权交易申请

（1）产权交易所确定

依据《企业国有产权交易操作规则》及相关文件的要求，国有企业产权交易必须在产权交易所进行挂牌交易。案例项目在某市联合产权交易所挂牌转让，产权交易手续费按某市物价局批准、某市交易所公示的收费标准执行。

（2）进场交易的代理机构选择

依据《A公司采购管理指导意见》的规定，该次交易可以采用直接委托的形式选择进场交易的代理机构，经签报请示，确定案例项目进场交易的代理机构。

（3）产权交易申请

2012年12月，A公司向某市产权交易所提出产权转让交易申请，提交了目标企业和转让方的相关资料，并对交易条件和受让方资格条件作出了明确的要求：

意向受让方须为中国境内注册且有效存续的内资企业法人；意向受让方应具有良好的支付能力，报名时须提供挂牌期间银行出具的不低于28 000万的有效资金存款证明；意向受让方应具有良好的财务状况，且连续三年盈利（须提供2009年、2010年、2011年年度审计报告）；不接受联合受让。

产权交易申请的提交标志着案例项目准备工作顺利完成，产权转让已进入交易的实质性阶段。

（二）股权转让实施准备阶段评价

1. 股权转让准备工作合法合规，流程严谨，手续完备

国有股权转让的准备过程严格遵循了《中华人民共和国公司法》《企业

国有资产监督管理暂行条例》及《企业国有产权转让管理暂行办法》等相关法律法规的指导原则。为了切实保护国有资产、防范资产流失，要特别重视产权交易形式的规范性、监督管理的有效性，以及交易程序和批准程序的严谨性。

从股权转让的批准程序到最终的交易形式，每一步都经过精心策划和严格执行，确保股权转让的合法性、合规性，做到程序完备、手续齐全，为股权转让的顺利进行奠定了坚实的基础。

2. 实施计划安排合理，信息沟通及时有效，确保高效完成股权转让

国有资产股权转让涉及众多利益相关方，利益相关方之间的信息传达工作量较大。为了确保股权转让工作的高效推进，相关方面精心制定了实施计划。该计划详细列出了主要工作事项、参与部门，以及预计的开始和完成时间，确保每一步都安排得合理且有序。

在实施计划的指导下，各方遵循国家相关法律法规和公司的规章制度，确保了工作的有序进行。针对资产评估、挂牌交易结果，以及其他股权转让相关事宜，利益相关方之间的信息沟通及时且有效，这为股权转让的顺利完成提供了有力保障。

3. 进场交易前与受让意向单位签署意向书，既降低了交易风险，又缩短了产权交易周期

案例项目中的股权转让工作不同于市场交易中常见的"要约"与"承诺"，受让方C公司首先向目标企业发出了"要约邀请"，表明其股权合作的意向。为确保股权转让的顺利进行，A公司在进场交易之前与受让意向单位C公司签署了《股权重组合作意向书》。该意向书并非具有法律效力的正式股权转让协议，而是表明了A公司和B公司转让目标股权的初步意向，以及C公司受让目标股权的意愿。通过签署股权重组合作意向书，一定程度上降低了交易风险，确保了股权交易的一次性成功，缩短了产权交易周期。

> **小贴士**
>
> 案例项目股权转让准备阶段评价的重点涵盖了合法合规性、流程严谨性、手续完备性、计划安排的合理性、信息沟通的及时性等多个方面。
>
> ①合法合规性。评价准备工作是否严格遵循了相关法律法规,如《中华人民共和国公司法》《企业国有资产监督管理暂行条例》等,确保整个准备过程合法合规。
>
> ②流程严谨性。评估准备工作的流程是否严谨、有序,是否严格按照规定的程序进行。
>
> ③手续完备性。检查准备阶段所需的手续是否齐全、完备,包括批准程序、尽职调查、交易形式等。
>
> ④计划安排的合理性。评估实施计划的合理性,包括工作事项的安排、参与部门的协调,以及预计的时间安排等。
>
> ⑤信息沟通的及时性。评估利益相关方之间的信息沟通是否及时、有效,能否确保信息传达的准确性和及时性。

三、股权转让实施阶段总结与评价

(一)股权转让实施阶段回顾

A公司股权转让在完成某市联合产权交易所的产权交易申请后,经过挂牌公告、受让资格确认、交易结果确认等产权交易环节,最终顺利与C公司签订产权交易合同,并获得产权交易凭证。

1. 进场交易过程概况

进场交易产权过程包括发布产权转让公告、公布挂牌价格、审核受让方资格条件、确认交易结果等环节，具体产权交易节点如下。

2012年12月，A公司通过某市联合产权交易所发布产权转让公告，公开挂牌转让H公司40%股权，挂牌价格为23 035万元。

2013年1月，挂牌公告期满，某市联合产权交易所发布《受让资格确认意见函》。公开挂牌期间共征集到1家意向受让方——C公司，经审核，C公司基本符合受让条件。

2013年1月25日，某市联合产权交易所发布《交易结果通知书》。C公司申请受让，并交纳了保证金。按照相关规定，A公司股权转让按照挂牌价并遵循受让方报价孰高原则直接签订协议转让。

2. 签订合同、取得产权交易凭证

在A公司收到某市联合产权交易所发布的《交易结果通知书》后，经过合同谈判、内部合同审批等环节与C公司签订产权交易合同，具体事项如下。

2013年2月，A公司与C公司签订了关于H公司产权交易合同。交易基准日为2012年9月30日，摘牌价23 035万元为最终交易价格，转让价款一次性付清。

2013年3月，交易双方取得某市联合产权交易所出具的产权交易凭证。

（二）股权转让实施阶段评价

1. 进场交易股权，依法合规，操作规范，最大限度降低了股权转让的法律风险

A公司转让H公司40%的股权是在某市联合产权交易所通过挂牌的形式进行依法转让，符合《企业国有产权转让管理暂行办法》和《关于做好产权交易机构选择确定工作的指导意见》的相关规定。某市联合产权交易所是专业的产权交易机构，作为第三方的专业机构，其依据法律法规严格落实了产权交易要求的对受让方进行资格审查、专家论证和必要情况调查等调研工作。

A公司股权转让的整个交易过程合法、合规，操作规范，通过第三方专

业机构的严格把关，最大限度降低了股权转让的法律风险，保障了国有资产权益。

2.产权交易合同为制式合同范本，合同条款合法合规，合同依法签订

A公司股权转让的产权交易合同采用的是国务院国有资产监督管理委员会监制的制式合同范本，合同条款设置公平、公正、合法、合规，内容完善、全面，语义清晰、无歧义。A公司与C公司在接到某市联合产权交易所发布的《交易结果通知书》后在法律规定的期限内完成了合同签订工作。合同条款合法、合规，合同依法签订，整个合约缔结过程依法合规，无瑕疵。

3.通过受让保证金的方式，降低合同履约风险，保障股权顺利完成交割

为了保障具备资格条件的意向受让方能够依法进行合同履约，顺利完成股权转让的股权交割，实现股权转让的最终目标，某市联合产权交易所通过向意向受让方收取受让保证金的形式制约受让方在合同履约中的失信风险，一定程度上降低了受让方的合同履约风险，保障了股权转让能够顺利完成股权交割。

> **小贴士**
>
> 案例项目股权转让实施阶段评价的重点包括合法合规性、操作规范性、合同条款的严谨性，以及履约风险的降低等方面。
>
> ①合法合规性。评价股权转让是否在合法的交易平台进行，并遵循相关法律法规进行操作。
>
> ②操作规范性。评估股权转让过程中的操作是否规范，包括受让方的资格审查、专家论证和必要情况调查等调研工作。
>
> ③合同条款的严谨性。评估股权转让合同是否采用制式合同范本，合同条款是否合法、合规，内容是否完善、全面。
>
> ④履约风险的降低。评价是否采取有效措施降低合同履约风险。

第三节 项目效益效果评价

案例项目股权转让的利益相关方主要有转让方（A公司）、目标企业（H公司）、受让方（C公司）三家企业。通常来说，股权转让项目不需要开展绩效评价、技术评价和财务评价，但案例项目属于国有资产转让项目，考虑到国企的社会责任，本节将从转让前和转让后目标企业的经营效益、投资收益及不同时点转让的方案对比、转让方的战略效益、转让行为的协同效应等方面分析股权转让的效益效果。

一、经营效益

（一）转让前H公司的经营情况

H公司于2001年7月注册成立，其建设经营的D电厂于2003年1月投入运营。

2007—2010年，D电厂累计发电量80多亿千瓦时，实现收入近20亿元。自2011年起，受经济下滑、电网装机容量快速增长及热电联产机组、风力发电负荷挤占电力市场空间等多重因素影响，H公司的经营环境发生了较大变化。2001年，公司出现了巨额亏损，2012年亏损情况未得到改善。

（二）转让重组后经营预期

为满足股权合作后C公司热电联产需求，D电厂需进行设备改造，新增投资约8000万元。项目改造正式运营后，机组年利用小时从供热改造前的4647小时升至7000小时，年发电量增加94 080万千瓦时，年供热达304万吉焦，在项目计算期内，平均每年总成本费用增加19 887万元；而因新增供热项目可以增加供热收入、售电收入，平均每年销售收入增加28 834万元；平均每年新增利润10 318万元。新增的供热销售收入除可以全部抵偿供热改造工程投资及生产成本外，可较大地提高 H 公司的利润空间。

（三）转让重组后实际经营情况

股权转让重组后，H 公司的股权结构为 B 公司控股 51%、C 公司参股 49%，并于 2013 年完成了重组工作。

2013 年 9 月，H 公司对 D 电厂开展了供汽改造工作；2014 年 1 月，完成了供汽、供热系统的改造和调试工作，投入运营，项目投资 7000 余万元。按照 C 公司的需求，每小时实现供汽 60~80 吨。

2013 年，H 公司发电量完成 17 亿千瓦时，收入实现近 4 亿元，当年出现了数千万元的经营亏损。2014 年，发电量增至 17 亿多千瓦时，实现了 4 亿多元的收入，亏损额度较上一年大幅缩减。

（四）转让重组经营效益分析

经过重组，H 公司在 2014 年相较于 2013 年表现出一定的经营改善。其发电量有所提升，煤耗相应下降，反映了该公司在运营效率方面取得了一定的进步。然而，这些提升并未完全达到预期效果。首先，尽管发电量有所回升，但提升幅度有限，远未达到预期目标。××地区电力市场的供需失衡状况及机组利用小时和负荷不足等问题，都制约了发电量的增长。同时，脱硝除尘改造等额外因素也影响了发电量的进一步增长。其次，电价的下调对 H 公司的经营收入产生了显著影响。上网电价的下调导致收入减少，使电厂在重组后未能完全实现预期的盈利目标。

尽管转让重组未能使 H 公司实现转亏为盈，但它有效地遏制了公司连年亏损且经营状况不断恶化的趋势。对于 A 公司而言，及时进行股权转让的决策是明智的。若推迟股权转让，不仅可能因连年亏损而难以找到受让方，还可能导致 A 公司的原始资本金受到严重损害，进而影响股权转让价格。通过及时退股，A 公司避免了资本金的进一步折损。

> **小贴士**
>
> 案例项目经营效益后评价的重点包括协同效应分析、投资收益及决策时机分析、风险管理与控制效果分析等方面。
>
> （1）目标企业的效益效果分析——协同效应分析
>
> 分析股权转让后目标企业经营效益的改善情况。对比转让前和转让后的财务数据，评估转让对企业盈利能力、成本控制和运营效率的影响。分析股权转让后受让方与目标企业之间的业务协同效应，分析受让方对目标企业的运营管理带来的增值效应。评估股权转让后目标企业是否达到了预期的经营效益。
>
> （2）股权转让方效益效果分析——投资收益分析
>
> 计算股权转让带来的直接投资收益。评估股权转让对转让方整体投资收益的影响。评估股权转让企业进行股权转让的决策合理性，分析股权转让的时效性，即是否在最合适的时机进行了股权转让，以实现利益最大化。
>
> （3）风险管理与控制效果
>
> 探讨市场环境变化对利益相关方经营效益的潜在影响。分析股权转让过程中风险管理的有效性，如对法律风险、交易风险、市场风险等的管理和控制措施。评估股权转让后目标企业的风险抵御能力和风险控制体系的完善程度，以及是否能够有效应对市场变化和经营挑战。

二、财务效益

（一）投资收益

A 公司在参股 H 公司期间获得的收益分为现金红利和股权转让价款两部分。经计算，在出资的 11 年期间，A 公司投资 H 公司平均投资收益率为 22.97%。根据 A 公司发布的 2013 年审计报告，A 公司平均净资产收益率为 16.81%。该项目投资收益率高于 A 公司平均净资产收益率，项目投资收益情况良好。

（二）股权转让时机分析

H 公司收到关于与 C 公司开展股权合作事宜的函后，面临可选择的方案包括：全部转让股权并开展机组改造；不转让股权，不进行机组改造；不转让股权，2013 年进行增资改造。对三个方案的投资收益情况分析如下。

方案 1：全部转让股权并开展机组改造方案（实际方案）。

以 2003—2012 年 A 公司关于 H 公司投资、利润分配及转让收入的实际数据为依据，经测算，对于 A 公司来说，该项目方案内部收益率为 20.76%，平均投资收益率为 22.97%。

方案 2：不转让股权，不进行机组改造方案。

以 2003—2012 年 A 公司关于 H 公司投资、利润分配的实际数据为依据，同时以 2012 年数据为基础，预测在不进行机组改造情况下，2013 年至运营期结束期间 H 公司的运营数据。预测结果显示，由于持续亏损，在内部、外部条件无重大改善的情况下，H 公司将无法持续经营；自 2013 年起至清算破产日止，年投资收益率均为负数。

方案 3：不转让股权，2013 年进行增资改造方案。

以 2003—2012 年 A 公司关于 H 公司投资、利润分配的实际数据为依据，2013 年 D 电厂改造，A 公司将增资 3000 余万元；2013 年和 2014 年的经营情况参照转让改造后 H 公司的实际数据，预测 2015 年至运营期结束的经营情况。预测结果显示，由于持续亏损，在内部、外部条件无重大改善的情况下，H 公司将无法持续经营；自 2013 年起至清算破产日止，年投资收益率均为负数。

基于方案 2 和方案 3 将导致 H 公司无法持续经营，为了通过定量的方法分析 A 公司股权转让的时机是否合适，后评价增加了 2013 年不转让股权，而是推迟到后评价时点（2015 年）才进行股权转让的方案假设，即方案 4：不转让股权，不进行机组改造，至 2015 年转让股权；方案 5：不转让股权，2013 年进行增资改造，至 2015 年转让股权。对方案 4 和方案 5 的投资收益情况分析如下。

方案 4：不转让股权，不进行机组改造，至 2015 年转让股权方案。

以 2003—2012 年 A 公司关于 H 公司投资、利润分配的实际数据为依据，同时以 2012 年数据为基础，预测如不改造 2013 年和 2014 年 H 公司的获利情况及在 2015 年 A 公司转让 H 公司的价格。经测算，对于 A 公司来说，该项目方案内部收益率为 16.50%，平均投资收益率为 12.79%。2013 年和 2014 年投资收益率均为负数。

方案 5：转让股权，2013 年进行增资改造，至 2015 年转让股权方案。

以 2003—2012 年 A 公司关于 H 公司投资、利润分配的实际数据为依据，2013 年 D 电厂改造，A 公司增资 3000 余万元，2013 年和 2014 年的经营情况参照转让改造后 H 公司的实际数据。经测算，对于 A 公司来说，该项目方案内部收益率为 15.61%，平均投资收益率为 11.5%。2013 年和 2014 年投资收益率均为负数。

综上，从财务评价的角度来说，对于 A 公司来说，在 2012 年对 H 公司作出股权转让决策，从客观形势来看，是把握了最好的时机，作出了最优的方案选择。

> **小贴士**
>
> 　　案例项目的财务后评价重点包括股权转让时机评估、未来收益预测与风险分析、资金流动与回报分析以及财务合规性与风险控制方面。
> 　　①股权转让时机评估。
> 　　分析不同股权转让时机的方案，通过计算各方案的内部收益率和平均投资收益率，评估各方案在财务上的可行性和优劣。结合市场环境和经营条件的变化，评价股权转让时机是否合适，是否有利于最大化投资收益。

②未来收益预测与风险分析。

对未来收益进行预测，考虑内部、外部条件的变化对目标公司经营情况的影响。分析不同方案未来投资收益率的变化趋势，评估潜在的风险和不确定性。考虑改变股权转让时点的可能影响，分析是否会对投资收益产生不利影响。

③资金流动与回报分析。

分析股权转让过程中资金的流动情况，评估资金回报的及时性和稳定性，分析是否有潜在的资金风险。

④财务合规性与风险控制。

评估股权转让过程中是否遵循了相关的财务规定和法律法规，确保财务操作的合规性。分析风险控制措施的有效性，包括风险管理机制、内部控制体系等，以确保股权转让项目的财务安全。

三、战略效益

A公司股权转让的目标企业H公司建于2003年，当初，A公司参股H公司是为了响应国家大力发展火电的能源战略号召，致力于尝试进驻××地区电力市场，积累火电项目建设和运营经验，其投资决策与当时的时代背景和社会条件相符合。H公司投资建设机组时的市场预测、投资决策、装机选型均符合当时国家能源发展政策，符合A公司发展战略，满足地方发展需要，投资决策是正确、合理的。但随着时间的变化，国家的社会环境和时代要求发生了巨大的变化，从当时看来，不管是装机容量还是运行指标，特别是排放物指标，已经不能满足现行新建电厂的指标要求。在环保标准日趋严格、热电联产等政策背景下，H公司面临极大的生存危机。

A公司积极履行企业社会责任，响应国家号召，以"为社会发展提供绿色能源"为使命，实施国家能源战略。显然，H公司在服务于A公司发展战略的道路上已经不能发挥作用。因此，从战略效应来看，A公司及时实施股权转让，成功实现参股H公司的战略性退出是与时俱进的正确选择；转变发展战略，"投资绿色、经济能源"是A公司与时俱进、积极响应当前国家号召、全力履行企业使命的表现，有利于A公司"发展绿色能源"企业发展战略的实现。

> **小贴士**
>
> 案例项目战略效益评价的重点在于分析股权转让项目是否具有历史投资决策的适应性、是否积极履行了企业社会责任并响应国家战略、是否有助于股权转让公司的战略转型和未来发展，以及是否实现了资源的优化和战略退出。
>
> ①历史投资决策与时代发展适应性。
>
> 评价历史投资是否符合当时的国家行业战略和公司的发展战略；分析随着时代的变化，原有的投资决策是否仍然适应当前的发展要求。
>
> ②企业社会责任与国家战略响应。
>
> 评价在股权转让过程中是否积极履行企业社会责任，是否响应了国家战略和政策，是否有助于推动可持续发展。
>
> ③战略转型与未来发展。
>
> 分析通过股权转让实现的战略转型是否有助于其长期发展，探讨股权转让后如何调整战略方向，以适应新的市场环境和国家政策要求。
>
> ④战略退出与资源优化。
>
> 评估通过出售非核心资产，公司能否集中资源于核心业务，通过释放资源、降低风险、提高效率，从而增强整体竞争力。

四、协同效应评价

股权转让完成后，A公司退股，B公司和C公司分别以51%和49%的股权成为H公司的新股东。对于H公司来说，股权重组带来了一系列协同效应。

第一，H公司减亏明显，经营收益有所改善，但仍需关注并购后整合工作的重要性。

短期内企业股权重组能够产生积极的协同效应，H公司股权重组后，减亏趋势明显，经营收益改善有望。但股权重组需关注并购后企业整合的重要性，避免由于整合不当在一段时间后带来负面的协同效应。

第二，控股方不变，保证了H公司可持续经营及员工稳定。

股权重组后，B公司是H公司的控股方地位不变，第一大股东不变产生的协同效应要高于第一大股东变动所产生的协同效应。无论是收购公司还是目标企业的第一大股东变动，或多或少会引起并购后的整合、主营业务调整、员工是否认可等诸多问题，这些问题都会影响并购的协同效应。总的来看，并购后H公司的控股股东不变保证了可持续经营及员工队伍稳定。

第三，引入资金、技术及管理经验，拓宽了市场空间，为H公司提供了扭亏为盈的可能性。

案例项目中对H公司进行股权重组，在引入C公司雄厚资金和先进技术的同时，也必然引入其优良的管理经验，实现制度的规范化、操作的程序化、流程的合理化，为创新企业管理、提升企业核心竞争力奠定了基础。

H公司一边整合经营管理，一边持续经营业务，完成了供汽改造，拓宽了市场，增加了新的收入渠道，为扭亏为盈提供可能性，保证了持续经营。

第四，H公司与C公司在电、汽负荷上实现了供需互补。

H公司可满足C公司用电需求，大幅降低C公司用电成本，同时，H公司在对机组改造后可为C公司提供工业蒸汽。H公司的供电供汽项目为C公司扩大再生产提供了能源保证。从另一个角度看，C公司的用电用汽需求也保障了H公司的持续运营。

> **小贴士**
>
> 案例项目协同效应评价的重点在于分析股权转让后目标公司经营收益的改善、经营的稳定性、相关方核心竞争力的提升、供需互补关系所带来的协同效应等。
>
> ①经营收益改善与协同效应的产生。
>
> 评估股权转让后,目标公司经营收益改善的可能性,分析股权重组在短期内对目标公司产生的积极协同效应。
>
> ②持续经营与员工稳定。
>
> 分析股权重组后,对目标公司可持续经营和员工稳定的影响,以及这种稳定性带来的协同效应。
>
> ③资源引入提升竞争力。
>
> 评估股权重组后,目标公司资金的引入、技术的转让,以及管理经验的分享对公司可持续发展的贡献。分析这些资源的引入是否帮助目标公司实现制度的规范化、操作的程序化、流程的合理化,进而创新企业管理和提升企业核心竞争力。

第四节 项目影响评价

一、直接影响

(一)对于 H 公司而言,有利于扭转其持续扩大亏损的局面

通过股权转让,新股东 C 公司对原机组进行设备改造,实现热电联产。在新股东用电用汽的需求下,不仅机组年利用小时数和年发电量会有所增加,而且新增了供热项目,为 H 公司开辟了新的利润增长点,相应地增加了供热和售电收入。因此,通过 A 公司股权转让增加了 H 公司的利润空间,为 H 公司实现扭亏为盈提供可能。

（二）对A公司而言，成功完成了对H公司股权投资的战略性退出，实现了资产的战略性再投资，有利于保持较高的投资收益

2011年，H公司亏损8048万元，2012年第一季度继续亏损2449万元。经过分析，亏损的主要原因为煤价升高、机组利用小时数低、上网电价低，且这些因素将持续存在。因此，如果继续持有该参股股权，每股净资产下降，将逐步损害投资收益。

由此可见，通过股权转让，A公司成功完成了战略性退出，实现了国有资产的战略性再投资，有利于对其持有的资产保持良好的投资收益。

（三）对C公司而言，有利于满足其用电用汽需求，实现资源利用最大化

一方面，H公司和C公司合作可以最大限度满足C公司生产用电需求，为其正常生产经营提供了供电保障，也大幅降低了生产用电成本；另一方面，通过对机组进行改造，可为C公司提供充足的工业蒸汽，还可通过对生产过程中产生的副产品（电石泥、粉煤灰、石膏等）的综合利用，实现效益最大化。因此，通过A公司股权转让，最大限度满足了C公司的用电用汽需求，实现了资源利用最大化。

二、间接影响

（一）保证了H公司员工队伍的稳定，有效规避了社会稳定风险

在案例项目股权转让交易过程中，在对受让方的资格条件中明确提出须确保股权重组后的企业员工队伍的稳定。通过股权转让和股权重组，H公司实现了可持续经营，保证了员工队伍的稳定，有效规避了社会稳定风险。

（二）H公司与C公司实现了优势互补和共赢，经营效益提高的同时增加了当地税收收入

通过案例项目的股权转让，H公司与C公司工进行了充分的股权整合和

战略重组，有机融合了各自的业务链条和技术优势，形成了供电、供气、粉煤灰—石膏—电石泥循环综合利用的循环经济发展模式，实现了股权合作双方的共赢，使经营效益得到了改善和提高，也为增加当地的税收收入做出了贡献。

> **小贴士**
>
> 案例项目直接影响评价需关注的重点总结如下。
>
> ①经济效益改善。评价股权转让后，相关公司是否能够通过新增业务或优化运营提高经营效益。
>
> ②资源利用效率。评价新股东是否能够通过股权转让获得所需资源，并实现资源利用的最大化，包括降低生产成本，提高生产效率等。
>
> ③投资风险降低。评价股权转让是否有助于原股东降低投资风险，实现战略性退出和再投资，从而保持或提高投资收益。
>
> 案例项目间接影响评价需关注的重点总结如下。
>
> ①社会稳定因素。考虑股权转让是否有助于保持员工队伍的稳定，避免因企业变动带来的社会不稳定风险，包括员工失业、社会不满等问题。
>
> ②区域经济发展。评价股权转让是否有助于推动区域经济发展，如通过增加税收收入、促进当地企业合作和共赢等方式，对当地经济产生积极影响。
>
> ③可持续发展。关注股权转让后，相关公司是否能够实现可持续发展，包括对环境保护、资源循环利用、技术创新等方面的考虑，以评估其对长期发展的影响。

第五节　项目目标实现程度评价

一、财务目标及实现程度

（一）财务目标

A 公司持有的 H 公司 40% 股权的转让价格不低于在国务院国有资产监督管理委员会完成备案的国有资产评估价值。

（二）实现程度

A 公司所持有的 40% 股权的转让交易价款为 H 公司净资产的 40%。交易价格与资产评估价值相等。

A 公司股权转让的财务目标完全实现。

二、技术目标及实现程度

（一）技术目标

按国务院国有资产监督管理委员会的相关规定，此项股权交易必须按照法律规定的工作流程，在指定范围内的产权交易机构挂牌交易。

（二）完成情况

在符合《企业国有产权转让管理暂行办法》等相关法律法规的前提下，案例项目股权转让最大限度降低了产权交易风险，在指定范围内的产权交易机构挂牌交易，依法合规地完成了股权转让交易。

案例项目股权转让的技术目标完全实现。

三、影响目标及实现程度

（一）影响目标

对于 A 公司而言，成功实现对 H 公司股权投资的战略性退出，确保国有资产的保值增值，实现转让资产再投资大容量、高参数、环保节能机组。

对于受让方而言，满足其用电和用汽需求，发展壮大企业经营规模。

对于目标企业而言，提高机组负荷率，增加发电量；供热改造，提供稳定的热负荷，实现热电联产；实现粉煤灰、脱硫石膏等综合利用；实现扭亏为盈，确保持续经营及员工队伍稳定。

（二）实现情况

A 公司在最佳的时机成功实现了对 H 公司 40% 股权的转让，转让价款合适，股权资产已成功收回并作为投资储备依据发展战略进行再投资。

在完成股权重组后，C 公司对 H 公司的 D 电厂进行了供热改造，基本满足了 C 公司用电和用汽需求。

H 公司在股权重组后，2014 年发电量与 2013 年相比有所增加，但与 2011 年相比有所减少。2014 年 1 月，D 电厂供汽、供热系统的改造和调试工作基本完成，正式投入运营，并按照 C 公司的需求，每小时实现供汽 60~80 吨。截至后评价时点，D 电厂暂未实现对粉煤灰、脱硫石膏等的综合利用，虽尚未实现扭亏为盈，但减亏趋势明显，员工队伍稳定。

综上，通过案例项目的股权转让，A 公司的影响目标完全实现，受股权重组的效益显现具有滞后性等因素的制约，目标企业及受让方的影响目标在后评价时点尚未完全实现。

> **小贴士**
>
> 案例项目目标评价重点关注财务目标、技术目标和影响目标的完成情况。
>
> ①财务目标评价重点。
>
> 转让价格与评估价值的一致性。评估股权转让的实际交易价格是否不低于经过备案的国有资产评估价值,确保资产不流失并实现保值增值。
>
> 资金回收与再投资。确认转让价款是否已及时、全额回收,并评估回收资金是否按照发展战略进行了有效再投资。
>
> ②技术目标评价重点。
>
> 合规性与法律流程。检查股权转让是否遵循了国务院国有资产监督管理委员会的相关规定,是否在指定范围内的产权交易机构挂牌交易,并依法合规地完成了交易流程。
>
> 风险最小化。评估股权转让过程中是否采取了有效措施来降低产权交易风险,确保交易的顺利进行。
>
> ③影响目标评价重点。
>
> 转让方的战略退出。评估股权转让是否成功实现了转让方的战略性退出,同时关注再投资项目的长期效益。
>
> 受让方需求满足。分析股权转让是否满足了受让方的需求。
>
> 目标企业运营改善。考察股权转让后,目标企业的运营状况是否得到改善。关注股权转让是否保持了目标企业员工队伍的稳定,避免因企业变动带来的社会不稳定风险。

四、成功度评价

经专家评审打分,案例项目的股权转让成功度实现程度相对较好,具有一定的示范性。

第六节 项目可持续性评价

一、目标企业可持续性评价

（一）外部因素

1. 火电市场低迷，影响了 H 公司的可持续发展

受全球经济不景气影响，××地区的经济增速放缓，用电量增长缓慢。受政策鼓励、基建期短、单位投资降低等因素的影响，风电仍处于大量投运状态，风电装机每年以 50% 的速度持续增长，光伏发电项目在××地区具有"遍地开花"的发展势头。风电和光伏发电对××地区电网的影响逐渐增大，火电发电空间已遭到强烈的挤压，西部地区电网各火电发电公司的利用小时数逐年下降。D 电厂发展前景不容乐观，一定程度上制约了 H 公司的可持续发展。

2. 持续走低的煤炭价格，促进了 H 公司的可持续经营

受煤炭供应量的大幅增加和国家环保政策的影响，煤炭市场呈现供大于求的局面，煤炭价格持续走低，且这一趋势将在未来较长时间内继续保持。煤炭供大于求的市场条件和持续走低的价格，一定程度上保障了 D 电厂经营所需的煤炭供给，大幅降低了运营成本，为实现扭亏为盈提供了条件，能够促进 H 公司的可持续经营。

3."上大压小"❶政策使小机组燃煤电厂面临生存危机，制约了 H 公司的可持续性

2013 年 10 月，北京市、天津市、河北省、山东省、山西省、内蒙古自治区 6 省（区市）在京召开会议，就贯彻落实《大气污染防治行动计划》（以下简称《行动计划》）等内容进行协调部署，使"上大压小"的老政策迎来新原

---

❶ "上大压小"：上大发电机组，关停小发电机组。

则——容量替代转向煤炭等量替代。

《行动计划》对于煤电项目发展，作了诸多限制："京津冀、长三角、珠三角等区域新建项目禁止配套建设自备燃煤电站，耗煤项目要实行煤炭减量替代，除热电联产外，禁止审批新建燃煤发电项目。现有多台燃煤机组装机容量合计达到30万千瓦以上的，可按照煤炭等量替代的原则建设为大容量燃煤机组。"

随着国家环保工作的大力推进，今后对煤电项目的限制将越来越严格，小机组燃煤电厂的经营生产将会受到越来越多的限制和束缚，也将面临更严峻的生存危机，这在一定程度上制约了H公司的发展。

（二）内部因素

1.转为C公司自备电厂，售卖电量得到了提升，为H公司的可持续发展提供了保障

H公司与C公司在面临经营困境之时，二者实现供需互补，双方开展股权合作是最佳选择，能够打破彼此发展的瓶颈因素，实现共赢。H公司通过将D电厂转为C公司的自备电厂，可以为售卖电量提供极大的保障，提高发电机组的发电负荷，增加企业的经营收益，从而有利于实现扭亏为盈，为可持续发展提供保障。

2.通过供汽改造，实现了热电联产，提高煤炭利用效率的同时增加了经营收益，促进了H公司的可持续性

在进行股权重组后，D电厂进行了供汽改造，于2014年1月完成并投入运营，实现了向C公司供应工业蒸汽，从而开拓了新的收入来源，实现了热电联产，提高了煤炭的利用效率。两家企业通过资源互补，实现了供电、供气及粉煤灰—石膏—电石泥循环综合利用的循环经济发展模式的构建，既符合国家相关产业政策，又为重组后的H公司开辟了新的利润增长点，增强了H公司的生存能力。

3.保持 B 公司的控股地位，维护了 H 公司员工队伍的稳定，保证了可持续经营

股权转让后，B 公司依然是 H 公司的控股方。股权转让未涉及职工安置问题，维护了原有的公司制度和员工队伍，保证了 H 公司的可持续经营。

（三）目标企业可持续性评价结论

通过对 H 公司的外部因素和内部因素分析可以看出，H 公司的外部环境不容乐观，火电市场低迷，使得电厂窝电现象普遍；新形势下的"上大压小"政策，使得小机组的燃煤电厂的经营生产面临严峻的生存危机，这些对 H 公司的可持续经营无疑产生了较大的不利影响。

通过与 C 公司开展股权合作，在大幅提升 H 公司的售卖电量的同时，能够实现热电联产，从而为 H 公司开辟新的利润增长点，一定程度上增强了其生存能力，促进了其可持续发展。

通过对 H 公司的外部因素和内部因素进行分析，后评价认为 H 公司的 D 电厂作为小机组燃煤电厂面临巨大的生存危机，自身很难实现可持续经营，但通过与 C 公司的股权合作，大大地提高了其可持续经营的能力。

二、受让方可持续性分析

（一）外部因素

1.产能过剩、效益大幅下滑和投资增速回落的化工行业现状，影响了 C 公司的可持续性

化工行业整体面临产能过剩、创新能力不强、资源环境安全压力较大、运行成本上升和下行压力不断加大等问题，呈现出效益大幅下滑和投资增速回落的发展态势。随着我国经济社会发展进入新常态，下游市场需求增速放缓，新的环保法提出了更加严格的要求，化工产业发展将面临多种挑战，不明朗的行业发展前景影响了 C 公司的可持续性。

2. 得天独厚的资源优势，为 C 公司的可持续经营奠定了基础

××市位于内蒙古、宁夏、甘肃三省区交界的"小金三角"地区，素有"塞外煤城""乌金之海"的美誉，自然资源得天独厚，拥有煤炭储量 44 亿吨，石灰岩远景储量 200 亿吨，具有发展煤化工、氯碱工业的资源优势。后评价认为，××市拥有发展化工行业得天独厚的资源优势，其为 C 公司的可持续经营奠定了基础。

3. "一带一路"倡议和深化改革的国家政策，给行业带来了新机遇，促进了 C 公司的可持续发展

中央一系列全面深化改革的政策将进一步激发市场活力，工业化、信息化、城镇化和农业现代化深入推进，"一带一路"倡议、"京津冀协同发展""长江经济带"等战略的全面实施，将给化工行业发展带来新的机遇，同时也将促进 C 公司可持续发展。

（二）内部因素

1. 生产设备工艺先进，运营管理完善，保障了 C 公司的可持续经营

C 公司投资建设的生产线，全部采用国内、国际最先进的工艺和设备。离子膜烧碱采用了日本、德国制造的电解槽，单台能力为 2 万~2.3 万吨烧碱。PVC 采用美国技术，使用成熟的单台 $70m^3$ 的聚合釜，外配变压吸附、收氢装置、膜过滤制盐水等工艺。整条生产线全部采用集散控制系统，所有感应调节阀及关键压力阀门由美国、德国及日本制造。运营管理制度完善，管理有序，项目投产以来，运行平稳，所有消耗指标创同行业最先进水平。产品质量稳定，在市场上享有良好的声誉，产品畅销全国，部分出口东南亚、西亚、俄罗斯、中东及欧美等国家和地区。

总之，C 公司先进的生产设备与工艺以及完善的运营管理，保障了其可持续经营。

2.通过收购H公司股权，保障了供电和供汽的需求，突破了发展瓶颈，促进了C公司的可持续经营

C公司属于高耗能行业，对生产用电和工业蒸汽的需求量较大，在股权转让完成之前，其拥有的供电容量远不能满足公司正常生产的用电需求。通过国家电网供电，存在限电风险，在供电电量上不具有保障，对正常的生产造成了极大的影响，并且电价偏高，极大增加了生产经营成本。此外，生产所需的工业蒸汽需要自建锅炉获取，既增加了成本，又加大了能耗，与国家政策相背离。

总之，在股权转让完成之前，生产用电和工业蒸汽供给一直是C公司发展的瓶颈，极大地影响了其经营效益的提高。C公司通过收购H公司股权，与H公司进行经营业务重组，形成了互相补给的业务合作共同体，从而突破了C公司的发展瓶颈，为其发展壮大奠定了基础，促进了可持续经营。

（三）受让方可持续性评价结论

C公司凭借其先进的生产设备和工艺，以及得天独厚的资源优势，产品销售兼顾国内和国外，具有较为广阔的市场空间。从内部因素分析，其具有较强的可持续性；从外部因素分析，C公司既面临挑战又面临机遇，可通过加强外部合作、强化内部管理、拓宽产品类型、扩大市场空间等方式突破发展瓶颈，保障其可持续经营。专家一致认为，C公司收购H公司股权是最佳选择，能够突破各自发展的瓶颈，实现共赢，一定程度上增强了C公司的可持续经营能力。

> **➲ 小贴士**
>
> 后评价是针对股权转让方转让目标公司股权而作出的评价，站在股权转让方的角度，案例项目已经完结，无可持续性问题可谈。但站在整个社会的立场上来看，则应全面分析由于股权转让给目标企业和受让方的可持续发展带来的影响，全面衡量评价股权转让取得的社会效益和成功的实现程度。

第七节　结论和建议

一、综合评价结论

案例项目中股权转让申请及审批程序合法合规，审批手续齐全；客观分析形势，进行了充分论证和科学预测，保障了决策的合理性；A 公司及时把握时机，决策合理，转让决策与 A 公司的发展战略相适应；尽职调查工作与决策审批同步开展，提高了审批效率，加快了工作进程。

实施计划安排合理，信息沟通及时有效，咨询机构选聘办法可行高效，资产评估方法合理，程序合规，切实保障了国有资产权益；尽职调查工作全面、充分，进场交易之前与受让意向单位签署了合作意向书，一定程度上降低了交易风险、缩短了产权交易周期。总体上，股权转让准备工作合法、合规，程序完备，手续齐全。

股权转让在某市联合产权交易所依法进行，进场交易，操作规范，最大限度降低了股权转让的法律风险；产权交易合同为制式合同范本，合同条款合法合规，合同依法签订；通过受让保证金的方式，降低合同履约风险，保障资产顺利完成交割。

通过 A 公司的股权转让，H 公司抑制了亏损恶化的趋势，经营收益有所提高。A 公司抓住了最佳的股权转让时机，成功实现了战略性退出，并取得了 22.97% 的平均投资收益率。从当时客观形势来看，A 公司的股权转让把握了最佳的时机，作出了最优的方案选择。

从战略效应来看，A 公司及时实施股权转让，投资绿色、经济能源，是积极响应国家号召、全力履行企业使命的表现，有利于企业发展战略的实现。

从协同效应来看，股权重组为 H 公司引入了资金、技术及管理经验，拓宽了市场空间，使其减亏明显，经营收益得到了改善；B 公司的控股地位不变，保证了 H 公司的可持续经营及员工稳定；通过对 D 电厂的机组改造，实现了 H 公司与

C公司在电、汽负荷上的供需互补。

在影响方面，对于A公司而言，成功完成了对H公司股权投资的战略性退出，实现了资产的战略性再投资，有利于保持所持资产的较高投资收益；对于H公司而言，有利于扭转其持续扩大亏损的局面；对于C公司而言，满足了其生产的用电用汽需求，实现了资源利用最大化。此外，股权转让保证了H公司员工队伍的稳定，有效规避了社会稳定风险，也在一定程度上提高了当地的税收收入。

基于股权转让的目标实现程度分析，后评价认为A公司的财务目标、技术目标和影响目标完全实现。受股权重组效益显现具有滞后性等因素的制约，截至后评价时点，目标企业和受让方的影响目标尚未完全实现。

H公司所面临的外部环境不容乐观，其经营生产面临严峻的生存危机，对其可持续经营无疑产生了较大的不利影响。通过与C公司的股权合作，能够大幅提升H公司的售卖电量，逐步实现热电联产，经营收益提高的同时，可持续经营的能力也得到了极大的增强。

C公司凭借其先进的生产设备和工艺，以及得天独厚的资源优势，具有较为广阔的市场空间。从内部因素来看，其具有较强的可持续性；从外部因素来看，C公司既面临挑战又面临机遇，通过与H电厂的股权合作，大大增强了其可持续经营的能力。

综上，通过股权转让，A公司成功实现了对H公司股权投资的战略性退出，突破了H公司与C公司的发展瓶颈，增强了H公司与C公司的可持续经营和发展的能力，实现了转让方、目标企业和受让方三方共赢的最佳效果，取得了巨大的社会效益。

二、经验教训

（一）主要经验

1. 组建专门机构，投入专业技术力量，为股权转让顺利完成打下了基础

针对股权转让，A公司组建了专门机构，投入了熟悉法律、财务和风险控

制且具有股权收购经验的专业技术力量，制订了详尽、专业、可行的实施方案。这使得股权转让决策、整体策划与部署、尽职调查组织与实施和产权进场交易安排等工作能够有序开展、稳步推进和高效完成，从而为股权转让顺利完成打下了坚实的基础。

2. 通过整合内部资源，集体评议，确保了决策科学合理

A 公司在充分了解 ×× 地区煤炭及电力市场现状及发展前景的基础上，结合 H 公司近年来的财务情况，采用定量与定性分析两种方法，对比分析了维持公用电厂及公用转自备，增资扩股与股权转让等情况下 H 公司和 A 公司的损益情况。经收购办、内部控制部、财务产权部、经营管理部共同讨论，对股权转让问题进行客观评估和调查。

经过权衡分析，A 公司认为应全部转让持有的股权。专家认为，通过整合内部资源和集体评议，最大限度确保了股权转让决策的科学性和合理性。

3. 客观分析 H 公司经营形势，果断作出决策，紧抓转让时机，切实保障了 A 公司的投资收益和国有资产的保值增值

A 公司对 H 公司的经营形势进行了全面、客观的分析，以 ×× 地区电力市场低迷、电力供需失衡、窝电现象普遍等客观情况为基础，结合 H 公司与 C 公司股权合作后的发展前景预判，权衡了全部转让股权和部分转让股权的利益分析。在判断 H 公司的经营趋势后，果断作出决策，抓住时机，快速反应，立即启动相应的股权转让工作程序，切实保障了 A 公司的投资收益和国有资产的保值增值。

4. 各项工作同步开展，交叉进行，依法合规，确保了股权转让工作的高效完成

A 公司的决策程序较为复杂，需要经过总裁常务会议、董事会和公司的多重申请与审批决议工作。A 公司在总裁常务会议通过股权转让决议后下达指示，要求立即着手开展股权转让各项准备工作，同时请示上报董事会，实现了审批

决议事项同步开展，股权转让准备与主管机构审批决议交叉进行，最大限度提高了工作效率，压缩了股权转让工作的周期，确保了股权转让工作依法合规地高效完成。

据统计，股权转让从作出批复到取得某市联合产权交易所的《交易结果通知书》仅用了4个月的时间。专家一致认为，股权转让的工作效率很高，周期较短，应总结经验并在后续类似工作中沿用和传承。

5. 实施计划合理，信息沟通高效顺畅，确保了股权转让顺利完成

国有资产股权转让事宜的利益相关企业较多，沟通信息量较大。为确保股权转让工作及时有效开展，A公司事先制订了周密的实施工作计划，列明主要工作事项、参与部门、预计开始及完成时间，工作计划设计合理。

在实施计划的指引下，按照国家相关法律法规及公司的规章制度，各项工作有条不紊展开，利益相关企业关于资产评估、挂牌交易结果及其他股权转让相关事宜得以及时有效沟通，确保了整个股权转让工作能够在4个月内顺利完成。

6. 提前与受让意向单位达成一致并签订股权重组合作意向书，降低交易风险的同时保障了股权转让一次性成功

在产权交易市场进行股权转让具有一定的随机性和不确定性，需要依据法定的交易程序发布产权交易挂牌公告、接受意向受让方响应文件及意向受让方资格评审审查和择优评审等。如果贸然发布交易挂牌公告，由于受公告信息公开程度有限的制约，可能会出现无意向受让方响应、意向受让方资格审查不通过等产权交易失败的情形，存在一定的产权交易风险，从而延长产权交易的周期。

A公司在尽职调查阶段就与受让意向单位关于资产评估价值等问题进行了充分沟通，根据双方的合作意愿，在股权进场交易前与受让意向单位签署股权重组合作意向书能够最大限度降低交易风险，从而保障产权转让一次性成功。

7. 风险意识较强，注意风险防范，通过尽职调查将股权转让的风险降到了最低

股权转让存在较多的风险，如果不谨慎行事，往往会带来许多纠纷和麻烦，造成一定的损失。股权转让存在法律风险、财产风险、行政司法风险和信用风险等诸多风险，需要开展全面的尽职调查来进行规避和防范。

A 公司通过财务审计、资产评估、法律调查等一系列尽职调查工作，全面分析了股权转让存在的风险因素，并通过有效的手段加以规避或防范，将股权转让的风险降到了最低。

（二）教训

通过股权转让的资料和座谈了解到，A 公司未对 C 公司开展充分的调查，对 C 公司的财务状况、经营状况和信用情况缺乏深入的了解，这在一定程度上给股权转让后的 H 公司重组，转让交易合同的履约埋下了一定的法律和财务隐患。虽然通过某市联合产权交易所第三方的调查和评估，能够在一定程度上降低和规避该类风险，但要从根本上规避还需关注和重视此类问题。为了最大限度降低股权转让风险，建议后续在进行股权转让前也对受让方开展必要的尽职调查，以保障股权转让的低风险完成。

> **小贴士**
>
> 股权转让项目后评价中的经验教训可以从过程评价、效益效果评价、目标实现程度和可持续性评价的内容中提炼，关注点主要包括专业团队的组建与投入、内部资源整合与集体决策、形势分析与决策时机、股权转让定价策略、交易结构和流程、合规性与效率、沟通与信息管理、风险管理与控制、股权转让后的公司运营、股东关系协调等。

三、对策建议

（一）系统总结经验教训，编制股权转让操作指南，指导后续类似项目

案例项目的股权转让属于成功案例，具有一定的示范性，尤其在决策论证、尽职调查、组织实施等方面对后续类似项目具有一定的指导性和示范性。因此，建议组织相关人员系统地梳理和回顾股权转让的全过程，深入总结经验教训，编制股权转让操作指南，以此作为成功的示范案例在公司传播和推广，指导后续类似项目。

（二）强化风险管理意识，建立健全风险管理体系，有效降低股权投资项目风险水平

风险管理是项目管理的一个重要领域，固定资产投资所针对的是项目层面，而股权转让或股权投资项目所针对的是企业层面，是指企业通过股权转让或股权投资的实施来实现企业战略目标，看重股权投资的潜在收益及对于企业长期发展的影响。因此，股权投资风险管理更侧重于企业全面风险管理，强调通过量化分析支撑下的决策分析，在决策层面管控战略方向选择、重大业务决策等方面的风险。

建议 A 公司围绕总体经营目标，强化风险管理意识，建立健全风险管理体系，从而有效降低股权投资风险水平。

（三）建立对参股项目动态监控和风险预警的机制，及时响应，适时进退

项目参股方在项目公司一般不参与公司的管理和经营，只能通过监事会、独立审计等方式，实现对项目公司财务的监督，确保自身利益。受国内现行的管理体制和公司治理模式影响，参股方的话语权和利益保障受到一定影响。对于参股方而言，应该通过法律赋予的一切手段监控参股公司的经营和收益情况，以便作出战略性调整。

建议 A 公司建立参股项目动态监控机制和风险预警机制，研究确定参股项目经营情况评价指标及经营风险预警阈值，对于继续持有已无意义或风险较大的参股项目，应适时进行股权转让或创造条件进行股权转让，以及时抽回投资资金进行再投资。

（四）建立"重点清理项目库"，加大关注力度，研究股权转让策略，逐步实现战略退出

通过股权转让退出，在特定的条件下也是一种经营战略。建议 A 公司对所参股的项目进行梳理和排查，将"有悖于公司经营方向""连续亏损且扭亏无望""行业发展前景黯淡、面临生存危机"的参股企业列入"重点清理项目库"，并且设立专门的组织机构负责库中参股股权的转让工作，加大对库中参股企业的关注力度，积极寻找合适的受让单位，研究股权转让策略，逐步实现对参股企业的战略退出。

> **⊙ 小贴士**
>
> 在编写股权转让项目后评价报告的对策建议部分时，应着重注意以下几点：
>
> ①对策建议需紧密结合具体项目特点。每个股权转让项目都有其独特的背景、目标、交易结构和涉及方，因此，对策建议必须针对项目的具体情况来制定，确保措施的有效性和适用性。
>
> ②要充分考虑利益相关方的利益诉求。股权转让涉及多方利益，包括出让方、受让方、股东、债权人等，对策建议需要平衡各方利益，确保各方在股权转让后能够和谐共处，共同推动企业的持续发展。
>
> ③对策建议应针对行业发展趋势和监管要求。股权转让项目的成功与否，往往受到行业发展状况和监管政策的影响。因此，需要深入

> 分析行业发展趋势，了解监管政策动向，确保对策的合规性和前瞻性。
> 　　④对策建议要注重可操作性。对策不应仅仅停留在理论层面，还应有明确的实施步骤和可衡量的成果指标，以便增强对策的执行力，确保各项措施能够得到有效落实。

第八节　总结与思考

一、股权转让的交易模式分析

股权转让项目涉及公司股东依照法律规定，将自己所持有的股东权益有偿地转让给他人的民事法律行为。在我国《公司法》中，对股权转让有明确的规定。例如，股东有权通过法定方式转让其全部股权或者部分股权。对于有限责任公司，内部转让相对自由，而外部转让则需要经过其他股东过半数同意，并且其他股东在同等条件下享有优先购买权。此外，如果公司章程对股权转让有不违反法律强制性规定的特殊规定，那么在实际操作中需以公司章程的规定为准。

（一）股权转让交易模式类型

股权转让项目的交易类型可以依据不同的标准进行分类。以下是实践中常见的交易类型。

1. 按转让主体分类

内部转让：指股东将股权转让给公司内部其他的股东。这种转让相对简单，只需依据公司法的相关规定，变更公司章程、股东名册及出资证明书等即可发生法律效力。

外部转让：股东将其股权转让给现有股东以外的其他投资者。这种转让除了需要变更公司章程、股东名册及相关文件外，通常还需要向工商行政管理机关进行变更登记。

2.按转让价格分类

有偿转让：股东以一定的价格出售其股权给受让方。

无偿转让：股东将其股权无偿地转让给受让方，常见于赠与或作为某种法律关系的履行。例如，同一机构内部的股权转让，为了避税常采取无偿转让。

3.按转让范围分类

全部转让：股东将其所持有的全部股权转让给受让方。

部分转让：股东只将其所持有的一部分股权转让给受让方，自己仍保留部分股权。

（二）交易策略

在股权转让项目中，股权转让方需要精心制定股权交易策略，以确保交易的顺利进行，最大化自身的利益，降低潜在风险。股权交易策略主要包括如下内容。

1.评估股权价值

首先，股权转让方需要全面评估其所持股权的价值，包括公司的财务状况、市场前景、行业竞争状况，以及公司的战略地位等因素。可以借助专业的评估机构或财务顾问进行价值评估，确保股权转让价格的合理性。

2.确定转让条件

股权转让方应明确股权转让的条件，如转让价格、支付方式、交易期限、过户手续等。可以考虑设置一些保护性条款，如受让方支付定金或提供担保，以降低交易风险。

3.选择合适的交易对象

股权转让方需要仔细筛选潜在的交易对象，确保其具备足够的资金实力、行业经验和战略协同能力。优先考虑与公司业务有协同效应或能够推动公司发展的战略投资者。

4. 保密与信息披露

在股权转让过程中,股权转让方需要妥善处理保密与信息披露的关系。在确保不泄露商业秘密的前提下,向潜在受让方提供必要的公司信息,以便其作出决策。

5. 谈判与沟通

在与潜在受让方进行谈判时,股权转让方应保持灵活和开放的态度,积极寻求双方的共同点。善于运用谈判技巧,争取在股权转让价格、支付方式等关键问题上取得优势。

(三)交易风险及应对策略

在股权转让项目中,股权转让方需要采取一系列的风险防范措施和应对策略,以确保交易的安全和顺利进行。

1. 风险识别与评估

深入调研:对潜在受让方进行全面的背景调查,包括资金实力、信用记录、业务背景等,以评估其可靠性和交易风险。

评估法律风险:咨询专业律师,对股权转让过程中的法律风险进行全面评估,如合同风险、税务风险等。

2. 合同条款设计

明确权利义务:在股权转让协议中,明确双方的权利和义务,确保股权转让方的权益得到充分保障。

设置违约条款:在合同中设定明确的违约条款和违约金,以应对潜在受让方违约的风险。

保密条款:设置保密条款,确保公司敏感信息在交易过程中不被泄露。

3. 交易过程控制

分阶段支付：考虑采用分阶段支付的方式，如定金、尾款等，以控制交易风险。

过户手续监管：确保股权转让的过户手续严格按照法律法规进行，避免产生法律纠纷。

4. 建立应急机制

针对可能出现的风险，制订应急预案，确保在风险发生时能够迅速应对。

二、法律法规加油站

从股权转让方的角度，进行股权转让项目时需要遵守的法律法规或政策主要包括但不限于以下内容。

①《中华人民共和国公司法》及其相关司法解释。

股权转让方应遵守关于股权转让的基本规定，如股东之间可以相互转让股权，但向股东以外的人转让股权时，需经过其他股东过半数同意，并且其他股东在同等条件下有优先购买权。

股权转让方需注意特殊类型公司的股权转让限制，如上市公司发起人持有的股份自公司成立之日起一年内不得转让。

股权转让方需注意公司章程对股权转让的限制，并确保不违反法律、行政法规的强制性规定。

②《中华人民共和国证券法》及相关规定。

如果涉及上市公司股权转让，转让方需要遵守关于证券发行、交易、信息披露等方面的规定，确保交易的合法性和透明性。

③《中华人民共和国企业所得税法》及相关税收政策。

股权转让方需要了解并遵守相关税收政策，如股权转让所得税的计算和缴纳规定，避免税务风险。

④《中华人民共和国企业国有资产法》及相关规定。

如果涉及国有企业股权转让，转让方需要遵守国有资产管理的相关法律法规，包括资产评估、进场交易、审批程序等方面的规定。

⑤其他相关法律法规和政策。

根据具体的股权转让项目情况，可能还需要遵守其他相关的法律法规和政策，如反垄断法、反不正当竞争法等。

以上只是一些主要的法律法规和政策，具体的股权转让项目可能还涉及其他特定领域的法律法规。因此，在进行股权转让时，建议股权转让方寻求专业法律人士的帮助，确保整个过程的合法性和合规性。此外，由于法律法规和政策可能随时间发生变化，股权转让方在进行股权转让前应及时了解和掌握最新的法律法规和政策要求。

第十章　新设股权投资项目后评价案例

第一节　项目概况

一、项目背景概述

（一）政策背景与外部环境

党的十八大以来，以习近平同志为核心的党中央高度重视网络安全和信息化工作，通过一系列重大决策和举措，形成了网络强国战略思想，引领我国网信事业取得显著成就。党的十九大报告对推进新时代网络强国建设进行了全面部署，同时，《国家安全法》《网络安全法》等法律法规的出台，为网络空间的治理提供了坚实的法治保障。《"十三五"国家信息化规划》强调网络安全和自主可控的重要性，采取了一系列具体措施确保网络空间的安全与稳定。这些战略部署不仅反映了国家对网络安全的高度重视，也为相关产业提供了明确的发展方向和政策支持。

在全面深化改革和扩大开放的背景下，多个地区积极落实国家网络安全等级保护制度，以提升网络安全保障水平。特别是，一些地区凭借其自由贸易区的开放政策和区位优势，在网络安全和自主可控方面展现出独特的发展潜力。这些地区通过制定和完善相关法规制度，加强网络安全信息统筹、应急指挥能力建设，以及网络安全知识的宣传普及和人才培养，全方位提升网络安全防护能力。

综上，网络安全和自主可控已成为国家战略的重要组成部分，得到了法律层面的保障和专项规划的支持。各地区在推进网络安全和自主可控方面，结合自身的政策、区位和体制机制优势，积极开展相关工作，为网络强国建设贡献力量。

（二）战略合作背景

A 公司与 H 省政府的战略合作源远流长，双方共同致力于推动信息产业的发展与信息化建设的深化。早在 2007 年，A 公司与 H 省政府签订了信息产业与信息化战略合作协议，根据协议，双方共同修编信息化总体规划，规划建设软件园。A 公司从资金投入、产业转移、技术转让等方面积极参与和支持软件园的建设。H 省以此为契机，通过软件园区的产业聚集模式，吸引包括 A 公司在内的国内外重大信息产业企业入驻，推动信息产业的快速发展。

随着时代的进步和技术的革新，2019 年 A 公司与 H 省政府再次签署深化战略合作协议，这次合作的目标更加明确和远大。双方借助云计算、物联网、区块链、大数据、人工智能等信息技术，实现数字经济对 GDP 的供给侧改革，同时拉动民族信息产业的发展，构建自主可控、安全可靠的信息技术体系。

在这一背景下，A 公司计划与 H 省当地企业合资成立目标公司，共同开展现代数字城市业务，推动 YZ 体系在 H 省的落地与应用。这一举措不仅有助于提升 A 公司在数字城市领域的竞争力，也将为 H 省的信息产业发展和城市治理体系现代化注入新的动力。

二、投资意向达成情况

（一）投资合作背景及动机

案例项目投资正值 A 公司向数字城市业务转型的关键时期，而 H 省数字城市业务将迎来巨大的发展机遇，市场潜力巨大。借助这一契机，A公司计划与当地具备业务拓展能力的企业合作投资，共同开拓现代数字城市业务，以进一步挖掘市场潜力。

从市场前景来看，H省作为自由贸易试验区，其政策优势和市场潜力不言而喻。通过案例项目，A公司不仅能与当地企业实现资源共享、优势互补，更能借助合作伙伴的资源优势，深入开拓现代数字城市业务。同时，从A公司自身转型发展的需要来看，通过与当地企业的合作，A公司不仅能够获取更多的政府资源和市场机会，还能够借助这些资源推动自身业务的健康发展，实现快速转型。

在合作伙伴的选择上，A公司经过多方沟通交流，最终确定与B公司合资。B公司在数据安全业务和当地现代数字城市业务方面有着丰富的经验和资源。通过与B公司的合作，A公司不仅能够获得其资源优势的支持，更能够提升公司品牌形象，实现业务市场的进一步开发。

双方基于共同推进H省数字城市业务发展的目标，展现了强烈的合作意愿。通过案例项目的实施，双方将共同开拓数字城市业务市场，实现资源共享、优势互补，推动H省数字城市业务的发展，同时也为A公司的转型发展提供有力支持。

（二）投资目的与愿景

①促进A公司YZ体系能力的全面提升，并推动其在各行业、各领域的广泛应用。协助A公司实现产业整体从中低端制造型向中高端服务型的战略转型，为国家自主安全发展提供服务，支撑国家全面完成规模化升级工程。

②借助H省自由贸易区的独特地位，将YZ体系推向全球，打造一个能够输出A公司YZ技术体系的战略基地。

③借助合作伙伴的当地资源优势，打造A公司现代数字城市业务的运营平台、技术研发中心、服务中心和生态发展中心的企业定位。深入开拓H省的数字城市业务市场，获取更多的政府支持和市场机会。

三、案例项目的前期决策过程概况

（一）投资决策过程概述

2019年，在确定投资意向后，A公司针对案例项目中的投资事项开展了可行性研究，完成可行性研究报告编制工作。同年8月，总经理办公会审议通过了项目投资议案；A公司组织召开了临时股东会，股东会审议通过了项目投资议案。

（二）投资决策要点

1. 投资目标

（1）战略目标

实现数字经济拉动GDP的供给侧改革，推动民族信息产业发展，打造自主可控、安全可靠的信息技术体系。

（2）直接目标

加快提升YZ体系产品成熟度和生态完善度，推动YZ体系创新发展及产业应用，实现城市治理体系和治理能力现代化；借助地域资源优势和便利条件，建设好A公司现代数字城市业务的运营平台、技术研发中心、服务中心和生态发展中心。

2. 决策必要性

从A公司层面看，基于国内外的发展局势及YZ体系升级需求，A公司亟须作出重大战略部署，以促进YZ体系能力的全面提升，推动YZ体系在各行业、领域中的应用，从而助力A公司产业整体从中低端制造型向中高端服务型的战略转型，为国家自主安全发展提供服务，支撑国家全面完成规模化升级工程。此外，基于地缘优势助推YZ体系走向全球，打造一个能够输出A公司YZ技术体系的桥头堡。

从行业发展维度看，当前现代数字城市建设中主要存在安全风险、供需错配、迭代滞后等问题。以YZ体系为基础建设现代数字城市，可以从源头上做好安全防护，建立全方位安全服务保障体系，确保政务信息、行业信息、企业信息和个人信息的安全。通过 YZ 体系构建高安全的信息基础设施，优化数字经济发展环境，赋能传统产业，培育数字经济新业态，有效带动城市数字产业发展。

3. 风险应对

（1）业务拓展不及预期的风险

应对措施：通过加大与各级政府的沟通与协调，发挥合作伙伴的资源优势，拓展智慧城市各类业务；积极拓展特色产业的智能化、信息化、物联网等业务及产业互联网各类业务。同时，注重从项目源头加强公司业务应收账款管理。

（2）团队人才流失风险

应对措施：加大当地人才招聘和引进力度，尤其是加大对整体方案、技术架构等核心关键人员的区域外招聘力度，以此稳定人才队伍。

四、目标公司新设及经营效果

（一）目标公司新设概述

2019 年 8 月，A 公司与 B 公司在 H 省合资成立 C 公司，B 公司持股 55%，A 公司持股 45%，经营范围包括互联网公共服务平台，互联网数据服务，人工智能行业应用系统，其他互联网服务；云计算技术与服务；应用软件开发，其他软件开发；信息系统集成服务，物联网技术服务，大数据服务，基础软件服务；运行维护服务。

（二）目标公司经营效果

1. 业务经营情况

由于 C 公司成立后不久发生新冠疫情，现代数字城市业务推进缓慢。截至后评价时点，C 公司签订的合同数量有限。

2. 财务状况

2020年至2022年末，C公司的营业收入呈下滑趋势，连续三年净利润为负。

> **小贴士**
>
> 股权投资项目后评价时点的选取和项目什么时候开展后评价是两个不同的概念。后评价评价时点的选取是指在开展后评价的过程中，以哪个时间为节点，节点前的数据应为实际发生的真实数据。项目什么时候开展后评价是指在项目建设及运营周期内哪个时间点开展后评价。一般来说，后评价时点在开展后评价时点之前。
>
> 选取评价时点时，需要确保评价时点前所获取的数据真实可靠，能够反映项目的实际情况。
>
> 关于项目何时开展后评价，涉及项目建设及运营周期内的具体时间点。一般来说，后评价可以在项目完成并稳定运行一段时间后进行，以便有足够的时间来观察项目的实际运行效果。具体的时间点可能因项目的特性、投资方的要求，以及行业规定等因素而有所不同。有时，后评价也可能在项目进行到某个关键阶段时进行，以便及时调整投资策略或管理措施。

第二节　新设股权投资实施过程评价

一、投资决策阶段回顾与评价

（一）投资决策阶段回顾

1.可行性研究分析与投资议案

2019年8月，A公司完成了投资可行性研究分析报告，基于该报告编制完成案例项目投资议案，议案核心内容包括七个方面。

（1）投资战略导向

A公司计划携手H省各级地方政府，依托云计算、物联网、区块链、大数据、人工智能等国产信息技术，助推H省数字化建设，驱动数字经济成为拉动GDP增长的新引擎，实现供给侧改革的目标。同时，推动民族信息产业发展，形成自主可控、安全可靠的信息技术体系。

（2）投资目标

A公司致力于加速YZ体系产品的成熟度和生态完善度，推动其创新发展及产业应用，以达成城市治理体系和治理能力现代化的目标。依托H省的地域优势和便利条件，A公司将全力打造现代数字城市业务的运营平台、技术研发中心、服务中心和生态发展中心。

（3）投资方案

A公司与B公司合资成立C公司，其中，B公司持股55%，A公司持股45%。根据C公司的经营发展需求，将分阶段实缴出资。

（4）C公司的发展定位

C公司作为A公司现代数字城市业务的核心运营平台，集技术研发、服务及生态发展于一体，计划在未来五年内，通过完善现代城市治理体系，推动城市效率变革；通过助燃数字经济产业引擎，推动城市动力变革；通过树立现代数字城市标杆，推动城市质量变革。同时，从H省起步，逐步辐射全国，推动YZ体系走向"一带一路"国家乃至全球，培育全球产业生态，构建YZ体系的核心竞争力。

（5）C公司的主营业务

深入探索现代数字城市的实践路径，优化数字经济发展环境，利用数据赋能传统产业，培育数字经济新业态。

基于YZ体系，建立技术支撑平台，开展新一代信息技术研发，如5G、物联网、人工智能、云计算等，以增强YZ体系的生态完善度。

依托YZ体系，构建高安全信息基础设施，确保政务信息、行业数据、居民财产与个人隐私的安全。

开发基于YZ体系的现代数字城市产品及解决方案，推动YZ体系在各领域的应用，并联合产业生态伙伴共同壮大YZ生态体系。

（6）C公司的运营模式

C公司通常作为投标、建设和运营的主体参与项目招投标。资金来源包括实缴出资、项目公司利润以及融资（需遵循公司章程等相关规定）。

（7）投资风险及应对措施

案例项目面临的主要风险包括C公司业务拓展不及预期导致的经营亏损风险及团队人才流失风险。为此，议案提出以下应对措施：加强与H省各级政府的沟通协作，利用合作伙伴资源，积极拓展智慧城市各项业务；深入挖掘H省特色产业的智能化、信息化、物联网等需求，拓展产业互联网业务；强化项目源头管理，加强公司业务应收账款的管理；加大本地人才招聘和引进力度，对关键岗位人员可考虑跨区域招聘，以降低人才流失风险。

2. 投资请示及批复

（1）总经理办公会议决议

2019年8月，A公司召开总经理办公会议，重点审议了《关于成立C公司的议案》。会上，投资部详尽汇报了议案的核心内容，包括投资的主旨与整体方案、投资主体C公司与被投资单位的基本情况、具体的投资规划与策略、公司治理架构的设计，以及潜在风险与相应的防范举措。经过与会领导的深入研讨与细致分析，大家一致认为该议案契合公司战略发展方向，对提升公司在数字科技领域的竞争力具有重要意义。因此，会议原则性通过了《关于成立C公司的议案》，并指示相关部门按照议案内容，精心组织、扎实推进，确保项目的顺利实施。

（2）股东会议决议

2019年8月29日，A公司以通讯方式召开2019年第八次临时股东会议，公司12名股东或股东代表出席会议，审议《关于审议投资设立C公司的议案》。经表决，12票全部同意，会议通过《关于审议投资设立C公司的议案》。

（二）投资决策阶段评价意见

1. 项目投资的必要性与可行性分析

从必要性角度看，案例项目对于YZ体系能力的全面提升具有不可或缺的作用。通过推动YZ体系在各行业、领域的广泛应用，案例项目不仅能够助力A公司实现从中低端制造型向中高端服务型的战略转型，更与A公司的整体战略部署紧密契合。同时，项目对于现代数字城市建设的推动作用不言而喻，与A公司的业务范围高度吻合，为公司的未来发展注入了新的动力。

从可行性角度看，案例项目的实施条件充分，市场前景广阔。依托A公司的强大实力和资源，结合B公司的资源优势，项目在技术上具有可行性，在市场上具有广阔的发展空间。此外，A公司在投资决策前已开展了详尽的可行性研究，确保了项目的顺利推进。

2. 投资方战略分析

案例项目是对A公司战略部署的积极回应，更是对H省数字化建设的有力支持。通过案例项目，A公司得以借助B公司的资源优势，深入挖掘H省现代数字城市业务的潜在机会与资源，从而推动自身数字城市业务的快速发展。这一举措不仅有助于提升A公司在数字城市领域的竞争力，更有助于实现其业务范围的拓展和升级。

3. 投资决策流程分析

A公司在投资决策过程中展现出了高效的管理效能。在项目实施前，公司严格按照投资决策流程开展了可行性研究，并组织召开了总经理办公会、董事会和股东会进行层层审核和决议。这一过程中，决策迅速且流程规范，确保了投资决策的科学性和合理性。

4. 风险管理分析

虽然 A 公司在可行性研究阶段已进行了风险识别及防控应对工作，但在风险因素的系统性评估和分级分类方面仍显不足，这使防范应对措施缺乏具体的抓手和推动力，可能在一定程度上影响项目的稳健运行。因此，在后续类似投资项目中，应进一步加强风险管理力度，完善风险评估和应对机制，确保项目的顺利进行。

5. 总体评价

总体来看，案例项目投资决策程序完备、流程规范，符合 A 公司的战略发展方向。决策过程高效、合理，体现了公司的高效管理。然而，风险应对措施的有效性方面仍存在一定瑕疵，需要在后续项目中加以改进和完善。

二、投资实施及经营阶段回顾与评价

（一）投资实施及经营阶段回顾

1. 公司设立

2019 年 8 月，经在 H 省市场监督管理局登记，C 公司正式设立。

自 2019 年 9 月起至后评价时点，A 公司分四次向 C 公司注入资金。

2. 组织机构及人员情况

C 公司设立股东会、董事会和监事会。股东会是公司的权力机构，定期会议一年至少召开一次。董事会成员由 3 人组成，由股东会股东选举产生，董事每届任期 3 年。董事会设董事长一人，由 B 公司推荐，由董事会选举产生，A 公司派驻一名副董事长，B 公司委派 1 名董事。监事由 A 公司委派。

3. 制度建设情况

C 公司在制度建设方面完全沿袭 B 公司，在行政管理、业务和市场等方面具有完整的制度体系。

4. 业务总体情况

受新冠疫情的严重影响，H 省现代数字城市业务投资规模压缩、推进缓慢，C 公司成立后，业务开展受到影响，截至后评价时点，公司业务尚处于培育阶段。

（二）投资实施及经营阶段评价意见

1. 公司设立与运营情况

C 公司依法设立，程序合规，流程完善，各项工作高效有序。在实缴资本的出资方式上，A 公司采取分阶段依据资金需求进行出资的策略，这一方式既合理又可行，有效提高了资金利用效率，为公司的稳健发展奠定了坚实基础。

2. 业务发展与挑战

C 公司始终按照既定的发展定位进行运营，然而，受新冠疫情的冲击及 H 省行业发展放缓等多重因素影响，公司业务拓展面临较大困难，迟迟未能打开局面。截至后评价时点，公司尚未完全摆脱困境，仍处于业务培育期。

3. 总结

尽管 C 公司面临一定的困境和挑战，但其在依法设立、运营合规、资金利用等方面的表现仍值得肯定。展望未来，随着行业的进一步发展，C 公司有望迎来新的发展机遇。同时，通过加强战略合作、拓展业务范围等方式，公司有望在未来实现更加稳健和快速的发展。

> **小贴士**
>
> 在对兼具股权投资性质和固定资产投资性质的项目开展评价时，如投资方先投资成立了一个平台公司，由平台公司投资建设某固定资产投资项目。应根据评价目的灵活确定评价视角，选择侧重于固定资产投资项目本身，还是股权投资项目本身，或两者并重。若以股权投资评价为主导，那么需要增加固定资产投资方面的专项内容，包括但不限于对项目审批流程、勘察设计、监理、招标采购、合同管理、质量管理、进度控制、投资管理、档案管理、技术水平、专项验收、竣工决算、投产运营等方面的评价。

第三节　项目效益效果评价

一、绩效评价

（一）适应性评价

案例项目是在国家倡导 GCH（国产化）替代政策背景下，立足 H 省良好的网信产业市场环境，以 A 公司的 YZ 体系发展战略为指引提出的，后评价认为项目投资时机识别准确，把握及时，在政策及战略、行业和市场等方面具有较好的适应性。

1. 政策及战略适应性

为了保障国家经济和安全利益，降低对进口产品和技术的依赖，推动国内产业的技术创新和升级，国家积极倡导 GCH 替代。2016 年，《"十三五"国家信息化规划》正式发布，强调了网络安全和自主可控的重要性，并提出了一系列具体措施来保障网络空间的安全。2022 年 9 月底，国务院国有资产监督管理委员会下发 79 号文件，全面指导并要求 2027 年央企、国企 100% 完成信创替代，替换范围涵盖芯片、基础软件、操作系统、中间件等领域。在网信产业领域，国家、行业、地区积极鼓励芯片设计、制造和封装企业之间，芯片制造企业与芯片制造设备企业之间相互合作攻关，形成协同创新机制，共同推进制造设备的研制、材料的开发、制造工艺的改进。在 GCH 替代的政策背景下，A 公司提出了 YZ 体系发展战略，案例项目就是 A 公司落实 YZ 体系发展战略要求的重要举措，是紧跟政策导向步伐、响应战略引导的实际行动。后评价认为，从现行的 GCH 替代政策要求看，案例项目具有较好的政策和战略适应性。

2019 年，H 省牢固树立正确的网络安全观，进一步完善和建立网络安全保护法规制度，加强网络安全信息统筹机制、手段、平台建设，加强网络安全事件应急指挥能力建设。后评价认为，案例项目立足良好的网信产业市场环境和完善的政策生态，项目投资紧跟当地政策和战略导向，具有较好的适应性。

2. 行业及市场适应性

YZ 体系立足国产技术保障安全、面向全球开放联合，聚集国内外优势资源，合力构建开放创新的网信产业生态环境，致力于为全球合作伙伴提供多样化的选择，推动电子产品处理器架构在企业网、物联网、云计算、大数据等领域的应用；聚合国内产学研领域多家核心企业，共同开展关键技术攻关和公共技术服务，形成丰富的办公和事务处理类应用生态体系。YZ 体系可以从源头做好安全防护，建立全方位安全服务保障体系，确保政务信息、行业信息、企业信息和个人信息的安全，能够有效解决现代数字城市建设中普遍存在的安全风险、供需错配、迭代滞后等问题；通过 YZ 体系构建高安全的信息基础设施，优化数字经济发展环境，赋能传统产业，培育数字经济新业态，能够有效带动城市数字产业发展。案例项目投资初衷是加快提升 YZ 体系产品成熟度和生态完善度，推动 YZ 体系创新发展及产业应用，实现城市治理体系和治理能力现代化；同时，借助地域资源优势和便利条件，建设好 A 公司现代数字城市业务的运营平台、技术研发中心、服务中心和生态发展中心。

尽管 C 公司经营发展缓慢，但其能够架起参与 YZ 体系业务生态的桥梁。后评价认为，从案例项目投资的目标定位和 C 公司在 YZ 体系中发挥的纽带作用进行分析，案例项目对行业及市场具有较好的适应性。

3. 时机适应性

从市场需求的角度来看，随着信息技术的飞速发展，计算机软硬件系统的需求呈持续增长的态势。作为 A 公司自主研发的计算机体系，YZ 体系凭借其自主可控的核心优势，能够满足政府、企业等多元化客户对于信息安全和可控性的需求，展现出广阔的市场应用前景。

从技术发展的维度分析，YZ 体系历经多年的深入研发和市场推广，已经逐渐走向成熟，并在关键技术领域取得了显著突破。此时，进一步推广该体系的应用，不仅有助于加速技术成果的转化，更能够推动整个产业生态的繁荣与发展。

从产业环境的层面考量，A 公司推出 YZ 体系发展战略，不仅能够有效带动上下游企业的协同发展，还能够促进整个产业的创新与升级。与此同时，国家对于 GCH 替代的政策支持也为 YZ 体系的发展提供了良好的外部环境和有力的政策保障。

从企业竞争力的角度审视，A 公司通过持续投入和研发，进一步巩固了在 YZ 领域的领先地位，显著提升了企业的核心竞争力。此外，通过与上下游企业的紧密合作，A 公司能够构建起更加完善的产业生态，进一步提升企业的综合竞争力。

综上，案例项目的投资决策展现出了战略眼光和前瞻性思维，不仅有利于 A 公司的长远发展，而且对整个产业的发展具有积极的推动作用。后评价认为项目投资时机合适，具有一定的前瞻性。

（二）合理性评价

基于目标公司的发展定位和案例项目的投资目标及规模，后评价认为案例项目投资符合国家 GCH 替代政策导向，适应行业和市场发展要求，投资规模满足目标公司的发展定位。

1. 投资方向分析

在 GCH 替代政策推动下，政府、行政事业单位、央企国企等机构加快了网信产品的国产化进程。案例项目投资目的是提升 YZ 体系产品成熟度和生态完善度，推动 YZ 体系创新发展及产业应用。后评价认为，案例项目投资顺应政策导向，符合行业和市场发展要求，投资方向合理。

2. 投资时机分析

案例项目投资时点为国内对安全自主可控需求的培育和发展期，经过多年的研发和技术积累，YZ 体系已取得了一系列技术突破，具备扩大应用和推广的条件，但 YZ 体系在产品成熟度和生态完善度方面仍需要加大技术攻关、资源投入和生态培育。案例项目正是抓住了 YZ 体系进入全面发展前的空档期，能够通过建设技术研发中心、服务中心和生态发展中心，提升 YZ 体系产品成熟度和生态完善度，使 A 公司提前开展 YZ 体系产业布局，全面融入 YZ 体系业务生态圈。后评价认为，案例项目投资抢占了市场先机，时机合理。

3. 投资规模分析

从 C 公司的发展定位来看，作为现代数字城市业务的运营平台、技术研发中心、服务中心和生态发展中心，其发挥着 YZ 体系产品及服务的中台作用和产业孵化、生态培育的窗口功能，需要强大的投资作为支撑，后评价认为案例项目的初始计划投资规模合理。

（三）择优性评价

H 省是中国对外经济窗口，其地位主要体现在经济要素流量汇聚、促进对外贸易和投资、与东南亚等地区开展经济合作，以及培育新经济增长点等方面。这些优势条件的充分发挥，将为 H 省的经济发展注入更多动力，推动其成为中国对外开放的新高地，以及中国与世界其他国家和地区开展经济合作的重要窗口。案例项目选择 H 省，有利于借助 H 省地域资源优势和便利条件，建设好现代数字城市业务的运营平台、技术研发中心、服务中心和生态发展中心，支持案例项目提升 YZ 体系产品成熟度和生态完善度的投资目标。B 公司位于 H 省，选择 B 公司作为合资伙伴具有较高的可信度、区位优势和合作协同基础。后评价认为，案例项目在合资伙伴选择、目标公司区位及发展定位确定等方面均具有较好的择优性。

（四）风险管理评价

从风险识别角度分析，案例项目投资议案识别出了目标公司业务拓展不及预期导致公司经营亏损的风险因素，从 C 公司经营发展滞缓看，对投资的风险识别正确、到位。

从风险分析与评估角度分析，A 公司未针对识别出的风险因素开展概率和影响的分析与估计，未对风险因素等级作深入评估和判断，不利于风险分类分级防控。

从风险防范与应对角度分析，A 公司制定了风险应对措施，但防范和应对措施未明确责任主体，均是方向性的，缺乏具体、指引性的路径，针对性和可行性不高，不能有力支持具体风险因素的防范和应对，风险防范效果得不到有效保证。

综上，在案例项目投资前期分析研究阶段，A 公司开展了风险分析及防范工作，基本落实了投资风控工作部署，反映出 A 公司风险意识较强，已建立投资风险内控机制。后评价认为，案例项目风险因素识别准确，但分析估计、防范与化解措施方面略有不足，A 公司风险管理机制有待进一步健全和完善，在未来类似的投资项目中还需加强风险概率和影响的分析研判，确定风险等级，采取分类分级应对和防控策略，以提高项目风险管理的效率和效果。

二、技术评价

案例项目投资决策能够立足国家 GCH 替代政策导向，顺应现代数字城市行业和市场发展要求，提前发现投资商机，并高效组织分析研究和决策审批流程。后评价认为，案例项目在一定程度上属于战略投资，立足 A 公司的发展战略和决策部署，为未来 YZ 体系产品及服务业务生态发展铺设通道；基于未来公司业务发展和行业及市场要求，案例项目具有较好的政策及战略适应性。

案例项目以打造 YZ 体系技术研发中心、服务中心和生态发展中心为抓手，加快提升 YZ 体系产品成熟度和生态完善度，解决现代数字城市业务中存在的安全风险、供需错配、迭代滞后等问题，进而连带推进 A 公司现代数字城市业务的高质量推进和发展。案例项目在技术方面实质上定位为 A 公司围绕 YZ 体系开展现代数字城市业务的运营平台和技术支撑，能够在为现代数字城市业务涉及的 YZ 体系核心能力建设提供关键技术攻关、产品优化适配、技术标准体系建设和业务生态培育等方面发挥重要作用。后评价认为，案例项目投资决策抓住了 YZ 体系发展的核心要点和行业、市场发展的短板，技术定位准确、合理。

从现代数字城市业务中暴露出的安全风险、供需错配和迭代滞后等问题来看，A 公司围绕公司战略深耕现代数字城市业务的重要路径就是提升 YZ 体系产品成熟度和生态完善度。案例项目基于现代数字城市业务存在的问题，抓住 YZ 体系发展的核心要点和薄弱环节，通过联合优势力量，借助地域资源优势，具备了实现提升 YZ 体系产品成熟度和生态完善度的条件。虽然 C 公司市场拓展不及预期且公司运营发展滞缓，但在 YZ 体系标准建设、市场开拓、团队搭建和宣传推广等方面取得了一定的成绩。实质上，C 公司已成为 YZ 体系业务生态的桥梁和纽带。因此，后评价认为，C 公司与 A 公司战略目标契合，在技术和业务方面具备协同条件，双方具有较好的战略互适性，投资具有潜在的价值度。

三、财务评价

（一）投资效果评价

在 A 公司投资议案中，A 公司的资本实缴策略根据 C 公司的实际经营需求，采取一种分阶段支付的方式。截至后评价时点，A公司与B公司的实缴资本均严格遵循了各自的参股比例。

后评价认为，A公司所采用的这种分阶段实缴资本方式，是基于C公司的资金需求进行出资，不仅合理可行，而且具有显著的优点。它有效地防范了因目标公司运营表现不及预期而可能导致的投资资金大量闲置和折损的风险。这种策略不仅确保了资金的高效利用，而且为C公司的稳健发展提供了坚实的资金保障。

（二）投资效益评价

案例项目投资的核心目标是为A公司的现代数字城市业务提供稳固的资源基础、高效的业务平台，以及尖端的技术支撑，它不仅是资金上的投入，而且是战略投资。可见，其关注焦点始终落在项目的战略协同效应及对业务发展的实际支撑效果上。

新冠疫情的暴发和当地行业发展放缓的双重影响，使目标公司的经营受到了影响。截至后评价时点，尽管C公司肩负着推广YZ体系这一重要的桥梁和纽带任务，但其经营发展仍显滞缓。

后评价认为，C公司的目标定位和发展环境与投资决策时的预期相比，已经发生了实质性的改变，但C公司承载推广YZ体系的重要使命这一点不会改变。因此，在投资效益评价中，需要更加关注C公司当时的战略调整与业务转型，以期在未来实现更好的投资回报和战略价值。

四、协同效应评价

从战略维度审视，案例项目的投资是A公司全面深化现代数字城市业务发展规划的里程碑。通过股权投资，A公司成功抓住了自主创新工程的发展契机，参与设立了以加快产品成熟度和生态完善度为核心目标的创新平台，从而实现了以YZ体系为纽带的协同合作。C公司作为关键支撑，为A公司推进现代数字城市业务提供了业务运营平台及技术研发、服务和生态发展等全方位的业务支撑。后评价认为，C公司与A公司间具备优良的战略协同条件和基础，展现出巨大的协同潜力和发展空间。

从技术维度来看，C公司的发展定位明确，致力于成为现代数字城市业务的技术研发、服务和生态发展中心。其基于YZ体系构建的高安全信息基础设施，旨在建立全方位安全服务保障体系，推动现代数字城市的发展，服务国家治理体系和治理能力现代化。A公司通过投资C公司，成功打造了基于YZ体系的现代数字城市业务技术支持平台，有效解决了现代数字城市业务中的信息安全、供需错配和迭代更新等关键问题，为现代数字城市业务提供了坚实的技术研发支撑。后评价认为，C公司与A公司在现代数字城市业务方面具备较好的技术协同战略预期和条件基础。

从市场及资源维度分析，H省对网络安全和信息化产业的战略布局需求迫切，积极参与数字化建设成为当务之急。A公司的YZ体系发展同样需要应用环境的支持及资金和政策的保障。因此，A公司与H省之间的协同效应应运而生。

从合作方互适维度来看，C公司的控股股东B公司具备丰富的地方政府资源和强大的业务拓展能力。B公司自身也在数据安全业务和当地现代数字城市业务方面有所建树，能够与A公司在H省现代数字城市业务方面以C公司为业务平台开展深度合作和资源整合。后评价认为，A公司与B公司能够以C公司为业务协同平台，在市场拓展和业务实施等方面实现资源的有效整合和协同。

综上，C公司不仅是A公司与B公司开展现代数字城市业务协同联盟的重要平台和支撑，更是A公司全面开展YZ体系业务生态的桥梁和纽带。在战略、技术、市场及资源和合作方互适等方面，C公司均展现出良好的协同条件和基础。随着YZ体系的不断成熟和生态的良好发展，其协同效果将逐步显现，并有望实现可持续发展。

> **小贴士**
>
> 新设股权投资项目协同效应评价的关键点涉及战略、资源、管理、财务、市场、技术创新及风险等多个方面，在具体评价时，可根据评价对象的特点进行调整。
>
> ①战略契合度。评价新设股权投资项目与公司现有业务或未来发展方向的战略契合度，包括市场定位、产品线、技术方向、客户基础等方面的互补性和协同性。战略契合度的高低直接影响项目整合后的市场竞争力。
>
> ②资源整合能力。分析项目方在资源整合方面的能力，包括人力资源、技术资源、市场资源、资金资源等。协同效应的实现需要各方资源的有效整合和优化配置，因此资源整合能力成为评价协同效应的重要指标。
>
> ③管理能力与文化融合。评价项目方的管理水平及公司文化，这涉及领导团队的能力、组织机构、决策机制、激励机制等。文化融合和管理能力的提升有助于减少摩擦，提高协同效率。
>
> ④财务协同效应。分析新设股权投资项目在财务方面的协同效应，如成本节约、收入增加、现金流改善等。财务协同效应是评价投资项目经济效益的重要方面，也是投资者关注的核心问题。
>
> ⑤市场协同效应。考察项目在市场开拓、品牌建设、客户关系管理等方面的协同效应。通过共享市场资源、拓展销售渠道、提升品牌知名度等方式，实现市场份额的扩大和竞争优势的提升。
>
> ⑥技术创新与研发协同。评价项目在技术创新和研发方面的协同潜力，包括技术共享、研发合作、知识产权保护等。技术创新和研发协同有助于提升企业的核心竞争力，推动产业升级。
>
> ⑦风险管理与控制。识别并评估新设股权投资项目可能面临的风险，如市场风险、技术风险、管理风险等，并提出相应的风险控制和应对措施。有效的风险管理是确保协同效应实现的重要保障。

第四节　项目影响评价

对于投资方而言，C公司作为A公司现代数字城市业务的运营核心，通过深化YZ体系的成熟度和生态完备性，不仅为A公司在技术研发、服务及生态发展等方面提供了坚实的业务支撑，而且如引擎般推动了数字经济产业的快速发展，为现代数字城市树立了标杆，引领着城市质量的深刻变革。同时，借助H省的区位优势、资源优势和政策红利，C公司以H省为起点，依托自由贸易区的全球开放特性，积极将YZ体系推向"一带一路"国家乃至全球，培育出具有国际竞争力的产业生态，从而构建起YZ体系的核心竞争力，服务全球市场。后评价认为，投资C公司不仅为A公司在现代数字城市业务上打造了差异化的竞争优势，更成为A公司迈向全球化的重要窗口，为未来的境外产品和服务输出奠定了坚实基础。

对于目标公司C公司而言，作为A公司的子公司，得到了来自A公司在技术、研发、产品及服务、解决方案等多方面的有力支持和协同，极大地提升了其市场竞争力和品牌信誉。特别是B公司作为C公司的控股股东，在现代数字城市业务市场拓展方面给予了重要的资源倾斜。尽管受到新冠疫情的影响，H省的现代数字城市业务发展遭遇瓶颈，但C公司逐步完成了前店后厂、赋能工程等项目，预示着C公司业务发展的黄金时期即将到来。后评价认为，C公司在资质、品牌、经验等方面尚需A公司和B公司的持续培育与支持。

对于B公司而言，A公司在市场网络、云资源、技术研发、产品及服务等方面与B公司具有巨大的资源整合潜力。得益于A公司的支持和合作，B公司在开展现代数字城市业务时的市场竞争力得到了显著提升，业务范围和领域得到了拓宽，进一步增强了获客和项目履约的可信度。

案例项目不仅是国家现代化体系的重要组成部分，而且是社会及市场的迫切需求，具有重要的社会价值和广阔的经济前景。虽然目前C公司对行业和当地社会经济的影响尚未显现，但其独特的发展定位和丰富的资源条件预示着巨大的发展潜力和机遇。待时机成熟，C 公司必将按下自身发展的加速键，以提升 YZ 体系成熟度和生态完善度为核心，围绕 YZ 体系布局现代数字城市业务，推动 YZ 体系的技术攻关和创新应用，引领 YZ 体系与现代数字城市业务的可持续高质量发展，从而对当地城市服务、城市治理和社会经济产生深远的影响。

综上，后评价认为，案例项目对投资方、目标公司及合作伙伴均产生了积极的影响。虽然短期内对行业和当地社会经济的影响不明显，但 C 公司凭借自身的发展定位和资源条件，孕育着巨大的发展潜能。未来，随着时机的成熟，C 公司必将对 YZ 体系的发展、现代数字城市业务及当地社会经济和人民生活产生深远的影响。

第五节　项目目标实现程度评价

一、战略目标实现程度评价

战略目标：实现数字经济拉动 GDP 的供给侧改革，推动民族信息产业发展，打造自主可控、安全可靠的信息技术体系。

后评价意见：在 H 省数字化建设的宏伟蓝图中，A 公司以其深厚的行业积淀和前瞻的战略眼光，作出了重要的贡献。A 公司积极投身于 H 省数字化建设，以其技术实力和创新精神，为区域数字化、网络化、智能化发展提供了坚实的支撑。在网络安全和信息化领域，A 公司充分发挥其专业优势，为区域数字经济发展筑起了坚固的安全屏障。

二、投资目标实现程度评价

投资目标：加快提升 YZ 体系产品成熟度和生态完善度，推动 YZ 体系创新发展及产业应用，实现城市治理体系和治理能力现代化；借助地域资源优势，建设好现代数字城市业务的运营平台、技术研发中心、服务中心和生态发展中心。

评价意见：C公司一直在深耕YZ体系建设和发展，在YZ核心架构、标准论证，产品质量提升，重大工程场景生成、问题解决、成果复用，YZ品牌宣传、产品适配、产教融合生态构建，以及支撑保障条件建设方面等取得了一定成绩，全力贯彻了战略部署，支撑了战略目标的实施，促进了YZ产品质量、用户体验的提升。

第六节　项目可持续性评价

一、内部因素可持续性评价

C公司在技术、研发、产品及服务等方面拥有坚实的资源基础，这主要得益于A公司在技术层面的大力支持和全面合作。A公司凭借其在业界的丰富经验和卓越技术实力，能够为C公司提供了强有力的技术支撑和研发指导，从而确保了C公司在相关领域的技术领先地位。同时，C公司也依托A公司的产品线和服务体系，不断优化自身的产品和服务，提升市场竞争力。

在市场拓展方面，C公司得到了B公司的鼎力相助。B公司作为H省的重要企业，拥有丰富的市场资源和拓展经验，为C公司提供了广阔的市场空间和合作机会。通过B公司的市场布局和渠道建设，C公司得以快速进入新市场，拓展业务版图，实现业务的快速增长。

C公司在业务培育和发展方面也展现出了良好的势头。经过一段时间的积累和发展，C公司初步形成了自己的业务生态和市场竞争力。尤其在YZ体系发展方面，C公司紧抓机遇，围绕YZ体系布局现代数字城市业务，为未来的可持续发展奠定了坚实基础。

尽管C公司尚未完全步入投资预期的发展轨道，但随着YZ体系业务生态的逐步形成和完善，C公司将迎来更多的发展机遇和市场空间。届时，C公司可以重新定位自身在现代数字城市业务中的角色和地位，成为业务运营、技术研发、服务支持及生态发展的中心平台，从而实现可持续发展能力的显著提升。

综上，C公司在技术、市场、产品及服务等方面具有较好的资源基础和发展潜力，从发展前景看，其可持续发展能力将逐步提升。

二、外部因素可持续性评价

从YZ体系发展维度来看，YZ体系凭借其技术创新与市场需求的持续增长，展现出了强大的可持续性。该体系融合了多项前沿技术，旨在打通PC互联网、移动互联网与物联网的壁垒。这种前瞻性的技术应用使YZ体系在激烈的市场竞争中脱颖而出，其技术创新的可持续性不言而喻。

中国政府为推动数字经济发展，出台了一系列扶持政策，并将YZ体系作为自主创新的重要成果加以推广，这无疑为YZ体系的可持续发展提供了强有力的政策保障。同时，随着市场对YZ体系认可度的不断提升，其市场需求也在持续增长，展现出良好的市场可持续性。

此外，YZ体系还积极拥抱新技术趋势，如5G、物联网等，不断拓展其应用场景。通过持续的技术升级和优化，YZ体系正逐步适应并引领着市场的变化，其未来发展的可持续性值得期待。

从围绕YZ体系发展现代数字城市业务的可持续性维度来看，随着数字化转型的深入推进和政府对信息安全的高度重视，YZ体系在数字城市业务领域的需求日益旺盛。其在政务云、社会治理一体化平台、城市运营指挥中心等领域的广泛应用，充分证明了YZ体系的市场认可度和可持续性。

同时，YZ体系注重生态建设，与众多合作伙伴共同推动现代数字城市业务的发展。这种合作共赢的模式不仅丰富了YZ体系的应用场景，也为其可持续发展提供了坚实的支撑。

综上，YZ 体系及其在现代数字城市业务中的应用均展现出积极的可持续性。从技术创新、市场需求、产业环境、合作伙伴与生态建设，以及未来发展等多个维度来看，YZ 体系均具备明显的优势和广阔的发展前景。随着 YZ 体系的不断发展和现代数字城市业务生态的日益成熟，C 公司将逐步步入正轨并实现良性发展。后评价认为外部因素对案例项目的可持续性影响是正面的。

三、可持续性评价结论

在综合权衡 C 公司的内部因素和外部条件后，后评价得出如下可持续因素评价结论：尽管 C 公司在成立初期受到新冠疫情及 H 省行业发展放缓等多重因素的影响，导致经营发展受阻，但其具备实现可持续发展的内在资源要素和外部政策支持及市场条件。

从内部因素来看，C 公司依托 A 公司的强大支持，在技术、研发、产品及服务等方面拥有坚实的基础。其技术团队实力雄厚，研发能力突出，能够持续推出具有市场竞争力的产品和服务。同时，C 公司还拥有完善的市场拓展体系和客户服务体系，能够为客户提供全方位、高质量的服务。

从外部因素来看，随着国家政策的持续推动和市场需求的不断增长，数字城市业务的发展前景广阔。YZ 体系作为自主创新的重要成果，其技术先进性和市场认可度不断提升，为 C 公司的发展提供了有力的支撑。此外，B 公司作为 C 公司的重要合作伙伴，在市场推广和业务拓展方面也给予了大力支持。

未来，随着 YZ 体系的逐步成熟和现代数字城市业务的有序推进，C 公司将迎来自身发展的黄金时期。为了保障长效可持续发展，C 公司需要密切关注 YZ 体系发展前沿及现代数字城市业务市场动向，坚定战略定位，持续提升市场竞争力。同时，C 公司还应积极构建保持自身可持续健康发展的生态圈，与各方合作伙伴共同推动数字城市业务的发展。

第七节 结论和建议

一、后评价主要结论

(一) 过程评价

项目投资决策程序严谨,流程顺畅,符合 A 公司战略发展方向,决策高效且合理。然而,风险应对措施的有效性尚存不足,有待加强。目标公司的设立程序规范,流程完善,推进效率较高。采取分阶段依据 C 公司资金需求进行实缴资本的出资方式,既合理又可行,有效提高了资金利用效率。由于受到新冠疫情及当地行业发展放缓等多重因素影响,C 公司业务拓展进度较为缓慢。

(二) 绩效评价

项目紧扣国家 GCH 替代政策背景,以 A 公司提出的 YZ 体系发展战略为指导,投资时机把握精准,在政策及战略、行业和市场等方面展现出良好的适应性。项目投资符合政策导向,适应行业和市场发展要求,投资规模与 C 公司的发展定位相匹配。在合资伙伴选择和目标公司区位及发展定位确定等方面,A 公司表现出较高的择优性。H 省作为中国的对外经济窗口,具有显著的区位优势,项目选址恰当。B 公司是 A 公司的成员单位,在 H 省具有较强的业务拓展能力,作为合资伙伴具有较高的可信度、区位优势和合作协同基础。项目风险因素识别准确,但风险分析和防范措施略显不足,A 公司的风险管理机制仍需进一步完善。在未来的类似投资项目中,应加强对风险因素的识别和分析,确定风险等级,采取分类分级应对策略,以提高项目风险管理的效率和效果。

(三)技术评价

案例项目属于A公司的战略投资范畴,立足于A公司的发展战略和整体部署,旨在为未来的YZ体系产品及服务业务发展奠定坚实基础。项目立足公司业务发展和行业及市场的前沿,具有良好的政策及战略适应性。从技术角度看,案例项目旨在为A公司围绕YZ体系开展现代数字城市业务提供运营平台和技术支持,对YZ体系核心能力建设、产品优化适配、技术标准体系建设和业务生态培育等方面发挥着关键作用。项目投资决策紧扣YZ体系发展的核心要点和行业、市场发展的短板,技术定位准确、合理。A公司与C公司的战略目标高度契合,在技术和业务方面具有协同优势,双方的战略互适性较好,投资具有潜在价值。虽然C公司目前运营发展受到市场拓展不及预期的影响,但C公司已成为参与YZ体系业务生态的重要桥梁和纽带。

(四)财务评价

A公司采取分阶段依据C公司资金需求进行实缴资本的出资方式,合理可行,有效避免了因目标公司运营不及预期而导致的投资资金闲置和损失。虽然C公司尚未基于YZ体系衍生出现代数字城市业务,但其在这方面的拓展潜力和前景仍然值得期待。

(五)协同效应评价

C公司作为A公司与B公司开展现代数字城市业务协同的重要平台和支撑,同时也是全面融入YZ体系业务生态的关键桥梁和纽带。在战略、技术、市场和资源等方面,C公司具有良好的协同条件和基础。随着YZ体系的不断成熟和生态的良性发展,这种协同效应将逐步显现并持续增强。

(六)项目影响评价

案例项目对投资方A公司、目标公司C公司,以及合作伙伴B公司均产生了积极的影响。尽管当时对行业和 H 省社会经济的直接影响尚未显著，但 C 公司的发展定位和资源条件预示着巨大的发展潜力和机会。随着时机的成熟，案例项目有望在 YZ 体系发展、现代数字城市业务，以及 H 省社会经济和民生领域产生深远的影响。对于 A 公司而言，投资 C 公司不仅有助于其在现代数字城市业务领域构建差异化竞争优势，而且为其全球化战略提供了重要的平台支撑，为境外业务拓展奠定了坚实的基础。对 C 公司而言，作为新成立的企业，其在资质、品牌和经验等方面尚需 A 公司和 B 公司的支持和培育。对于 B 公司而言，与 A 公司的合作将有效提升其在现代数字城市业务领域的市场竞争力，助力其拓宽业务领域，增强客户信任度和项目履约能力。

（七）目标实现程度和可持续性评价

案例项目作为 A 公司与 H 省政府及企业合作的典范，在 H 省数字化建设中发挥了不可或缺的作用，间接实现了项目的部分战略目标。尽管 C 公司在成立初期受到新冠疫情和 H 省行业发展放缓等多重因素的影响，经营发展遭遇一定困难，但其拥有的内部资源要素和外部政策及市场条件为其可持续发展提供了有力保障。随着 YZ 体系的日益成熟和现代数字城市业务的逐步复苏，C 公司将迎来宝贵的发展机遇。为确保自身的长效可持续发展，C 公司需密切关注 YZ 体系发展动态和现代数字城市业务市场趋势，坚定战略定位，持续提升核心竞争力，构建良好的生态圈，为未来的可持续发展奠定坚实基础。

（八）成功度评价

经过对案例项目投资过程、效益效果、影响及可持续性等多个维度的全面评估，结合 C 公司在发展初期所面临的挑战，后评价认为，案例项目基本成功。

二、主要经验

（一）分阶段实缴资本的出资方式，有效规避了投资闲置风险，保障投资效益

在分阶段实缴资本的出资方式下，A 公司对于 C 公司的投资展现出了高度的灵活性和风险意识。这一策略是根据 C 公司的实际经营需求，经过审批后逐步落实实缴出资的。这种方式不仅有效降低了投资的风险，而且极大地提高了资金的使用效率。

通过分阶段出资，A 公司成功规避了因 C 公司无业务经营而导致的资金闲置风险。在每个阶段，A 公司都会审慎评估 C 公司的经营状况和资金需求，从而作出是否继续投入资金的决策。这种严谨的风险管理措施确保了投资方的利益得到最大化保护，同时也为 C 公司的稳健发展提供了有力的资金保障。

此外，分阶段实缴资本的出资方式还体现了 A 公司对 C 公司发展的长期规划和坚定支持。这种长期的投资视角有助于建立和维护双方之间的稳定合作关系，并为 C 公司的可持续性发展注入了强大的动力。

综上，A 公司采取的分阶段实缴资本出资方式不仅展示了其灵活的投资策略和严谨的风险管理态度，而且为 C 公司的稳健发展提供了有力的支持。这种出资方式值得在类似的项目中加以借鉴和应用。

（二）采取参股的方式与当地企业合作投资，能够充分利用当地企业的资源和市场优势，建立良好的可持续合作伙伴关系，一定程度上规避投资风险

在投资 C 公司的过程中，A 公司选择与当地企业 B 公司合作，以参股的方式进行投资。这一策略旨在充分利用 B 公司的资源和市场优势，规避投资风险，构建可持续的合作伙伴关系。

A公司之所以选择H省成立C公司，其初衷在于搭建一个现代数字城市业务平台和技术支撑体系。在此过程中，拓展业务离不开当地优势企业的支持。因此，A公司通过与B公司合作，不仅能够有效利用其在当地的资源和市场影响力，降低投资风险，还能更好地适应和拓展当地市场。

参股投资的方式不仅有助于双方建立稳固的商业关系，实现资源共享和互利共赢，还为双方创造了更大的商业机会。这种投资策略基于C公司的发展定位，着眼于与B公司建立长期稳定的合作伙伴关系，共同推进C公司的可持续发展。

参股经营投资管理需严格遵循现行政策要求。A公司应加强审核把关，完善内控体系，压实管理责任，以防范风险、确保国有资产的安全与增值。同时，根据《国有企业参股管理暂行办法》的相关规定，对于低效、无效的参股股权，A公司应及时退出，以确保国有资产的合理配置和高效利用。

后评价建议，在现有持股项目及后续的类似投资中，A公司应依规设定股权退出机制，以应对可能出现的风险和挑战。这一机制的设置将有助于保障A公司的投资安全和长期利益。

综上，A公司通过参股方式与B公司合作投资C公司的策略是合理且适用的。这一策略不仅充分利用了当地企业的资源和市场优势，还建立了良好的可持续合作伙伴关系，为双方的长期发展奠定了坚实基础。同时，A公司也需严格遵循政策要求，加强投资管理，确保国有资产的保值增值。

三、相关问题与不足

案例项目存在的问题与不足主要是目标公司运营发展滞缓，与投资初衷和预期存在偏差。

C公司自成立以来，其运营发展状况并未达到预期的理想状态，经营效益亦与投资预期存在显著的差距。这种滞缓主要归因于新冠疫情的冲击及当地行业发展放缓等多重因素。这种偏差不仅影响了C公司自身的发展轨迹，也在一定程度上影响了 A 公司在现代数字城市业务领域的整体布局和推进速度。因此，需要重新审视和调整 C 公司的发展定位与投资策略，以确保其能够更好地服务于 A 公司的整体战略目标和业务布局。

> **小贴士**
>
> 通过对大量新设股权投资项目后评价中发现的问题进行系统梳理，对各个环节可能存在的问题归纳如下。
>
> ①投资决策阶段。
>
> 市场调研不足：未能充分分析目标市场的规模、增长潜力及竞争态势，导致项目定位不准确。对消费者需求和行为的理解不够深入，可能使产品设计或服务模式与市场脱节。忽视了对行业发展趋势的预测，可能导致项目在未来失去竞争力。
>
> 合作伙伴选择不当：对潜在合作伙伴的资质、信誉、经验和能力评估不足，可能引入风险。合作伙伴之间的企业文化、管理理念或战略方向差异过大，可能影响合作效果。未能明确合作伙伴间的权责利关系，可能导致后续合作中的纠纷。
>
> 项目可行性分析不全面：对项目的技术可行性、经济可行性和社会可行性分析不够深入，可能遗漏关键风险点。未能充分考虑项目的投资规模、资金来源和回报预期，可能导致资金筹措困难或投资效益不佳。
>
> 法律和政策风险：对相关法律法规和政策规定了解不足，可能导致项目违规或面临法律纠纷。未能充分评估政策变化对项目的影响，如税收优惠政策的调整、行业准入标准的变动等，可能使项目面临不确定性。
>
> 内部决策和沟通问题：项目立项决策过程不透明或不规范，可能

导致内部意见分歧或决策失误。项目团队内部沟通不畅,可能导致信息传递不及时或失真,影响项目推进。

资源分配问题:对项目所需资源(如人力、物力、财力等)的评估不准确或分配不合理,可能导致项目在实施过程中资源短缺或浪费。未能充分考虑项目与其他项目或部门之间的资源冲突,可能导致资源争夺或协调困难。

风险评估与管理不足:对项目可能面临的风险(如市场风险、技术风险、财务风险等)识别不全或评估不足。未能制定有效的风险应对策略或预案,导致项目在风险事件发生时无法及时应对。

②实施准备阶段。

项目规划不明确:缺乏详细的项目计划书或实施方案,导致项目目标和实施路径不清晰。项目里程碑和时间节点设定不合理,可能导致项目进度拖延或资源分配不当。

资金筹备困难:项目所需资金规模估计不准确,可能导致资金短缺或资金闲置。融资渠道不畅或融资成本过高,影响项目的资金筹备进度。投资者或合作伙伴的资金承诺无法按时兑现,导致项目资金不足。

团队组建和管理问题:缺乏专业、高效的管理团队,导致执行效率低下。团队成员之间沟通不畅或协作不力,影响项目的顺利推进。团队成员技能或经验不足,可能无法满足项目需求。

合作谈判和协议签订问题:与合作伙伴之间的谈判进展缓慢,导致项目启动时间延迟。合作协议条款不明确或存在歧义,可能为后续合作留下隐患。未能就合作关键事项(如股权结构、收益分配等)达成一致,影响项目的实施。

法律文件准备不足:未能充分了解并遵守相关法律法规,可能导致项目违规或面临法律纠纷。合同、协议等法律文件草拟不严谨或存在漏洞，可能给后续合作带来风险。对知识产权保护不够重视，可能导致技术或商业秘密泄露。

技术和资源准备不充分：项目所需技术或设备未能及时采购或研发，影响项目的实施进度。对项目所需资源的评估不准确或采购计划不合理，可能导致资源短缺或浪费。

市场调研和竞争分析不足：对目标市场的了解不够深入，可能导致产品定位不准确或营销策略失效。未能充分分析竞争对手的优劣势，可能影响项目的市场定位和竞争力。

③投资实施阶段。

项目管理问题（涉及固定资产投资时）：项目进度控制不当，导致项目延期或无法按时完成。成本管理不严格，项目成本超出预算，影响项目收益。质量管理不到位，项目质量不达标，可能引发质量问题或安全事故。变更管理不规范，频繁的项目变更导致项目范围扩大、成本增加，同时存在较大合规性隐患。资金使用不当，导致资金短缺或浪费，影响项目正常推进。资金链断裂，项目无法获得足够的资金支持。融资成本过高，增加项目负担，影响项目盈利。

合作伙伴关系问题：合作伙伴间沟通不畅，信息传递不及时或失真，影响项目执行。合作伙伴未能履行合同约定，导致项目进度受阻或产生纠纷。合作过程中利益分配不均，引发合作伙伴间的矛盾和冲突。

人力资源管理问题：团队成员流失或变动频繁，影响项目执行的稳定性和连续性。团队激励不足，导致团队成员积极性不高，影响项目效率。团队间协作不畅，部门间存在壁垒或沟通障碍，导致项目推进受阻。

法律风险与合规问题：未能遵守相关法律法规和政策规定，导致项目面临法律纠纷或处罚。合同管理不善，合同执行过程中可能出现违约或纠纷。知识产权保护不力，可能引发侵权风险或损害企业声誉。

④运营管理阶段。

运营管理问题：运营流程不清晰或不规范，导致工作效率低下和运营成本增加。供应链管理不完善，导致供应商合作不稳定或采购成本控制不当。项目管理能力不足，项目执行过程中出现延误或质量问题。人力资源管理不当，员工激励不足或人才流失严重。

市场竞争问题：市场竞争激烈，产品或服务难以脱颖而出，导致销售不佳或市场份额下降。客户需求变化快速，产品或服务无法及时满足市场新需求。竞争对手策略调整，如降价促销或产品创新，对项目运营构成威胁。

财务状况问题：运营成本超出预算，导致营利能力下降或亏损。资金链紧张，资金流动性不足，影响项目正常运营。营收增长缓慢或停滞，导致投资回报率低于预期。财务风险控制不当，可能面临坏账、呆账等财务风险。

合作伙伴关系问题：合作伙伴间信任度下降，导致合作意愿减弱或合作破裂。利益分配不均或权益纠纷，引发合作伙伴间的矛盾和冲突。合作伙伴能力或资源不足，影响项目整体运营效果。

风险管理问题：市场风险识别不足，未能及时应对市场变化带来的风险。技术风险控制不当，技术更新迭代可能导致项目过时或失效。法律风险意识薄弱，可能因违法违规行为面临法律纠纷或处罚。风险管理机制不健全，未能有效预防和应对各类风险事件。

品牌与营销问题：品牌定位不明确或传播效果不佳，导致品牌知名度低或形象不佳。营销策略不精准或执行不力，导致市场推广效果不佳。市场渠道拓展不足，销售渠道单一或覆盖不足，影响销售业绩。

内部沟通与协调问题：内部沟通不畅，信息传递不及时或失真，影响决策效率和执行力。部门间协作不力，存在工作重复、资源浪费或相互推诿的现象。企业文化不融合，导致员工归属感不强或团队凝聚力下降。

⑤投资方退出阶段（如存在）。

股权转让问题：股权转让方和受让方在股权转让价格上可能存在分歧，难以达成一致。股权转让可能受到公司章程、合同或相关法规的限制，导致转让过程复杂或受阻。股权转让需要得到其他股东或相关机构的批准或同意，这可能涉及复杂的谈判和协调过程。

资产评估问题：项目资产在退出时的价值评估可能存在不确定性，导致评估结果与市场预期存在偏差。资产评估可能受到市场环境、行业趋势、技术进步等多种因素的影响，使评估结果难以准确反映资产真实价值。

法律合规问题：股权转让涉及法律程序的烦琐性，如合同签署、文件备案、监管审批等，可能导致退出过程延长或受阻。退出过程中可能涉及违反合同、法规或公司章程的行为，导致法律纠纷或诉讼风险。

税务处理问题：股权转让可能涉及复杂的税务处理，如资本利得税、企业所得税、印花税等，需要仔细规划以避免税务风险。不同国家或地区的税收政策可能存在差异，导致税务处理更加复杂，需要寻求专业的税务咨询。

资金流动问题：股权转让资金的到账时间可能不确定，影响项目的资金回流和后续安排。股权转让过程中可能涉及多个金融机构或中介机构，会导致资金流转不畅或成本增加。

项目交接问题：在退出阶段，项目运营权的交接可能涉及技术、人员、客户等多个方面，需要确保交接过程的平稳过渡。交接过程中可能存在信息不对称或沟通不畅的情况，导致交接工作出现疏漏或延误。

声誉风险问题：股权退出过程中若处理不当，可能损害合作方的声誉和形象，对未来合作产生负面影响。若退出涉及敏感信息或商业机密泄露，可能引发公众关注或媒体炒作，进一步加大声誉风险。

⑥合作协同方面。

文化差异问题：合作方可能来自不同的国家或地区，拥有不同的文化背景和价值观，这可能导致在决策、执行和沟通等方面出现障碍。文化差异可能导致对同一问题的理解不同，从而引发误解和冲突。

沟通不畅问题：合作方之间可能存在沟通渠道不畅或沟通方式不当的情况，导致信息无法有效传递或传递延迟。语言障碍也可能成为沟通不畅的一个原因，尤其是在多语种环境中。

利益冲突问题：合作方在项目中的利益分配可能不平衡，导致某些方面出现利益冲突。合作方可能对项目的发展方向、业务重点等有不同的看法和期望，从而引发利益冲突。

管理差异问题：合作方可能拥有不同的管理体系、管理风格和管理理念，这可能导致在项目管理、团队建设和资源分配等方面出现差异。管理差异可能导致合作方在决策过程中产生分歧，影响项目的顺利推进。

战略不一致问题：合作方可能拥有不同的战略目标和战略规划，这可能导致在项目定位、市场策略和业务模式等方面出现不一致。战略不一致可能导致在项目实施过程中产生矛盾和冲突，影响项目的整体效果。

团队融合问题：来自不同公司的员工可能存在文化、习惯和工作方式上的差异，导致团队内部融合困难。团队成员间可能因个人性格、职位差异或竞争关系而产生矛盾，影响团队协作效率。

资源协同问题：合作方可能拥有不同的资源优势和资源需求，如何在项目中进行资源协同和共享成为一个挑战。资源的分配和使用可能因利益冲突或管理差异而产生不公平或浪费的情况。

> 决策协同问题：在项目中，决策可能涉及多个利益方、多个层级，如何确保决策的高效和一致成为一个问题。决策过程中可能出现信息不完整、意见不统一或决策流程烦琐等问题，影响决策的质量和效率。

四、对投资方的建议

（一）积极与B公司沟通，研究确定C公司的未来发展战略及投资策略

为了应对C公司面临的困境并推动其实现可持续发展，A公司应积极与B公司展开深入沟通，协助C公司明确未来发展战略，进而根据未来发展战略确定对C公司的投资策略。

首先，积极和B公司进行沟通，共同研讨C公司的未来发展蓝图。通过深入的市场分析和行业洞察，结合C公司的实际情况，为其制定具有前瞻性和可操作性的发展战略。这一战略将为C公司的未来发展提供明确的方向和指导，确保其能够顺应市场变化，抓住发展机遇。

其次，A公司可以发挥自身的资源和实力优势，与B公司共同整合资源，为C公司提供全方位的支持。这包括在技术研发、人才引进、市场拓展等方面提供必要的支持和协助，帮助C公司提升核心竞争力，应对市场挑战。

最后，A公司还可根据H省的市场调研结果，结合C公司自身的资源和能力，协助其调整发展定位。通过积极拓展合适的业务领域，优化业务结构，C公司将更好地适应市场需求，实现业务的可持续发展。

（二）延伸H省数字城市业务市场触角，争取尽早助力C公司打开业务局面

建议A公司基于自身的销售网络体系，大力延伸H省数字城市业务市场触角，积极协助C公司与当地企业、政府部门和其他相关机构建立合作关系，助力C公司尽早打开业务局面。

首先，A公司与C公司需共同开展市场调研，深入了解H省数字城市业务市场的具体需求、客户群体及竞争态势。通过深入交流、实地考察，以及参与行业活动等方式，双方收集并分析相关数据，进而为制定市场进入策略提供有力支持。

其次，基于市场调研结果，A公司可协助C公司制定切实可行的市场进入策略。这包括明确目标市场、制定有针对性的营销策略、精准定位产品和服务、设计高效的销售渠道等。通过一系列策略的制定与实施，C公司将更好地适应市场需求，提升竞争力。

最后，A公司可以与C公司协同开展宣传与推广工作。借助A公司丰富的宣传渠道、方式和平台，为C公司进行品牌宣传和推广，提高其在H省数字城市业务市场中的知名度和影响力。通过双方共同努力，C公司将更好地展示其技术实力、产品优势和服务能力，吸引更多潜在客户的关注。

五、对目标公司的建议

第一，针对YZ体系的发展动态和H省数字城市业务市场环境，C公司应保持高度关注，积极寻找自身发展的时机，以实现可持续发展。

在YZ体系方面，C公司需深入研究YZ体系的技术原理、应用场景及发展趋势，确保及时掌握最新动态。同时，积极参与YZ体系相关的交流与合作组织，密切关注相关政策与法规的变动，以便及时调整自身战略和业务模式。此外，C公司应加大研发资源投入，进行技术研发与创新，探索新的技术应用和业务模式，以提升在YZ体系领域的竞争力。

在H省数字城市业务市场环境方面，C公司需深入了解当地的市场需求，包括客户的行业分布、需求特点等，以便为市场提供更具针对性的产品和服务。为更好地融入当地市场，C公司可建立本地化团队，加强与当地企业的合作，共同开展项目合作、技术研发、市场营销等活动，实现资源共享和互利共赢。

通过持续关注YZ体系发展动态和H省数字城市业务市场环境，C公司能够把握市场机遇，实现可持续发展。同时，不断提升自身技术实力和市场竞争力，为未来发展奠定坚实基础。

第二，基于自身经营现状和股东意愿，C公司应深入研究制定公司发展战略规划，指导公司未来发展，尽快回归企业健康发展轨道。

首先，C公司应全面分析市场竞争情况，了解竞争对手的业务范围、市场份额、竞争优势等关键信息。同时，评估自身的技术研发实力、产品创新能力等方面，明确公司在技术领域的优势和不足。通过深入的市场调研和竞争分析，为制定发展战略提供有力支撑。

其次，C公司应积极与股东沟通，充分听取股东的期望和意见。通过深入交流，理解股东对公司的关注点和利益诉求，确保在制定发展战略时能够最大限度平衡股东的利益和公司的长远发展目标。

最后，在充分掌握市场信息和股东意愿的基础上，C公司应制定合理的发展战略规划。这一规划将明确公司的定位、目标、业务发展方向和重点任务，为公司未来发展提供明确指导。此外，C公司还需根据发展战略规划，制定相应的实施计划和措施，包括优化组织架构、提升管理水平、加强人才培养和引进、加大市场拓展力度等方面。通过全面实施发展战略规划，C公司将不断提升自身的竞争力，明确市场定位，实现可持续发展。

> **小贴士**
>
> 新设股权投资项目后评价报告中的建议一般是针对投资者和目标企业，有时候也可以对监管部门提出建议。建议既包括宏观层面的战略思考，也可以是针对具体问题的解决方案。
>
> （1）给投资者的建议
>
> 针对投资者提出的建议，主要是帮助投资者管理合作关系、优化投资决策、降低风险，并提升项目的整体效益。

①合作关系管理与沟通。

建立明确的合作框架与协议。强调合作双方应签订详尽的合作协议，明确合作目的、股权结构、管理架构、利润分配等关键条款。建议定期审查协议内容，确保合作关系始终符合双方利益。

加强沟通与信息共享。鼓励合作方建立定期的沟通机制，及时交流项目进展、市场动态和潜在风险。建议利用现代信息技术手段，如共享平台或数据库，提高信息流通效率。

②优化投资决策与风险管理。

深入评估合作项目的可行性。建议投资者对项目进行全面的市场调研和风险评估，确保项目的盈利潜力和可持续性。强调考虑投资项目与自身业务战略的契合度，避免盲目跟风或偏离主营业务。

合理分配资源与职责。根据合作方的资源和能力，建议合理划分职责和分工，确保项目的高效推进。强调合作方应共同承担风险，建立风险共担机制，降低单一方承担的风险压力。

建立风险预警与应对机制。建议投资者建立风险预警系统，实时监控合资项目的运营风险和市场变化。制定详细的风险应对策略和应急预案，确保在风险发生时能够及时应对和处置。

③提升投资项目效益与价值。

加强项目的运营管理。建议投资者引入先进的管理理念和方法，提升项目的运营效率和管理水平。强调对项目的财务、人力资源和业务流程进行全面优化，降低成本，提高效益。

推动技术创新与产业升级。鼓励合作方共同投入研发，推动技术创新和产业升级，提升产品的市场竞争力和附加值。关注行业发展趋势和市场需求变化，及时调整项目的战略定位和业务模式。

拓展市场渠道与品牌建设。建议投资者利用各方的市场资源和渠道优势，共同开拓市场，扩大市场份额。重视品牌建设，提升项目的知名度和美誉度，增强市场竞争力。

④长期合作与持续发展。

建立长期合作愿景与目标。强调合作方应树立长期合作的意识，共同制定合作愿景和发展目标。鼓励各方在合作过程中不断学习和成长，实现互利共赢和持续发展。

定期评估合资效果与调整策略。建议投资者定期对项目的运营效果进行评估，总结经验教训，调整合作策略。根据市场变化和双方需求，适时调整合资项目的业务方向、股权结构等关键要素。

（2）对目标企业的建议

针对目标企业提出的建议，主要是帮助企业识别并解决在股权投资项目实施过程中出现的问题，提升企业的运营效率和市场竞争力。

①战略规划与业务定位。

明确战略定位与发展方向。建议目标企业根据市场趋势和自身资源能力，明确战略定位，确定长期发展目标和短期实施计划。强调企业在业务选择上要聚焦核心优势，避免盲目扩张和过度多元化。

优化业务布局与产品组合。分析企业现有业务和产品组合，建议调整或优化不符合市场需求的业务和产品，加强核心业务的竞争力。鼓励企业关注新兴市场和客户需求变化，开发具有创新性和竞争力的新产品。

②运营管理与效率提升。

优化生产流程与成本控制。分析企业生产过程中的瓶颈和问题，提出改进生产流程、提高生产效率的具体建议。强调成本控制的重要性，建议企业加强成本核算和预算管理，降低不必要的浪费和成本。

完善供应链管理。建议企业加强供应商选择与管理，建立稳定可靠的供应链体系。鼓励企业运用信息化手段提升供应链管理效率，实现供应链协同和优化。

提升市场营销能力。分析企业市场营销的现状和不足,提出改进营销策略、提升品牌影响力的建议。鼓励企业加强市场调研和客户需求分析,制定精准的市场定位和营销策略。

③技术创新与研发投入。

加大技术研发投入。强调技术创新对企业发展的重要性,建议企业加大研发投入,提升技术创新能力。鼓励企业关注行业前沿技术动态,积极引进和消化吸收先进技术。

加强人才培养与团队建设。建议企业重视人才培养和引进工作,建立高效的人才激励机制。强调团队建设的重要性,鼓励企业打造协作、创新的团队文化。

④财务管理与风险控制。

完善财务管理体系。分析企业财务管理的现状和不足,提出完善财务管理体系、提升财务管理水平的建议。强调资金管理的重要性,建议企业加强现金流管理和风险控制。

强化风险防控机制。分析企业面临的市场风险、财务风险等,提出建立完善的风险防控机制的建议。鼓励企业加强风险预警和应急处置能力,确保企业稳健运营。

⑤企业文化与团队建设。

塑造积极的企业文化。建议企业注重塑造积极向上、富有创新精神的企业文化,激发员工的归属感和创造力。强调企业文化与战略目标的契合性,确保企业文化成为推动企业发展的有力支撑。

加强团队建设与沟通协作。建议企业重视团队建设,打造高效协作的团队,提升企业的执行力和创新力。鼓励企业加强内部沟通协作,建立畅通的沟通渠道,确保信息得以及时传递和有效沟通。

(3)对监管部门的建议

针对监管部门提出建议,主要是帮助监管部门优化监管机制、提升监管效能,以维护股权投资市场的公平、透明和健康发展。

①政策法规层面的建议。

完善法规体系。建议监管部门根据市场发展的实际情况,及时修订和完善股权投资相关的法规政策,确保法规的适应性和前瞻性。同时,确保法规的连贯性和一致性,避免法规之间的冲突和矛盾。

明确监管职责。建议明确监管部门的职责和权限,划清监管边界,避免监管真空和重复监管。同时,加强监管部门之间的沟通与协作,形成监管合力,提高监管效率。

推动政策创新。鼓励监管部门在符合法律法规的前提下,探索创新性的监管政策和措施,如通过引入科技手段提升监管效率,推动股权投资市场的规范化、专业化发展。

②市场监管层面的建议。

加强市场准入管理。建议监管部门严格把控市场准入标准,对投资主体进行严格的资质审查和风险评估,确保市场参与者的合规性和专业性。

强化日常监管。建议监管部门加强对股权投资项目的日常监管,定期对项目进行现场检查和非现场监测,确保项目合规运营,防范市场风险。

严厉打击违法违规行为。对于市场中的违法违规行为,建议监管部门加大处罚力度,依法依规进行查处,维护市场秩序和公平竞争。

③风险防范层面的建议。

建立风险预警机制。建议监管部门建立股权投资市场的风险预警机制,通过定期发布风险报告、设置风险指标等方式,及时提示市场风险,引导市场主体合理规避风险。

加强风险监测与评估。建议监管部门加强对股权投资市场的风险监测和评估,利用大数据、人工智能等技术手段,提升风险识别和预警能力。

完善风险处置机制。对于已经发生的风险事件,建议监管部门完善风险处置机制,包括风险隔离、应急处置、损失赔偿等方面,确保风险事件得到妥善处理,防止风险扩散。

④信息披露层面的建议。

规范信息披露内容。建议监管部门制订统一的信息披露标准和要求,明确披露的内容、格式和频率,确保市场信息的真实、准确和完整。

加强信息披露监管。建议监管部门加强对信息披露的监管力度,对信息披露不真实、不完整、不及时的行为进行处罚和纠正,提高市场的透明度和公平性。

推动信息共享。鼓励监管部门与其他相关部门建立信息共享机制,实现监管信息的互通有无,提高监管效率和质量。

⑤投资权益保护层面的建议。

加强投资者教育。建议监管部门加强对投资者的教育和引导,提高投资者的风险意识和自我保护能力,帮助投资者树立理性投资观念。

建立投资者权益保护机制。建议监管部门建立投资者权益保护机制,包括投诉举报渠道、纠纷调解机制等,为投资者提供必要的法律援助和维权服务。

强化对侵害投资者权益行为的打击。对于侵害投资者权益的行为,建议监管部门加大打击力度,依法追究相关责任人的法律责任,维护投资者的合法权益。

第八节　总结与思考

一、新设股权投资项目的投资模式分析

新设股权投资项目通常指的是企业为扩大经营规模、增强市场竞争力或实现其他战略目标，通过新设公司方式进行的股权投资活动。新设股权投资项目是企业实现战略发展和资本增值的重要手段之一，在进行股权投资时，需要遵守公司法、证券法等相关法律法规，履行必要的审批和备案手续，确保投资活动的合法性和有效性。

（一）投资模式

在确定新设股权投资项目的投资模式时，企业需要综合考虑市场环境、行业趋势、竞争对手情况，以及自身实力等因素，选择最适合自己的投资模式，通用模式主要有以下三种。

①独资设立。企业独自出资设立新公司，并持有新公司的全部股权。在这种模式下，企业对新公司享有完全的控制权，决策效率高，但风险也相对集中。

②合资设立。企业与其他投资者共同出资设立新公司，并按照出资比例持有相应股权。合资模式可以分散风险，同时借助合作伙伴的资源、经验和技术优势，实现共同发展。

③战略联盟。企业与其他具有战略互补性的投资者共同设立新公司，通过股权合作实现资源共享、市场协同和技术创新。这种模式有助于提升企业的竞争力，实现长期稳定发展。

（二）投资策略

投资方往往根据新设公司的经营情况和市场反馈，分阶段进行股权投资。

初期可能只投入部分资金，待公司运营稳定、市场前景明朗后再追加投资。这种模式有助于降低投资风险，提高资金利用效率。

（三）风险及应对策略

投资方在新设股权投资项目过程中，需要综合考虑市场风险、运营风险、法律风险和技术风险等多方面的因素，制定相应的防范及应对策略，确保投资的安全和回报。同时，投资方还需要保持敏锐的市场洞察力和灵活应变能力，根据市场变化及时调整投资策略和风险管理措施。

1. 市场风险防范及应对策略

深入市场调研。在投资决策前，对目标行业、市场容量、竞争格局等进行深入调研，确保投资项目的市场可行性和盈利潜力。

多元化投资。通过在不同行业、不同区域或不同项目上进行多元化投资，分散市场风险，降低单一项目失败对整体投资组合的影响。

灵活调整投资策略。根据市场变化及时调整投资策略，如调整投资规模、延长投资周期或转换投资方向等，以适应市场需求的变化。

2. 运营风险防范及应对策略

选择优质合作伙伴。在合资或战略联盟模式中，认真筛选合作伙伴，确保其具有良好的信誉、实力和经验，降低合作风险。

完善公司治理结构。建立健全公司的治理结构，明确股东、董事会和管理层的职责和权利，确保公司决策的科学性和合规性。

强化财务管理。建立严格的财务管理制度，加强财务监督和审计，确保资金使用的合规性和有效性。

3. 技术风险防范及应对策略

关注技术发展趋势。关注目标行业的技术发展趋势和创新动态，确保投资项目的技术先进性和竞争力。

加强技术研发与合作。加大技术研发投入,与高校、科研机构等建立合作关系,提升项目的技术创新能力。

建立知识产权保护机制。加强知识产权保护意识,建立完善的知识产权保护机制,防范技术泄露和侵权风险。

二、法律法规加油站

投资方在投资新设股权投资项目时,需严格遵照和关注相关法律法规和政策,以确保投资活动的合规性和合法性。

《中华人民共和国公司法》是投资活动的基础法律,规定了公司的设立、组织、运营、变更和解散等方面的基本制度。投资方需要了解并遵守关于公司设立、股东权利与义务、公司治理结构、股权转让等方面的规定。

《中华人民共和国证券法》:如果新设股权投资项目涉及证券发行或交易,投资方需要遵守证券法的相关规定,包括证券发行和交易的程序、信息披露要求、禁止的证券行为等。

《中华人民共和国合伙企业法》:如果新设股权投资项目采用合伙制形式,投资方需要遵守合伙企业法的相关规定,包括合伙企业的设立、合伙人的权利与义务、合伙事务的执行等。

其他相关法律法规和政策。根据新设股权投资项目的具体情况,投资方可能还需要关注并遵守其他相关法律法规和政策,如税法、反垄断法、知识产权法等。

后 记

本书献予我们并肩作战的"快乐后评价团队"！

它镌刻着我们风雨兼程、走南闯北的后评价现场调研之旅，旅途中有我们翻越米拉山口的汗水与欢笑、飞越苏门答腊的热血与憧憬。当面对目标企业的疏离与冷漠，我们曾深感无奈与焦虑；面对委托单位殷切的期盼与信任，我们肩负起责任与担当。它珍藏了我们无数个日夜的深思与探讨、字斟句酌编制报告的专注，以及汇报时慷慨激昂的动人瞬间。它承载的是我们于项目后评价中提炼的经验教训与对策建议，这些宝贵的后评价成果，在各集团公司得以推广，为更多项目的顺利开展提供了有益的指引。

过去的十几年，我们深耕不同领域的后评价项目，始终坚守在后评价工作的前沿阵地，以专业的眼光、严谨的态度，诠释着对这份事业的热爱与坚守，享受着后评价带来的满足与荣耀。

如今，我们将这些年的经验与智慧、心血与汗水，凝聚成书。它不仅仅是对我们团队工作的全面回顾，更是对股权投资项目后评价理论与实践的深入探讨。每一页都弥漫着实战的气息，每一个案例都是对后评价项目的深入剖析与反思。

本书得到北京经济管理职业学院科技创新团队建设项目支持。我们衷心希望，本书能够成为股权投资项目后评价实践者的良师益友，为他们在后评价工作中提供指引与借鉴。同时，我们也期待通过本书，激发更多从业者深入探索、勇于创新，共同书写"快乐后评价"的新篇章！

本书撰写团队
2024 年 8 月